CHIPS ESPÍAS

KATHERINE ALBRECHT
LIZ MCINTYRE

GRUPO NELSON
Una división de Thomas Nelson Publishers
Juntos inspiramos al mundo
www.gruponelson.com

Editorial 10 Puntos es una división de Grupo Nelson
© 2006 por Grupo Nelson
Una división de Thomas Nelson, Inc.
Nashville, Tennessee, Estados Unidos de América
www.gruponelson.com

Título en inglés: *Spychips*
© 2005 por Katherine Albrecht y Liz McIntyre
Publicado por Nelson Current
Una división de Thomas Nelson, Inc.

Traducción: *Enrique Chi*
Cubierta diseñada por: *Red Canoe, Deer Lodge, TN*
Foto de la cubierta: *Ian Lawrence / Photonica*
Tipografía: *Grupo Nivel Uno, Inc.*

ISBN: 0-88113-066-4

Impreso en Estados Unidos de América

Dedicamos este libro a los millones de personas que han luchado contra la opresión a lo largo de la historia. Extendemos un agradecimiento especial a los miembros de CASPIAN (Consumidores en Contra de la Invasión a la Privacidad y Enumeración por los Supermercados, por sus siglas en inglés) que reconocieron la amenaza que representa la RFID [Identificación por Radiofrecuencia, por sus siglas en inglés] y nos ayudaron a hacer sonar la alarma.

Hubiera sido imposible escribir este libro sin el amor y apoyo de nuestros esposos y nuestros hijos. Gracias por tolerar las noches largas y las cenas apresuradas. Les compensaremos el sacrificio. Y gracias en especial a nuestras madres que nos enseñaron a creer en nosotras mismas y a defender lo correcto, aun cuando eso signifique estar en desacuerdo con nuestros semejantes. Forman parte de cada pedacito de este libro y no hubiera sido posible escribirlo sin ustedes.

Con amor,
Katherine y Liz

Contenido

▶▶　◀◀

▶▶　◀◀

Todos deseamos progreso… [pero] si anda por el camino equivocado,
el progreso significa darse media vuelta y caminar hasta volver al camino
correcto; y en ese caso el hombre que se da vuelta primero es el más
progresivo… Estamos en el camino equivocado. Y si es así, debemos
regresar. Regresar es el modo más rápido de avanzar.
—C.S. Lewis

PRÓLOGO

▶▶ **LAS SENSACIONALISTAS FUTURISTAS** ◀◀

[por Bruce Sterling]

Todos tenemos un papel que desempeñar en la industria de la RFID (Identificación por Radiofrecuencias, por sus siglas en inglés), porque, tal como este notable libro lo explica con claridad, no se nos da alternativa al respecto. Si nunca ha oído hablar de la RFID o de las «chips espías o spychips», sería una buena idea que lea este libro pronto. Es un tema de actualidad.

Si usted juega un papel directo dentro de la industria de la RFID, entonces necesita leer este libro de inmediato. Apresúrese. No desperdicie un momento precioso más. No le gustará este libro. *Chips espías* ofenderá sus sensibilidades. Se ruborizará, sentirá comezón, sudará, pisará con sus talones y tal vez arranque capítulos completos en un estallido de ira, al ver una obra que trata sobre su industria que es tan amarillista, poco gentil y resueltamente sospechosa, y que gasta bromas públicas tan eficaces y dañinas a costa suya. Así que léalo y haga que todos sus compañeros de trabajo lo lean. Aprenderá una multitud de cosas dolorosas y útiles en un dos por tres. Para usted, posiblemente no es demasiado tarde aún.

Ha habido muchos manuales técnicos y ensayos redactados acerca de la RFID. Son en su mayoría sumamente técnicos, hablan de repetidores, cadenas de suministro y megahertzios, posiblemente con unos datos acerca de aumento de utilidad y de valor para accionistas. Soy un reportero técnico, de modo que leo muchas tonteras secas y aburridas como esas.

Pero la RFID no es tecnología avanzada ni es difícil de entender. No es confusa, sofisticada ni misteriosa. La RFID es una tecnología de computadoras muy básica, el tipo de tecnología que aun los vendedores de supermercado pueden comprender. No hay necesidad de sentirse intimidado por la tecnología, porque los asuntos que aquí se dan tienen que ver con dinero y poder.

Este es el libro más emocionante que jamás se haya escrito acerca de la RFID. Este es el libro sobre RFID que todo aficionado a la RFID deberá poseer. No porque el libro muestre entusiasmo por la nueva tecnología, sino porque está lleno de desprecio apasionado y punzante. Es como ver al «Gran Hermano» llegar a casa y ver que su señora le rompa un rodillo de amasar en la cabeza porque ella sabe que aunque él cree que es el papacito de todos, en realidad es un espía al acecho, fisgón, bandido, tramposo y embriagado en su propio ego, y además es un irresponsable que se lava las manos de todo asunto y un llorón que debiera avergonzarse de sí mismo.

Este es el Diccionario del Diablo acerca de la RFID, y en su propia manera elegante, femenina y con lengua cortante, es una obra maestra de la tecnocrítica. La naciente industria de la RFID no es el «Gran Hermano». Al menos, no todavía. En lugar de ello, es un niño gigantesco cuyos pañales ya están demasiado sucios. Realmente ha generado toneladas de ropa sucia para ser un bebé tan joven, y en Katherine Albrecht y Liz McIntyre, la industria de la RFID se ha tropezado con una pareja de mujeres trabajadoras que voluntariamente lavarán esos trapos sucios, nombrarán y enumerarán cada mancha y los colgarán a secar.

Estas dos personas excepcionales, la Llanero Solitario y Toro de la frontera de la RFID, presentan una escena de pesadilla para la supertienda por computadoras del mañana, porque son las superdefensoras computarizadas de los consumidores del mañana. Y vaya si conocen a la industria. Conocen todos y cada uno de sus dígitos, elevado a la nonagésima sexta potencia.

Para comprender el tipo de libro que tiene en sus manos, permítame ofrecerle una analogía tomada de la historia. Imagínese que usted está en un recorrido por la industria química de la década de 1950, felizmente patentando y distribuyendo toxinas potentes. De repente, esta reportera inquisidora y meditabunda, Rachel Carson, que ni siquiera tiene un título en química, sale de la nada. Porque es una sensacionalista popular clásica, la señora Carson señala a un público conmocionado que usted no sólo está matando a los mosquitos, sino también a las hermosas mariposas y a las aves. Ella escribe el libro *Silent Spring*, el cual es tan influyente y condenador que aun sus propios hijos deciden que usted seguramente debe estar loco. Eso también es lo que está sucediendo aquí.

Para crédito suyo, la industria de la RFID es muy del siglo XXI, y por lo tanto es un poco más cautelosa que la industria de los pesticidas de 1950. Reconociendo que tenían un avance técnico revolucionario en las manos, contrataron a una firma de relaciones públicas de primera para que fuera de pesca en las aguas de la aceptación pública. ¿Aceptación de qué, precisamente? Básicamente, la aceptación de lo que este libro describe en detalle: un plan sorprendentemente ambicioso para infestar toda la infraestructura física del planeta con un manto global de actividad por Internet. Este es realmente un plan fabuloso, capaz de trastornar el mundo. Es asombroso.

La firma de relaciones públicas que contrataron, la hábil empresa Fleishman-Hillard, husmeó por aquí y por allá, tratando de decirles a las personas comunes lo que esta revolución inmensa podría significar para ellos. Luego de haber entrevistado a unos cuantos grupos de prueba, los tipos de la firma de relaciones públicas regresaron para decirles a los fundadores de la industria que los consumidores normales seguramente reaccionarían con horror supersticioso y temor ludista no fingido. Esas no eran buenas noticias. Pero las recompensas prometidas eran colosales, así que los tecnoexpertos siguieron delante de todas maneras. Decidieron que al público debía decírsele lo menos posible acerca de su proyecto. Lo que llegara a conocimiento del público debía ofuscarse tanto como fuese posible, hasta que la instalación de la RFID en todo el mundo fuera un *fait accompli* [hecho dado]. De modo que al principio sería algo oscuro, luego sería periódico de ayer, y, con algo de suerte, nunca se tornaría en un problema público. Pero, bueno, hay un problema grande. Es el llamado «secreto». Se supone que Internet de las Cosas sea invisible para todos, menos para sus amos corporativos y militares. Pero Internet en sí es inmensamente evidente y famosa, porque aunque también tiene orígenes corporativos y militares, por casi una década ha sido tema de conversación de todos. No es posible tener una Internet inmensamente famosa compuesta de píxeles y otra Internet ultra silenciosa compuesta de artículos de consumo reales. De modo que estamos presenciando una colisión violenta entre dos modelos: dos activistas escandalosas, extravagantes e incontenibles de Internet, investigando y haciendo pública la secreta y confidencial Internet de las Cosas.

Todo el que sea capaz de crear ese vínculo entre los mundos justamente alcanzará la fama, y Katherine Albrecht (a juzgar por Google y los cientos de reporteros a los que ella ha informado) ya es, por amplio margen, la experta en RFID más famosa en todo el mundo. Ella piensa que la RFID es una mentira perversa, pero ciertamente tiene mucho que decir de ella; todo es fascinante, algunas partes son groseras y repugnantes, pero la mayoría son divertidísimas. Este es el primer, y tal vez el más escandaloso, libro popular sobre una tecnología crucial de nuestra época. No contiene la historia completa, ni la historia final —es un libro futurista que anticipa la historia— pero la historia tratará a este libro con gentileza.

Tal como este libro demuestra de modo irrefutable, la industria de la RFID ha patentado unas nociones comerciales fantásticamente siniestras, tipo ciencia ficción. Los autores no están inventando estas cosas... la industria lo ha hecho. Las patentes son documentos públicos, no secretos comerciales. Cualquiera puede ir a ver las patentes. Es que, sencillamente, de alguna manera, no se suponía que nadie se diera cuenta de ellas o le importara.

¿Por qué? Porque esta es una industria con problemas profundos de encubrimiento de ideas, los cuales provienen directamente de sus orígenes locos y esquizoides en las comunidades de espionaje y seguridad.

Las personas involucradas en el negocio de la RFID son sumamente secretas, tétricas, conscientes de la seguridad, con lazos profundos y rentables con el Departamento de Seguridad Nacional y el Pentágono. Y, sin embargo, también son empresas cotidianas sumamente grandes: Wal-Mart, Procter & Gamble, Tesco, Benetton, Philips, IBM, Cisco, Exxon-Mobil; docenas de empresas familiares, cotidianas, cotizadas en la Bolsa de Valores, dueñas de marcas grandes, reconocidas y muy conscientes de la publicidad.

Es realmente difícil ser un espía grande, público, con fines de lucro, con toneladas de accionistas, millones de clientes y aun empleados que no se agraden mucho de usted. Ese esquema no puede sobrevivir. Explíqueme esto: ¿Cómo puede ser rentable decirles a sus propios accionistas que sus almacenes han colocado transmisores de radio en miniatura en sus ropas y zapatos? ¿Cómo es posible tener una reunión de la Junta Directiva cuando las ropas y zapatos de los miembros de la Junta pueden estar llenos de *chips espías* de algún competidor? Estos pioneros ansiosos se han olvidado de pensar detenidamente en estos asuntos, principalmente porque no esperaban ni anticipaban tener que enfrentar una evaluación real. Pero su situación es intrínsecamente inestable.

Aquí aparece Katherine Albrecht con su traje rojo, cabello rojo, maquillaje de comentarista de TV y gafas tipo espejo. Mientras todavía estudia en la Universidad, coloca a la nueva industria de la vigilancia bajo su propia vigilancia por motivos de una disertación doctoral, y queda asombrada. Descubre en poco tiempo que puede obtener la atención maravillada de la prensa mundial con sólo repetir en público las charlas de estímulo privadas de la misma industria. Y se convierte instantáneamente en la experta mundial sobre RFID, principalmente porque los verdaderos expertos de la RFID están ansiosos por permanecer en silencio.

No existe necesidad de desenmarañar aquí un asalto sorpresivo como ocurrió en Watergate; el mentado «secreto» está literal y físicamente distribuido por todo el país. Los chips de RFID están fijados en cajas de pañales, botellas de champú y ropa interior femenina, cuestan unos cuantos centavos cada uno y se supone que lleguen a ser omnipresentes. Salvo que no se supone que nadie se dé cuenta o le importe. *¿Cómo?* Basta con señalar las RFID del emperador; es como revelar piojos en los vestidos reales.

Este libro es una obra completa, detallada y con referencias de un futurismo corporativo. Pero, a diferencia de la mayor parte de obras futuristas semejantes, no es propaganda industrial endulzada. *Chips espías* son algo nuevo en el mundo corporativo: la obra de rechazadoras tempraneras y no usuarias de poder, de activistas interactivas que comprenden plenamente la promoción, el mercadeo y las relaciones públicas eficaces y que utilizan medios nuevos para golpear a las empresas poco sabias, en lugar de servirles como empleadas pagadas.

Las autoras de este libro carecen de presupuestos grandes, de un grupo de apoyo poderoso, o de una agenda. No obstante, son enérgicas, sagaces, sumamente motivadas, muy animadas y repletas de artimañas femeninas. Gracias en mayor parte a la investigación por las calles, a Google y a mensajes de correo electrónico de muchas almas del mismo sentir, se han convertido en la peor pesadilla de un minorista. Son tan incontenibles y globales como la industria a la que denuncian, porque son las «Madres Clientes Suburbanas Digitalizadas del Infierno»: perceptivas, bien conectadas, totalmente autodidactas, muy estadounidenses, expertas de la industria sumamente hábiles; llenas de citas citables, asesinas por voz popular con vudú de mercadeo viral; Casandras digitales inmejoradas en su conocimiento de desventajas, secretos sucios y vaticinios de catástrofes. Además, son ingeniosas y atractivas.

Espero pasar los próximos diez años observando la siguiente Revolución de Internet... pero los nuevos vendedores de Internet de las Cosas ya tienen los clientes que se merecen.

RASTREÁNDOLO TODO, EN TODAS PARTES

La RFID tendrá un impacto extenso sobre todos los aspectos de la civilización, tal como la imprenta, la Revolución Industrial, Internet y las computadoras personales han transformado la sociedad... La RFID es un asunto importante. Su impacto será extenso, personal y profundo. Será el asunto más importante desde que Edison nos dio la bombilla incandescente.

—Rick Duris,
Frontline Solutions Magazine, diciembre de 2003[1]

La tecnología… es cosa extraña. En una mano trae grandes regalos, y luego con la otra te apuñala por la espalda.

—C.P. Snow, *New York Times*, 1971[2]

Imagínese un mundo sin privacidad.

Un mundo en el que todas y cada una de sus compras se supervisa y registra en una base de datos y cada una de sus posesiones está enumerada. Donde una persona a varios estados de distancia, o tal vez en otro país, tiene un registro de todo lo que usted ha comprado, de todo lo que ha poseído, de cada pieza de vestir en su armario, de cada par de zapatos. Es más, estos artículos hasta pueden rastrearse a distancia.

Una vez que todas sus posesiones se encuentran registradas en una base de datos y pueden rastrearse, también es posible rastrearle y supervisarle por medio de las cosas que viste, que lleva y que utiliza diariamente.

Es posible que estemos en el umbral de ese tipo de mundo aterrorizador si las corporaciones globales y agencias gubernamentales se salen con la suya. Es el mundo que Wal-Mart, Target, Gillette, Procter & Gamble, Kraft, IBM y aun el Servicio Postal de los Estados Unidos desean traer a la realidad en los próximos diez años.

Es el mundo de identificación por radiofrecuencias.

La identificación por radiofrecuencias, RFID por sus siglas en inglés, es una tecnología que utiliza chips minúsculos de computadora —algunos de ellos más pequeños que granos de arena— para rastrear objetos a distancia. Si los planificadores maestros se salen con la suya, cada objeto —desde zapatos hasta automóviles— portará uno de estos chips minúsculos que pueden ser usados para espiarle sin su conocimiento o consentimiento. Hemos apodado estos dispositivos minúsculos con el nombre «chips espías o spychips» por el potencial que ofrecen para la vigilancia.

> ▶▶ EL IMPACTO QUE TENDRÁ SOBRE LA PRIVA-
> CIDAD PERMITIRLE A LOS FABRICANTES Y
> TIENDAS COLOCAR CHIPS DE RFID EN LA
> ROPA, PRODUCTOS COMESTIBLES Y LO DEMÁS
> QUE SE COMPRE ES ENORME.
> —DEBRA BOWEN, SENADORA POR EL ESTADO
> DE CALIFORNIA[3] ◀◀

Si se ha mantenido al día con las noticias sobre la RFID, posiblemente ya sabe quiénes somos y algo acerca de las batallas públicas que hemos peleado en un intento por mantener esta tecnología fuera de los productos de consumo y de nuestros hogares. En caso de que no sepa quiénes somos y por qué hacemos este tipo de afirmaciones con convicción, es necesario que nos presentemos.

Somos Katherine Albrecht, fundadora y directora de CASPIAN (Consumidores en Contra de la Invasión a la Privacidad y Enumeración por los Supermercados, por sus siglas en inglés), y Liz McIntyre, directora de comunicaciones de esta organización. CASPIAN es una organización de origen popular que ha estado enfrentando asuntos de privacidad de los consumidores desde 1999*. En

---

* Con casi diez mil miembros en los cincuenta estados de Estados Unidos y en más de treinta países, CASPIAN busca educar a los consumidores acerca de las estrategias de mercadeo que invaden la privacidad y además, estimular hábitos de compra con conciencia sobre la privacidad a través de toda la gama de compras al detalle.

las páginas siguientes, le daremos un asiento de primera fila en algunas de las batallas que hemos librado contra empresas como Benetton, Gillette y la cadena Tesco. Verá por qué *Advertising Age* dice que nuestra presencia se ha hecho sentir desde Berlín hasta Bentonville (sede de la casa matriz de Wal-Mart), y también se enterará cómo descubrimos los planes que tenían algunas empresas de rastrear el movimiento de consumidores en sus almacenes, de usar la RFID para enviar mensajes no solicitados con anuncios comerciales personalizados y aun supervisar lo que las personas hacen en sus propios hogares.

También somos madres suburbanas que hemos enfrentado a algunas de las corporaciones más grandes del mundo porque nos preocupa el futuro que heredarán nuestros hijos si nadie se opone a esta tecnología peligrosa. Creemos que los consumidores deberán saber lo que les espera para que podamos trabajar juntos para proteger nuestra privacidad y las libertades civiles antes de que sea demasiado tarde.

Sabemos que una visión del futuro que involucre a un «Gran Hermano» suena inverosímil. Nosotras tampoco lo creíamos posible al principio hasta que vimos con nuestros propios ojos y escuchamos con nuestros propios oídos a empresas detallando sus planes abrumadores. Le aseguramos que este futuro aparentemente imposible está en planes y le prometemos que para cuando termine de leer este libro, usted también estará convencido de ello.

Por casi tres años nos hemos dedicado a tiempo completo a examinar cada artículo, a leer cada ensayo, a seguir cada pista y a explorar miles de documentos de patentes para formar un cuadro de este futuro planificado con RFID. Hemos asistido a exposiciones comerciales, presenciado juntas de alto nivel y conversado largamente con las personas que están poniendo estos planes en marcha.

Lo que hemos aprendido le asombrará.

Si algo de lo que lee en las páginas siguientes le parece improbable, por favor consulte las notas que aparecen al final del libro. Hemos incluido cientos de referencias a fuentes originales que satisfarán aun al más escéptico de los lectores.

En un mundo futuro inmerso en *chips espías* de RFID, las tarjetas que lleva en su billetera podrían «delatarle» cuando usted entre en un centro comercial, almacén o supermercado, anunciando su presencia y valor al establecimiento. Dispositivos lectores ocultos en las puertas, ventanas, exhibidores y pisos podrían examinar los chips de RFID colocados en su ropa y otros artículos que lleve para determinar su edad, sexo y preferencias. Puesto que la información de los *chips espías* viaja a través de la vestimenta, hasta podrían saber el color y tamaño de su ropa interior.

No estamos bromeando. Una empresa fabricante de ropa mundial denominada Benetton ya ha intentado la colocación de chips con RFID en ropa interior femenina. Y se hubieran salido con la suya, de no ser por un clamor internacional que surgió después de que denunciamos sus planes. Los detalles de la campaña «Preferiría andar desnuda» se dan posteriormente en este libro.

Si bien los consumidores podrían evitar las marcas de ropa con *chips espías* por ahora, es posible que se vean obligados a usar ropas de trabajo con RFID para ganarse la vida. Ya las compañías de uniformes tales como AmeriPride y Cintas están colocando etiquetas de rastreo por RFID en sus ropas capaces de soportar las temperaturas elevadas de las lavadoras comerciales.

¿No tiene que usar un uniforme con chips para trabajar? Su credencial de empleado con RFID podría encargarse de espiarle. Un día estos dispositivos podrían decirle a la gerencia con quién ha conversado usted alrededor de la fuente de agua y cuánto tiempo ha pasado en el baño, y hasta si se ha lavado las manos o no.

La próxima generación de empleados podría verse acondicionada a aceptar obedientemente este tipo de vigilancia degradante por medio de la exposición temprana a la misma. Algunas escuelas ya están exigiendo que sus alumnos usen credenciales de identificación con *chips espías* colgados del cuello para poder observar de cerca sus actividades diarias. Si Juanito llega un minuto tarde a la clase de matemáticas, el sistema lo sabe. Siempre está observando.

Los comerciantes están emocionados con la idea de poder aumentar el precio de los productos según su historial de compras y el valor que usted representa para el establecimiento. La RFID les permitirá evaluar lo que usted vale mientras selecciona los productos y éste le muestra un precio específico correspondiente a cada cliente. Los clientes de primera podrían pagar tres dólares por un producto básico tal como la mantequilla de maní, mientras que a los «compradores de gangas» o personas con limitaciones económicas se les podría cobrar hasta el doble. La meta sería estimular la lealtad de los compradores que contribuyen a los márgenes de ganancias, a la vez que se desanima a los que no. Después de todo, dicen los almacenes para justificarse, ¿por qué habríamos de tener a clientes no rentables ocupando espacio y respirando el aire del almacén?

Los chips de RFID colocados en libretas de ahorros y tarjetas de cajeros automáticos identificarán y revelarán el perfil de cada cliente que entre al vestíbulo de un banco, enviando los estados de cuentas a los empleados que se reirán disimuladamente del cliente que tiene apenas treinta y siete dólares en el banco, mientras que ofrecerán tratamiento de lujo a los de carteras abultadas.

La RFID también puede usarse para infringir las libertades civiles. La tecnología puede darles a oficiales del gobierno la capacidad de revisar electrónicamente a los ciudadanos sin su conocimiento y establecer puntos de control invisibles en las carreteras y zonas peatonales para supervisar sus movimientos.

Si bien los proponentes de la RFID afirman que nunca la utilizarían para rastrear a individuos, demostraremos que no sólo lo están pensando, ya lo han hecho. El gobierno de los Estados Unidos ya ha controlado a personas por medio de usar brazaletes con RFID—y no sólo criminales. Y ahora están planeando colocar *chips espías* en los pasaportes de los Estados Unidos para poder rastrear a los ciudadanos cuando transitan por terminales de aeropuerto y cruzan fronteras internacionales.

El viajar por carretera abierta ya no será la experiencia de «dejarlo todo atrás» que muchos anhelamos. Usted podría ya estar siendo vigilado, cortesía de su transpondedor de peaje habilitado con RFID. Algunas autopistas, como las de la zona de Houston, tienen lectores instalados que sondean la información de la matrícula cada cierto número de millas. Pero eso es juego de niños en comparación con lo que tienen planeado. La Administración Federal de Autopistas se está uniendo a los estados y fabricantes de vehículos para promover los «vehículos inteligentes» que pueden supervisarse y rastrearse por medio de dispositivos de RFID incorporados (al estilo de la película «Minority Report»).

Los *chips espías* en sus zapatos y en los neumáticos de su automóvil permitirán a extraños rastrearle cuando usted camina y conduce por lugares públicos y privados, delatando sus hábitos y secretos más profundos que ni siquiera su madre tiene derecho a saber. Combine los dispositivos RFID con la tecnología de posicionamiento global (GPS) y literalmente se le podría localizar en cualquier parte del globo en tiempo real, creando un sistema de rastreo que ya tiene a agencias de cumplimiento de la ley, gobiernos, acechadores y mirones haciéndose la boca agua.

Tampoco habrá cartas de amor secretas en el mundo de la RFID, no si el Servicio Postal de los Estados Unidos se sale con la suya. A ellos les gustaría colocar un chip de RFID en cada sello postal que permita rastrearla de punto a punto. Más preocupante aún, la RFID podría eliminar el anonimato del dinero en efectivo. Ya la Unión Europea ha discutido la colocación de chips en billetes euro, y el Banco de Japón está contemplando un programa similar para los billetes de valor elevado. Cada una de sus compras podría estar bajo el microscopio.

Lo mismo con su basura. En el mundo de la RFID, la basura se convertirá en la mejor amiga del fisgón y del criminal. En la actualidad es un trabajo muy sucio revisar entre pañales y sobras de comida para obtener señas reveladoras del valor en mercado de un hogar, sus hábitos y sus compras. En el mundo de la RFID, la revisión de la basura podría ser tan sencilla como conducir por la calle con un lector instalado en el automóvil, en el día que se recoge la basura.

¿Y qué hay de la casa «inteligente»? Los investigadores han desarrollado prototipos de las «casas del futuro» que demostrarían artefactos domésticos con RFID tales como refrigeradores que saben lo que contienen (y que pueden contárselo a los vendedores), botiquines capaces de hablar (con su médico, con el gobierno y con la empresa de seguros médicos), y pisos que rastrean su posición en todo momento. El potencial es desconcertante. Su compañía de seguros podría supervisar a distancia su consumo de comida y fijar sus tarifas de modo correspondiente, los oficiales de salud podrían rastrear los medicamentos por receta que está tomando y los abogados podrían citar los registros de sus actividades en el hogar para usarlos en su contra en la corte.

Las redes domésticas con RFID permitirán a miembros de su familia rastrearle durante sus «años dorados», o en tiempos de incompetencia, reales o no. Las puertas pueden permanecer cerradas con cerrojo para impedir que usted deambule, los servicios sanitarios podrían supervisar sus hábitos de defecación y transmitir datos a médicos a distancia, y las bases de datos podrían detectar su condición mental. Todo esto está en desarrollo y viene en camino.

Pero la colocación de chips en objetos inanimados es tan sólo el principio. La meta final es el desarrollo de un tipo de RFID que pueda inyectarse en la piel. A las mascotas y el ganado ya se les están colocando chips y hay los que creen que los seres humanos debieran ser los siguientes en lista. Increíblemente, hay bares que han empezado a implantar en sus clientes etiquetas de RFID encapsuladas en vidrio que pueden usarse para pagar por las bebidas. Este uso sorprende a muchos cristianos, que han comparado los usos de RFID para pagar con las predicciones bíblicas de la marca de la bestia, un número que dice el libro de Apocalipsis que será necesario para comprar o vender en el «tiempo del fin».

Si bien algunos de estos usos están programados para nuestro futuro, otros ya están aquí, ahora mismo... y se están difundiendo. Wal-Mart ha mandado que sus cien proveedores principales fijen etiquetas de RFID a las cajas de mercancía y *pallets* enviadas a ciertos almacenes. Los analistas estiman que tan sólo esta iniciativa ya ha impulsado inversiones de cerca de US$250 millones en la tecnología.[4] Otras cadenas de tiendas, tales como Albertsons, Target y Best Buy han seguido este ejemplo. De acuerdo con un analista de la industria, existen hoy día sesenta mil compañías operando bajo las pautas de RFID y apresurándose para ponerse al día con el programa de *chips espías* lo más rápidamente posible.[5]

Añadiendo combustible a este fuego, el Departamento de Defensa también está exigiendo a sus proveedores que utilicen RFID. De hecho, los aduladores del gobierno no dan abasto para apoyar la tecnología. El Departamento de Seguridad Nacional está probando el uso de RFID en visas y la Administración del Seguro Social está usando *chips espías* para rastrear los archivos de los ciudadanos. Para no quedarse atrás, la Administración de Drogas y Alimentos (FDA, por sus siglas en inglés) desea la instalación de RFID en todas las drogas por receta, y los fabricantes de OxyContin y de Viagra ya han empezado a cumplir con ello. La FDA también ha aprobado el uso de implantes subcutáneos de RFID para el manejo de registros médicos; el mismo tipo de implantes que se usa para rastrear a los clientes de bares.

Usted posiblemente ya ha traído un *chip espía* a su casa. Si posee una tarjeta Mobil Speedpass, está interactuando con RFID cada vez que la usa. Y si ha comprado el lápiz labial Lipfinity de Procter & Gamble en Wal-Mart de Broken Arrow, Oklahoma, entre marzo y junio de 2003, podría haber llevado a su casa un chip de RFID activo en el paquete del producto... ¡y sin saberlo protagonizó una producción de video también!

Procter & Gamble no es la única empresa que probó los *chips espías* en clientes sin que éstos lo supieran. Gillette también fue sorprendida colocando etiquetas en paquetes de las navajas de afeitar Mach3 con algunos de los 500 millones de chips de RFID que ordenó a principios de 2003. También existe evidencia de que sugiere que otros productos cotidianos tales como el champú Pantene,

Purina Dog Chow y toallitas para bebé Huggies han sido marcados con chips de RFID y vendidos a clientes que ni cuenta se dieron de ello.

¿Por qué querría alguien rastrear estos objetos cotidianos tan de cerca? La respuesta es sencilla. Las empresas desean que la tecnología les dé la capacidad de ver sus productos completamente en todo momento. El poseer este conocimiento de tiempo real les permitiría mantener los productos en los anaqueles de las tiendas y saber con precisión qué es lo que hay en sus bodegas. También creen que les ayudaría a luchar contra el robo y las falsificaciones. En teoría, hasta eliminaría a los cajeros, puesto que las puertas podrían detectar sus compras automáticamente cuando usted sale del establecimiento y cargarlas a su cuenta que funciona con RFID.

Algunas de estas metas pueden sonar atractivas, pero el problema es que los productos con *chips espías* pueden hacer mucho más, especialmente cuando salen de la tienda con nosotros y llegan a otras áreas de nuestras vidas. Hemos leído todos los argumentos a favor de la RFID que la industria ha podido preparar, y somos las primeras en reconocer que esta tecnología podría hacer que ciertas cosas sean más cómodas. Los refrigeradores habilitados con RFID *podrían* rastrear los envases con alimentos, advertirnos que la leche pasó su fecha de vencimiento y generar listas semanales de compra. Las lavadoras modernas realmente *podrían* escoger temperaturas de agua apropiadas, según las instrucciones codificadas en las etiquetas de ropa con RFID. La RFID realmente *podría* ayudar a familias a recuperar mascotas perdidas y objetos robados también.

Pero cuando miramos ese futuro, no vemos una Mayberry del siglo XXI menos unos cuantos cajeros novatos que reciben el salario mínimo. Los detalles sórdidos que hemos descubierto y que expondremos en este libro hacen que el futuro con *chips espías* se parezca más a la escena final de un episodio desgarrador de *Rumbo a lo Desconocido* («Outer Limits»). La visión de la RFID que las empresas de tecnología venden se ve demasiado buena para ser cierta... y lo es.

Abróchense los cinturones, lectores. Vamos a llevarles en una gira de alta velocidad y alta tecnología del pasado, presente y futuro de la RFID con abundantes paradas en el camino para ver los pequeños y sucios secretos que *ellos* no quieren que ustedes sepan.

2

Chips espías 101

Poder para cambiar el mundo: Es difícil imaginar que un microchip minúsculo fijado a una antena anuncie un cambio tan enorme.

—Panfleto promocional de Auto-ID Center, alrededor del 2002[1]

«La Cosa»

La sala de Ópera Metropolitana de Nueva York resonaba con anticipación cuando León Theremin salió al escenario para su completamente vendido debut en Estados Unidos. El distinguido joven ruso aceptó el estruendoso aplauso y luego se colocó detrás de lo que se asemejaba a un podio de madera con cuatro patas, una antena de radio y un aro metálico que sobresalía por un costado. Luego de unos cuantos ajustes de sintonización, el físico convertido en músico movió sus manos en el aire, cerca de las antenas de su invento musical, conjurando así los suspiros y gemidos obsesionantes de una orquesta invisible de ondas de radio. Los sonidos fantasmales de vibrato *uuuuuu-iiiiiiii* eran similares a los que posteriormente se tornarían en elementos fijos de clásicos de la ciencia ficción de la década de los cincuenta, tales como *Llegaron del espacio* y *El día que la tierra se detuvo*.

La multitud que se atestó para ver las presentaciones en vivo de Theremin al final de la ruidosa década de los veinte no había tenido el beneficio de ver películas de ciencia ficción de segunda categoría. De modo que en lugar de reconocer por la música que algo malo o extraterrestre se cernía, hicieron lo que los personajes trágicos en las películas de suspenso frecuentemente hacen: sin saberlo le dieron la bienvenida al enemigo.

La élite intelectual de los Estados Unidos abrazó a Theremin y hasta patrocinó su investigación sobre las ondas de radio. Nunca sospecharon que este emigrante nacido en Rusia, cuyo nombre de nacimiento era Lev Sergeivitch Termen, vivía una doble vida como espía soviético. Además de vender el invento musical que llevaba su nombre, el *theremin*, y de cortejar a las audiencias con sus conciertos siniestros, Lev estaba enviando secretamente información de inteligencia acerca de la tecnología militar de los Estados Unidos a Stalin en anticipación a una guerra mundial. Los detalles de sus actividades encubiertas y su retorno repentino a Rusia en 1938 están impregnados de misterio y especulación.

Se desconoce si Lev salió de Nueva York voluntariamente o por la fuerza, pero es probable que la KGB estuviera involucrada. Un día, estaba viviendo su vida doble como siempre; al día siguiente, estaba de regreso en la Madre Rusia, habiendo roto todos los vínculos con su esposa norteamericana, sus amigos y sus benefactores. Algunos reportes indican que el Lev repatriado cayó en desfavor con el Kremlin, fue enviado al Gulag y ejecutado. Fue descartado como otra víctima del régimen brutal de Stalin hasta 1967, cuando un reportero de Nueva York que estaba de visita en Rusia vio al inventor y envió un mensaje a casa de que Theremin estaba vivito y coleando.[2]

Entonces, ¿a qué se había dedicado Lev todo este tiempo? Estaba desarrollando lo que muchos creen que fue uno de los primeros dispositivos de identificación por radio (RFID). ¿Puede escuchar el *uuuuu-iiiii* penetrante en el fondo?

La evidencia de su trabajo se encuentra en una placa famosa. En el verano de 1945, un grupo de niños de escuela rusos honró al embajador de los Estados Unidos Averell Harriman con una hermosa réplica del Gran Sello de los Estados Unidos tallada en madera. Al parecer los padres de Harriman nunca le contaron el dicho: «Cuídate de los griegos que te traigan obsequios», porque orgullosamente desplegó esta placa en su oficina residencial de la embajada, donde la colgó a una distancia tan corta que era suficiente para escuchar secretos de la Guerra Fría.

La placa permaneció en su lugar de honor hasta 1952 cuando el Departamento de Estado hizo una exploración de precaución en busca de micrófonos ocultos en la residencia del embajador, luego de una redecoración. No se halló nada en la primera ronda, pero en una segunda revisión, los técnicos identificaron un dispositivo de vigilancia oculto en la placa. Se trataba de un aparato para escuchar en secreto, activado por lo que en aquel tiempo se describió como un «esquema fantásticamente avanzado de electrónica aplicada».[3]

Ahora sabemos que esa «electrónica aplicada» no era nada menos que una forma temprana de RFID en su debut como tecnología de espionaje. Al igual que los *chips espías* que nos causan tanta preocupación hoy día, el dispositivo de esta placa de Troya se alimentaba por medio de ondas invisibles de radio; en este caso eran ondas de alta frecuencia enviadas desde una camioneta estacionada fuera de la residencia del embajador. Usar el dispositivo era tan sencillo como conmutar un interruptor. Como el «Gran Micrófono de la Placa» permanecía inactivo hasta recibir el estímulo de estas ondas invisibles, era prácticamente indetectable. Esto ayuda a explicar por qué funcionó por seis años antes de ser descubierto.[4]

Al momento de su descubrimiento, los mecanismos internos del dispositivo inalámbrico eran un misterio para las agencias de inteligencia de los Estados Unidos, y estaban tan desorientados que lo apodaron «La Cosa». En un caso clásico de «espía contra espía», la CIA empezó su propio proyecto supersecreto, denominado «EASY CHAIR» (Silla Cómoda), para aprender los secretos de La Cosa y descubrir su poder para su propio provecho.[5]

En 1960, el embajador de los Estados Unidos a las Naciones Unidas, Henry Cabot Lodge, reveló la verdadera naturaleza del dispositivo, descubriendo así

(FOTO: CORTESÍA DEL NSA MUSEUM)

Micrófono oculto en el Gran Sello

ante el mundo la agenda de espionaje de Rusia. Pero no fue hasta años después que quedó claro el resto de este extraño cuadro. Todo señalaba hacia León Theremin, el ruso que décadas antes había estremecido a las audiencias con su magia musical. Con el advenimiento del «Glasnost» a mediados de la década de 1980, el anteriormente reprimido Lev reveló detalles de sus años detrás de la Cortina de Hierro, incluyendo la creación de dispositivos clandestinos de espionaje tales como el micrófono del Gran Sello. También nos enteramos de que gracias a sus contribuciones a la vigilancia secreta, la Unión Soviética había honrado a Lev con un Premio Stalin de Primera Categoría secreto, lo que entonces era el equivalente ruso a un Premio Nobel en Ciencias.[6]

Aunque Theremin falleció en 1993 a la madura edad de noventa y siete años, también deseamos reconocer su ingenio. En reconocimiento por su trabajo en el desarrollo y propagación de la vigilancia secreta por ondas de radio, le otorgamos póstumamente a León («Lev») Theremin el título de «Padre de los *Chips espías*», no sea que el mundo olvide el legado sigiloso de la tecnología de RFID.

RFID HOY

Si bien el uso en el pasado de esta tecnología para espionaje de audio secreto es preocupante, la encarnación moderna de la RFID sencillamente provoca que se nos congelen los huesos. La identificación por frecuencias de radio podría ponernos a nosotros y a nuestra información a merced de corporaciones globales y de burocracias gubernamentales y despojarnos de los últimos retazos de privacidad que nos quedan. En última instancia, su poder para revelar, rastrear y transmitir podría esclavizarnos.

Éstas son declaraciones osadas en cuanto a una tecnología que se está anunciando como meramente un método rentable para rastrear los artículos en una tienda de venta al detalle como Wal-Mart. ¿Acaso la RFID moderna realmente es un lobo vestido de oveja?

Observe cómo funciona la tecnología en este capítulo. Después lea cómo empresas tales como IBM, Gillette, Intel y otras dicen en sus propias palabras que están planeando explotar plenamente el potencial de la RFID para rastrearnos cuando visitamos algún almacén, supervisar el uso que damos a los productos en nuestros propios hogares y aun entregarnos anuncios comerciales personalizados tipo «spam» en lugares que no podemos evitar.

¿QUÉ ES LA RFID?

La RFID posibilita la identificación y el rastreo de casi cualquier objeto físico que pudiera imaginarse: libros, neumáticos de automóvil, zapatos, frascos de medicamentos, ropa, mascotas y aun seres humanos.

Las letras «RF» en RFID significan «frecuencias de radio» y explican cómo es que la RFID lleva a cabo el rastreo: utiliza energía electromagnética en forma de ondas de radio para comunicar información a distancia. Estas ondas silenciosas e invisibles son similares a las ondas de radio que le permiten escuchar su emisora favorita de FM. Y al igual que otras ondas de radio, pueden viajar a través de ventanas, madera y aun paredes. Por supuesto, las ondas de radio que pueden atravesar paredes no tienen problema alguno para atravesar otros artículos que nosotros estimamos como privados; entre ellos, nuestras carteras, billeteras, mochilas y vestimenta.

Un especialista de la industria define la RFID como «cualquier dispositivo que puede detectarse a distancia por medio de ondas de radio con pocos problemas de obstrucción u orientación errada».[7] Esta capacidad de transmitir información a través de objetos sólidos hace que la RFID sea mucho más invasora que el ya conocido código de barras, con sus franjas verticales blancas y negras. La tecnología del código de barras utiliza un rayo láser para transmitir la información, por lo que requiere una trayectoria sin obstrucciones, denominada «trayectoria visual óptica», entre el código de barras y el lector. Puesto que el código de barras debe estar visible al lector y su patrón debe estar limpio y claro, es difícil leer el código de barras de algún objeto que una persona lleve sin el conocimiento de ella. En contraste, los artículos provistos con RFID pueden localizarse e identificarse aun cuando haya otros objetos de por medio, tales como puertas cerradas y sobres sellados.

ETIQUETAS Y LECTORES

La tecnología de RFID puede adoptar muchas formas. Puede incorporársele a clavos, *beads*, alambres, fibras, o aun a cuadros pintados o palabras.[8] Pero, para no complicar las cosas, consideremos la etiqueta de RFID típica que las empresas desean colocar en los productos de consumo en los próximos años.

La etiqueta de RFID tiene dos componentes principales. El primero es el minúsculo chip de computadora de silicona que contiene un número de

Típica etiqueta de RFID pasiva

(Foto: Katherine Albrecht)

(Foto: Katherine Albrecht)

Este pequeño frasco contiene 150 chips de RFID fabricados por Alien Technology Corporation. Cada chip minúsculo mide apenas 0,35 mm cuadrados.

identificación exclusivo. Este chip frecuentemente se describe como un «circuito integrado» en el ámbito científico. El chip puede ser tan pequeño como un grano de polvo. De hecho, uno de los chips de RFID más pequeños del mundo apenas mide 0,25 mm cuadrados, lo que es más pequeño que el punto que aparece al final de esta oración.[9]

El segundo componente de la etiqueta de RFID es una antena que se conecta al chip miniatura. Pero no es como la antena que sobresale visiblemente de una radio de transistores. Una antena de RFID típica es un serpentín metálico plano que se asemeja mucho a un laberinto en miniatura o a una pista de carreras pequeñísima. El serpentín sale del chip y lo rodea en una configuración plana y rectangular, o puede formar una tira larga, un círculo o una forma de X. La combinación de chip y antena, denominada «etiqueta» o «transpondedor» se fija a una superficie de plástico tal como un rótulo adhesivo o una tarjeta de crédito en blanco.

En la actualidad las etiquetas de RFID son en general del tamaño de la uña del dedo pulgar o más grandes. Las más grandes que hemos encontrado miden un poco más que una tarjeta de ficha (*index card*), y las más pequeñas tienen casi el tamaño de una moneda de diez centavos. No obstante, existe una etiqueta de RFID disponible comercialmente, la «mu chip» de Hitachi, que apenas mide 0,4 mm cuadrados, con todo y antena.[10] Ésta es la mitad del tamaño de un grano de arena. Aunque el alcance de lectura de las etiquetas tan pequeñas es

(Foto: Katherine Albrecht)

Lector portátil de RFID

bastante limitado en la actualidad, a medida que la tecnología avanza, esperamos que las etiquetas se reduzcan aun más de tamaño y desarrollen funciones nuevas. Probablemente seguirán la misma tendencia de las computadoras, las cuales han logrado incorporar más y más funciones en unidades más y más pequeñas con el paso del tiempo. Para poner esto en perspectiva, piense que todo el poder de una computadora que antes ocupaba todo un cuarto en un edificio de oficinas ahora puede colocarse en una calculadora de mano programable.

Ahora hablemos del lector de RFID. Su tarea es emitir ondas radiales en una especie de expedición de pesca en busca de etiquetas de RFID.

Ésta es la manera en que funcionan una etiqueta típica y un lector. Cuando una etiqueta de RFID se encuentra dentro del alcance de un lector, la antena de

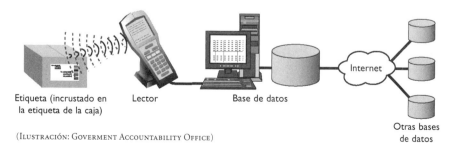

Etiqueta (incrustado en
la etiqueta de la caja)

Lector

Base de datos

Internet

Otras bases
de datos

(Ilustración: Goverment Accountability Office)

Los componentes principales de un sistema de RFID incluyen una etiqueta, el lector y una base de datos. Los proponentes de la RFID planean compartir sus datos por medio de Internet.

la etiqueta capta la energía del lector, la amplifica y la envía hacia el chip. Esta energía estimula al chip para que envíe su número único de identificación, digamos 345678, junto con cualquier otra información que haya sido programado para enviar. El dispositivo lector capta esta información y la procesa.

Etiquetas pasivas y activas

Lo que acabamos de describir se llama un sistema de RFID «pasivo», en el cual las etiquetas no contienen una fuente de alimentación propia. Se puede concebir una etiqueta pasiva como una que se la pasa todo el día haciendo nada más que esperar que un lector se acerque y la active. Una etiqueta pasiva no puede comunicar nada a menos que algún lector solicite una señal de ella. Pero no deje que el nombre le engañe; puesto que no necesita baterías, una etiqueta pasiva puede funcionar indefinidamente, tal como aquel micrófono del Gran Sello de Theremin. Es más, nunca se puede saber cuándo alguien o algo la activará.

El hecho de que sólo es necesario encender un dispositivo lector para activar un sinnúmero de etiquetas minúsculas hace que la RFID pasiva sea muy atractiva para los ingenieros de RFID, puesto que pueden invertir en unos cuantos lectores y comprar una gran cantidad de etiquetas baratas y desechables para la multitud de objetos que deseen rastrear por el planeta. Debido a que las etiquetas pasivas son pequeñas y livianas, es posible coserlas en etiquetas de ropa, en las juntas de la ropa interior, y aun incrustarlas en productos insertados en nuestros cuerpos, tales como las dentaduras postizas.[11] Y esto es sólo el principio. Hablaremos más adelante en nuestra saga acerca de éstos y otros usos perturbadores.

Si bien una etiqueta de RFID pasiva depende enteramente de un dispositivo lector como fuente de alimentación, también es posible conectarle una batería a una etiqueta de RFID, y esto la transforma de etiqueta «pasiva» a «activa». Una etiqueta activa, con su propia fuente de energía, puede transmitir activamente su información en lugar de sólo estar latente, en espera de un lector. También puede transmitir su información a más distancia y puede transmitir más datos que una etiqueta pasiva típica.

Los sistemas electrónicos de cobro de peaje tales como FasTrack, EZ-Pass y otros utilizan etiquetas de RFID activas para identificar su automóvil cuando pasa a través de una caseta de cobro y automáticamente hacen el cargo corres-

▶▶   ETIQUETAS EN LIBROS DE LA BIBLIOTECA:

¿QUÉ OPINARÍA EL SR. THEREMIN?   ◀◀

Qué irónico. Mientras investigábamos materiales para el principio de este capítulo, Liz compró un libro usado acerca de León Theremin escrito por Albert Glisky: *Theremin: Ether, Music and Espionage* [Theremin: éter, música y espionaje]. Para su sorpresa, obtuvo mucho más de lo que había imaginado. Descubrió una etiqueta de RFID de una biblioteca pública en Illinois en la solapa trasera. El libro había sido puesto fuera de circulación, pero alguien olvidó quitarle la etiqueta.

(Foto: Liz McIntyre)

Parte exterior de etiqueta de RFID en la solapa trasera. Etiqueta con su cubierta quitada.

Las bibliotecas son algunas de las primeras instituciones en adoptar la RFID, lo que es preocupante porque estas mismas instituciones son las que han ayudado a preservar el derecho que tienen todos los estadounidenses de aprender y pensar con libertad. Dado que los registros de las bibliotecas ya han sido objeto de las provisiones excesivamente celosas como la USA-Patriot Act, que otorgan a los agentes de la FBI la capacidad de capturar los registros de usuarios «sospechosos», la biblioteca parecería ser un lugar particularmente riesgoso para abrirle la puerta a la RFID. Si bien algunas bibliotecas tales como la Warren Newport han adoptado la RFID sin consultar con el público, existe un creciente coro de disensión. Los defensores de la privacidad tales como Peter Warfield de la «Library Users Association» y Lee Tien de la «Electronic Frontier Foundation» están laborando para señalar no sólo las amenazas a la privacidad, sino también las estadísticas deficientes que los administradores utilizan para justificar la erogación de millones de dólares de los impuestos en sistemas nuevos para las bibliotecas.

pondiente a su cuenta. (Hablaremos de esto posteriormente en el capítulo Once cuando tocaremos el tema de los medios de transporte. Le diremos cómo el gobierno utiliza estas etiquetas de peaje para supervisar a automóviles a kilómetros de distancia de la caseta de peaje, sin el conocimiento de la mayoría de los conductores.) Los sistemas de control remoto sin llave para automóviles y las puertas mecánicas de garaje también utilizan etiquetas de RFID activas.

Típicamente, el tener una batería incorporada en una etiqueta con RFID hace que sea más grande, más pesada y más costosa, lo que restringe su uso a lugares en los cuales el bulto y el precio no son obstáculos. Las etiquetas de RFID activas son populares para usarlas en *pallets* reusables de almacenes y en contenedores de embarque, por ejemplo, pero probablemente no funcionarían bien en ropa interior femenina. La distancia de alcance de una etiqueta de RFID puede variar desde unos cuántos centímetros hasta veinte o treinta pies, dependiendo de la frecuencia que se utilice, del tamaño de la antena, de la potencia transmitida por el lector y de las condiciones ambientales. Una etiqueta activa con una batería puede enviar una señal a una milla de distancia o más. Algunas etiquetas activas de alta potencia, como las que se usan para rastrear a criaturas en los océanos del mundo, son capaces de transmitir información a satélites que estén orbitando a corta distancia.[12]

Como es de esperarse, las etiquetas de RFID pasivas son mucho más baratas que las etiquetas activas, así que, por el momento son la tecnología predilecta para rastrear artículos poco costosos. Pero los ingenieros están trabajando incansablemente para desarrollar baterías desechables poco costosas. El avance más reciente en la tecnología de las baterías es una batería plana, impresa, de menos de un milímetro de grosor que puede usarse para alimentar etiquetas de RFID.

Precisia, la empresa norteamericana que está desarrollando la tinta conductora para estas baterías, las describe como «ideales para etiquetas inteligentes, etiquetas de identificación por frecuencias de radio (RFID) y usos en paquetes activos que requieren una fuente de alimentación externa. Sirven como un sustituto económico para baterías tipo botón en usos tan diversos como tarjetas postales, premios en cajas de cereales, juegos de mesa, exhibidores de punto de compra y tarjetas de crédito».[13] ¿Puede imaginarse la etiqueta de RFID de su caja de cereal de hojuelas de maíz enviando información por la cuadra?

▶▶ ¿ERES MI TIPO? ◀◀

He aquí algo de información para los ingenieros y técnicos entre la audiencia. Si el hablar de kilohertzios y megahertzios le causa mareos, siéntase en libertad de pasar por alto este cuadro. Los lectores de RFID funcionan bajo el mismo principio que usted usa para sintonizar su radio en una emisora en particular. Para que el lector de RFID detecte una etiqueta, es necesario que funcione en la misma frecuencia de la etiqueta... y hay muchas etiquetas de donde escoger. Estas son algunas de las frecuencias de RFID más comúnmente utilizadas hoy:

Baja: 30 a 300 kHz, primordialmente en las bandas de 125 kHz y 134.2 kHz. Típicamente se usa en animales, incluso seres humanos, en los que es necesario tomar en cuenta el porcentaje de agua del cuerpo.

Alta: 13.56 MHz. Usada principalmente para situaciones de fabricación, almacenes y tiendas de venta al detal.

Ultra Alta: 300 MHz a 1 GHz, primordialmente 915 MHz. Ofrece un alcance de lectura más largo, pero funciona deficientemente alrededor de agua y metales. Se usa en los almacenes de Wal-Mart y en otras aplicaciones de cadenas de tiendas.

Microondas: Más de 1 GHz, primordialmente las bandas de 2.45 y 5.8 GHz. Se obstruyen fácilmente, funcionan mejor con trayectorias visuales. Las etiquetas de 2.45 GHz se utilizaron en un ensayo en un hospital del cual hablaremos posteriormente.

Aun si sus *frecuencias* son compatibles, las etiquetas y los lectores no pueden comunicarse entre sí a menos que tengan el *protocolo* o norma adecuado. Esto significa que deben tener un idioma en común para poder comunicarse entre sí.

IDENTIFICACIÓN DE LAS ETIQUETAS

Aunque hoy día es posible ver muchas de las etiquetas de RFID si están a plena vista, son fáciles de ocultar. Debido a que las etiquetas son usualmente tan delgadas como una hoja de papel, es posible incrustarla entre las capas de cartón de las cajas de modo que son virtualmente indetectables. Los fabricantes pueden incrustar las etiquetas en artículos comunes durante la fabricación al sellarlas térmicamente en plástico, incorporarlas en caucho, o aun incrustarlas en la etiqueta de una camisa. Sorprendentemente, la industria ya ha inventado etiquetas de RFID flexibles para la ropa. Unos hilos delgados cosidos en la tela actúan como antena.[14]

Las etiquetas pueden hallarse en la superficie de los productos y aún así ser virtualmente indetectables. Mientras que la mayoría de las antenas de RFID utilizan un serpentín o tira metálica, una empresa llamada Flint Ink ha desarrollado una tinta conductora que puede rociarse y que sirve como antena de RFID. Pueden colocar el chip minúsculo encima de esta superficie de apariencia gris mate, y luego cubrirla con tinta regular de empaque y así el cliente nunca la vería.[15]

Aun el chip de RFID podría un día ser impreso. Los científicos han descubierto polímeros orgánicos conductores que pueden disolverse en tinta. Siemens, la gigante global de tecnología, espera que esto abra la puerta al desarrollo de circuitos electrónicos impresos que reemplacen a los circuitos de silicona de hoy. Estos *chips espías* no sólo serían mucho menos costosos, sino que también serían flexibles. Según la Siemens, un chip futurista «cosido en un suéter podría, por ejemplo, informar a la lavadora de la temperatura que ésta necesita proporcionar».[16]

Las etiquetas pueden funcionar sin un chip. Hoy día todavía no funcionan tan bien como las contrapartes con chips, pero el paso del tiempo y las investigaciones están estrechando esa separación. Aun sin un chip, estas etiquetas todavía pueden ser leídas a través de una pared de ladrillo.[17]

Si le está dando la impresión de que las etiquetas de RFID podrían ser sigilosas y difíciles de detectar, está en lo cierto. Por esta razón CASPIAN desarrolló una legislación de muestra sobre las etiquetas de productos, la *RFID Right to Know Act* [Ley sobre el derecho de saber sobre la RFID], que exige la divulgación de que los productos contienen etiquetas de RFID. Creemos que los consumidores tienen el derecho de saber si los productos con los que interactúan y que compran tienen la capacidad de enviar información sobre ellos o sobre sus hábitos de compra sin su conocimiento ni consentimiento. En el Capítulo Diecisiete hablaremos en más detalle sobre esta legislación.

IDENTIFICACIÓN DE LECTORES

Tal como es posible ocultar bien las etiquetas, también es posible hacerlo con los dispositivos lectores que las interrogan. De hecho, los lectores pueden ser más difíciles de encontrar porque no es necesario que quepan en paquetes pequeños ni que se conformen a los diseños de diversos productos. Puesto que no es necesario tener una trayectoria visual óptica para la transmisión de ondas de

▶▶ No todo lo que parece una
etiqueta de RFID lo es ◀◀

Los dispositivos antirrobo comúnmente usados parecen etiquetas de RFID pero carecen del chip de computadora que puede almacenar información (al menos por ahora). Más en cuanto a esto en el Capítulo Cuatro.

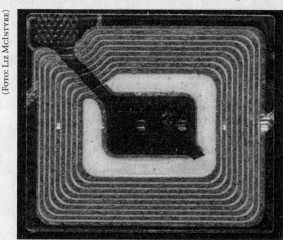

(FOTO: LIZ MCINTYRE)

Etiqueta típica de RF EAS (antirrobo). No es una etiqueta de RFID.

(FOTO: LIZ MCINTYRE)

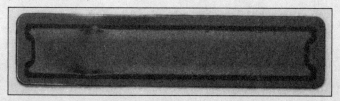

Etiqueta acústica magnética de EAS típica hallada en los DVD. No es una etiqueta de RFID.

radio, los lectores de RFID pueden incrustarse en puertas, tejerse en alfombras y felpudos, ocultarse bajo losas de cerámica, incrustarse en el cielo raso, incorporarse en estantes y colocarse detrás de mostradores en las tiendas.

Ya tenemos un avance de lo que se aproxima. El dispositivo lector de «estante inteligente» con RFID hecho infame por Gillette (más adelante en el libro describiremos este estante espía capaz de tomar fotografías) se parece mucho a un *pager* tamaño mediano. Si bien las primeras versiones habían colocado al lector debajo de estantes existentes, lo que dejaba descubierta la evidencia de sus alambres, las versiones nuevas incorporan el lector directamente en el estante, como parte de su diseño. Los electores de RFID más convencionales diseñados para uso en tiendas de venta al detal y supermercados pueden parecerse a los equipos lectores de códigos de barras, de modo que una transición a sistema de RFID en la caja registradora podría no ser evidente. De hecho, los verificadores de precios por código de barras portátiles que los empleados llevan mientras completan registros de inventario y los lectores de códigos de barra (portátiles y estacionarios) en el punto de venta podrían leer tanto los códigos de barra como las etiquetas de RFID si se los reemplaza. Fuera de la tienda, la ubicación de los dispositivos lectores quedaría limitada únicamente por la imaginación. ¿Por qué no incorporar los lectores en las máquinas vendedoras o bancas que están justo fuera de la tienda? Los lectores podrían quedar disimulados en el paisaje, posiblemente ocultos en piedras ornamentales artificiales o letreros.

Ya hay disponible un grupo de dispositivos lectores portátiles que no se ocultan, sino que se parecen mucho a otros dispositivos inalámbricos. También hay lectores que pueden incorporarse en dispositivos asistentes digitales personales (PDA) de mano tal como los Palm Pilot y teléfonos celulares como el Nokia 5140.

Los lectores de RFID hasta podrían invadir nuestros hogares si sus proponentes se salen con la suya, presuntamente con el conocimiento y consentimiento de los consumidores. Hay artefactos en prototipo con lectores de RFID incorporados que están anticipando el día en el que todos los productos fabricados en la Tierra tengan una etiqueta de RFID. Por ejemplo, en su «Hogar del Futuro», Microsoft demuestra un horno de microondas que se comunica con platos congelados provistos de *chips espías* para asegurar que la selección de potencia y el tiempo de cocido sean los correctos. El lector del refrigerador familiar lleva un registro de su contenido.

Antes de que usted adopte uno de estos asombrosos artefactos futuristas, es necesario que comprenda las implicaciones de ello. En el capítulo siguiente estaremos describiendo los planes de la industria para esta tecnología. Le advertimos de antemano que no es nada bonito.

3

EL PLAN MAESTRO

El Auto-ID Center tiene una visión clara: crear un mundo en donde todos los objetos —desde jumbo jets hasta agujas de coser— estén vinculados con Internet. A pesar de lo irresistible que es esta visión, sólo es posible lograrla si el sistema del centro es adoptado por todos en todas partes. El éxito significa nada menos que adopción global.

—Helen Duce,
una de las directoras asociadas del Auto-ID Center[1]

La capacidad de recopilar secretamente una variedad de datos que están todos relacionados con una misma persona, de rastrear a individuos cuando caminan por lugares públicos (aeropuertos, estaciones de tren, tiendas), de mejorar los perfiles por medio de la supervisión del comportamiento de los consumidores en las tiendas, de leer los detalles de la ropa y los accesorios que visten y de los medicamentos que llevan son ejemplos de usos de la tecnología de RFID que originan las preocupaciones sobre la privacidad.

—Documento de trabajo de la Unión Europea
(UE) sobre la RFID, enero 2005[2]

MATICES DEL FUTURO

Culpe al lápiz labial. Específicamente al ColorMoist Hazelnut N° 650 de Oil of Olay, un producto de Procter & Gamble. Kevin Ashton era un joven gerente de marcas encargado del lanzamiento de este nuevo color en 1997, y no le era posible mantenerlo en existencia. Era demasiado popular. Pero mientras que se agotaban en las tiendas, había cantidades abundantes en los almacenes listos para despacharse. ¿Qué hacer?

Ashton buscó a diestra y siniestra una manera de resolver su problema de cadena de suministro. Un año después, se enteró de una tecnología llamada RFID que ya se estaba usando para el pago de peajes y acceso a edificios. Se le ocurrió que esta tecnología podría ayudarle a resolver su problema.

Buscó la asesoría de dos investigadores de MIT que habían estado ideando modos de miniaturizar la tecnología de RFID: el profesor Sanjay Sarma y el doctor David Brock. Los tres se reunieron para discutir el problema del lápiz labial y surgió la idea de colocar un chip de computadora que tuviera un número de identificación único en cada tubo de lápiz labial. El rastrear cada tubo de lápiz labial les permitiría llevar un mejor registro del inventario que el posible con los códigos de barras que apenas identificaban los tipos de productos.

Los chips de computadora eran relativamente grandes y caros en aquel tiempo, por lo que probablemente hubo muchas risas al escuchar la idea en las oficinas corporativas de Procter & Gamble, en Cincinatti... al menos al principio. Pero el plan pronto obtuvo favor en la sala de juntas. Con fondos de la Procter & Gamble, Gillette y el Uniform Code Council (la gente detrás de los códigos de barras), el trío fundó el MIT Auto-ID Center en octubre de 1999, y Kevin Ashton tomó el mando como su director.

Al tener corporaciones grandes a bordo, el plan del centro se amplió rápidamente más allá de mantener a las mujeres del mundo usando su lápiz labial. Se percataron de que esta poderosa y nueva tecnología posibilitaba rastrearlo *todo*. Desarrollaron una visión:

> La visión del Auto-ID Center es un mundo en el que se colocan etiquetas de RFID de bajo costo en todos los artículos fabricados y se rastrean usando una sola red global mientras se trasladan de una empresa a otra y de un país a otro. De hecho, visualizamos artículos individuales —latas de Coca Cola, pares de pantalones vaqueros y neumáticos de automóvil— siendo rastreados desde el momento de su fabricación hasta que sean reciclados. Esto les dará a los fabricantes y vendedores al detal una visibilidad casi perfecta de la cadena de suministro. Eliminará el error humano de la recopilación de datos y permitirá a las empresas reducir su inventario, asegurar que el producto siempre se encuentre en las repisas de la tienda y disminuir la cantidad de mercancía perdida, robada o mal colocada. Abrirá un nuevo mundo de conveniencia para los consumidores, quienes un día podrán pagar en un supermercado en cuestión de segundos. De hecho, transformará la forma en la que se conducen los negocios y nuestra manera de vivir.[3]

Por supuesto, para poner esta visión en marcha se requiere una infraestructura que permita rastrear los objetos de uso cotidiano. No sólo sería necesario instalarle etiquetas de RFID a todo, sino que los lectores de etiquetas de RFID tendrían que existir en todas partes: fábricas, almacenes, camiones, bodegas, espacios de ventas, hogares y aun en camiones de basura. Para que la información sea útil, el Auto-ID Center también necesitaría desarrollar una manera en la que los lectores de etiquetas de RFID comuniquen la información de la etiqueta en tiempo real, todo el tiempo, a los individuos que administran la cadena de suministro.

Así nació «Internet de las Cosas».

Esta «Internet de las Cosas» propuesta no sería una red nueva, sino que se edificaría sobre la existente. Pero lo que era extraordinariamente nuevo era la idea revolucionaria de que *objetos inanimados* estarían investidos con la capacidad de comunicarse con fabricantes, vendedores y aún unos con otros.

Un número para todo

¿Así que, qué tendría que decir un objeto tal como un zapato, una camisa, una caja de cereal o lata de refresco? Bastante. Todo tiene que ver con números.

El plan especificaba que el chip de computadora de cada objeto contendría un número único, conocido como el EPC o «Código Electrónico del Producto». (En contraste, el sistema de numeración por código de barras actual se denomina el UPC o «Código Universal del Producto».) Al igual que el código de barras, este nuevo sistema contendría información sobre el fabricante (digamos, Coca-Cola) y el producto (digamos, una lata de doce onzas), pero con una diferencia nueva y crucial. También contendría un número de serie único no compartido por ninguno de los otros trillones de objetos del planeta, ni siquiera otras latas de Coca-Cola.

ELECTRONIC PRODUCT CODE TYPE 1

01 . 0000A89 . 00016F . 00016 9DC0

Encabezado	Gestor de EPC	Categoría de Objeto	Número de Serie
8 bits	28 bits	24 bits	36 bits

FUENTE: DAVID BROCK, «PAPEL BLANCO: EL CÓDIGO ELECTRÓNICO DE PRODUCTO», AUTO-ID CENTER, 2002, P. 6

Tanto se enamoraron en Auto-ID Center con la idea de identificar de modo único a todos los objetos que desarrollaron un sistema capaz de numerar a cada artículo fabricado en la tierra por los próximos dos mil años, cada uno con su propio número de identificación y sin repetir ninguno.

Para que entienda la monstruosa gestión que esto representa, considere el tamaño del mundo y el abrumador y vasto número de objetos en él. Después, considere el desafío intimidante que sería enumerarlos todos. Se consideraron muchos esquemas de numeración, y los inventores del EPC finalmente se decidieron por un código de noventa y seis bits. (Una cadena de noventa y seis ceros y unos, o, dicho de otra manera, dos elevado a la nonagésima sexta potencia.) Los inventores nos dicen que este código basta para darle un número único a un inconcebible número de «80 mil trillones de trillones de objetos—más que suficiente para los productos físicos hechos por el hombre».[4]

Observe que de la siguiente tabla se desprende que el Auto-ID Center hizo provisión no sólo para enumerar granos de arroz y navajas de afeitar, sino también a todos los seres humanos del planeta. (Más adelante en el libro desarrollamos todo un capítulo al rastreo de personas.)

Por supuesto, es posible que un chip de computadora almacene mucho más que sólo un número, pero puesto que la meta del Auto-ID Center era que las empresas colocaran una de estas etiquetas en cada uno de los artículos de su inventario, su precio tenía que ser bajo, lo suficientemente bajo como para que nadie lo pensara dos veces para rastrear aun paquetes de goma de mascar y agujas de coser. Cuando ellos dijeron todo, realmente se referían a *todo*.

BITS	NÚMERO ÚNICO	OBJETOS
23	6.0×10^6 por año	Automóviles
29	5.6×10^8 en uso	Computadoras
33	6.0×10^9 total	Seres humanos
34	2.0×10^{10} por año	Navajas de afeitar
54	1.3×10^{16} por año	Granos de arroz

Esta tabla demuestra que treinta y tres bits es todo lo que se necesita para asignar un número único a seis mil millones (6.0×10^9) de seres humanos. (Fuente: Artículo del Auto-ID Center: «El Código Electrónico de Producto (EPC): Esquema de Designación de Objetos Físicos» por David Brock.)

¿QUÉ HAY EN UN NÚMERO?

Kevin Ashton una vez describió el chip de bajo costo concebido por el Auto-ID Center como «la ameba del mundo de la computación inalámbrica»[6], y de modo extraño, tenía razón. Tal como una ameba puede causar desastres muy fuera de proporción con su tamaño, el sencillo número contenido por un chip de RFID es mucho más poderoso que lo que pudiera parecerle a un observador casual.

El designar con un número de serie único a objetos cotidianos es como darles números de Seguro Social. Hace posible que negocios confeccionen un archivo de datos único para cada artículo que sea capaz de almacenar una cantidad virtualmente ilimitada de información acerca del mismo. O, como lo describiera el investigador Joseph Kaye, del MIT Media Lab, es como darle a cada lata de frijoles su propia página Web.

> El siguiente paso vendrá cuando compre un producto que tenga su página Web individual. Una lata de frijoles vendrá con su página Web que detalle información tal como la fecha de producción, historial de transporte, el tiempo que pasó en las repisas; toda ella introducida automáticamente mientras se traslada por la cadena de venta al detal. Dos paquetes de arroz aparentemente idénticos que compró en dos visitas al supermercado podrán tener historiales completamente diferentes de transporte, almacenamiento y origen.[7]

Puesto que cada lata de frijoles podría estar conectada a «Internet de las Cosas» por medio de sus etiquetas de RFID, literalmente *podría* tener su propia página Web. Ésa es la meta y es muy real. Verisign, la empresa que administra las direcciones de páginas Web para Internet, ya ha acordado supervisar las direcciones de Internet de las Cosas.[8] Mire alrededor de la sala en la que se encuentra y escoja un producto al azar. ¿Qué apariencia podría tener la página Web correspondiente a ese objeto en Internet de las Cosas? Usaremos la bufanda de Liz como ejemplo. Afortunadamente, no tiene una etiqueta de RFID, pero si la tuviera, el número de serie de la etiqueta podría estar vinculado a un archivo de datos (o a una serie de archivos de datos) preparados por el fabricante que contiene el historial de producción y embarque de la bufanda, su estilo, contenido de telas e instrucciones de lavado. Si el vendedor que vendió la bufanda participa de la Internet de las Cosas, podría tener un registro de la información del recibo de ventas que indique la fecha, lugar y precio de venta, y tal vez hasta el nombre y número de tarjeta de crédito de la persona que la compró.

Cada vez que Liz se pusiera la bufanda y estuviera dentro del alcance de un dispositivo lector conectado a Internet de las Cosas, su chip se comunicaría directamente con su archivo de datos de Internet. Podría actualizar su estado y registrar información en cuanto a su entorno y actividades. La actualización podría incluir datos como la fecha y hora que fue detectada, la ubicación del lector, otros artículos de vestir detectados cerca, las compras que Liz pudiera estar haciendo en el momento y personas que estuvieran cerca de ella cuando sucedió la detección.

Gracias a los avances en la tecnología de computadoras y al abaratamiento de los medios de almacenamiento de datos, casi no hay límite a la cantidad de información que puede almacenarse de esta manera. Si esto le parece difícil de creer, considere que para 2004 la base de datos de la cadena Wal-Mart ya contenía el doble de la cantidad de datos que Internet.[9]

El ejemplo de la bufanda ilustra cómo las etiquetas de RFID hacen que el código de barras parezca ser francamente primitivo en comparación. Este potencial extraordinario no pasó desapercibido por el grupo de Ashton. La bombilla se les encendió: imagínese lo que sería posible si estas etiquetas llegaran a ser tan comunes como los códigos de barras. Es más, ¿por qué no sustituir por completo al código de barras? De modo que el Auto-ID Center designó a su iniciativa de RFID «El viaje para descubrir lo que seguirá al código de barras».[10]

¡Pero no es un código de barras!

El problema con llamar a la RFID «un código de barras mejorado» es que no es cierto. La RFID difiere de los códigos de barras en tres formas importantes:

Identificación única. Con los códigos de barras, cada lata de refresco de doce onzas tiene el mismo número de UPC (es decir, el código de barras), pero las etiquetas de RFID propuestas designarían a cada lata individual de refresco un número de serie *único*. Estos números de serie podrían ser captados en el punto de venta y registrados junto con la identidad del comprador, obtenida de una tarjeta de crédito o tarjeta de comprador frecuente. Tal vínculo podría llevar a un registro global de artículos en donde el rastro de propiedad de virtualmente todos los artículos en la Tierra podría quedar registrado en una base de datos y usarse para supervisar los movimientos y actividades de las personas.

▸▸   ¿QUIÉN QUIERE SABER?   ◂◂

¿A quién le interesaría detectar las etiquetas de RFID ajenas? Si bien las empresas grandes dicen que nadie está planeando leer las etiquetas de RFID después de vendida la mercancía, no les creemos ni por un minuto. Hemos identificado a tres grupos que tienen un interés gigante en capturar secretamente los datos de los *chips espías* colocados en las cosas que usted posee: comerciantes, agentes del gobierno y criminales.

Los *comerciantes* desean los datos de las etiquetas para identificarle y levantar un perfil de sus posesiones para que puedan hacerle objeto de materiales de mercadeo y anuncios comerciales por dondequiera que vaya. Los *agentes del gobierno* anhelan el poder de los *chips espías* para supervisar las actividades políticas y el paradero de los ciudadanos. Y, por supuesto, los *criminales* no pueden esperar a identificar víctimas fáciles y artículos de costo elevado por medio de detectar el contenido de bolsas de compras y maletas a distancia.

Lectura a distancia. Las etiquetas de RFID pueden ser leídas a distancia por cualquier persona que posea el dispositivo lector adecuado, atravesando las ropas, billeteras, mochilas o bolsos de las personas, sin su conocimiento o consentimiento. Esto crea una especie de vista de rayos X que permitiría a desconocidos identificar a individuos y las cosas que usan y que portan. En el futuro con *chips espías*, los lectores podrían estar ocultos en almacenes, edificios públicos, hogares y aun espacios abiertos tales como parques para revisarle electrónicamente cuando usted pase por allí, tomando nota de todo lo que tenga en su posesión, incluyendo hasta la talla y color de su ropa interior. En un capítulo posterior hablaremos de portales y otros dispositivos que harían esto posible. Puesto que la lectura sería silenciosa e invisible, usted nunca se daría por enterado.

Riesgos a la salud. A diferencia de los lectores ópticos relacionados con los códigos de barras, los lectores de RFID emiten energía electromagnética sobre franjas anchas. Puesto que las corporaciones globales desean incrustar lectores de RFID en paredes, pisos, puertas, estantes —aun en los refrigeradores y botiquines de nuestros hogares— nosotros y nuestros hijos seríamos bombardeados continuamente con la energía emitida por estos dispositivos. Los investigadores médicos han empezado a cuestionar los efectos a largo plazo que tendría este tipo de exposición a niveles bajos de radiación electromagnética sobre la salud.[11]

Comprando «acceso íntimo»

Las desventajas a la sociedad que acarrearía el rastreo de todo y la posible puesta en peligro de la salud humana no disuadieron al Auto-ID Center. Por el contrario, una vez que se dieron cuenta del poder que podían desencadenar, lo desearon aún más. De modo que buscaron el apoyo y participación de los fabricantes y vendedores más grandes del mundo para convertir en realidad su visión de identificación omnipresente de artículos. Puesto que sólo las compras por volumen serían capaces de crear las condiciones económicas de la escala necesaria para reducir el costo de los chips, el Auto-ID Center trabajó para encontrar patrocinadores adicionales que estuvieran dispuestos a suplir los US$300.000 necesarios a cambio de «acceso íntimo a una investigación revolucionaria».[12]

¡Y éxito fue lo que obtuvieron! Lo que se inició como un descabellado e increíble sueño en 1999 había florecido en una fuerza irresistible corporativa para el 2002, con patrocinadores tales como Wal-Mart, International Paper, Home Depot, Intel, Pepsi, Coca-Cola, Target, Tesco, Phillip Morris, Unilever, Kodak y UPS a bordo. El Center hasta hizo alarde de tener al Servicio Postal de los Estados Unidos y el Departamento de Defensa entre sus patrocinadores. Para este momento, las investigaciones del Auto-ID Center habían avanzado profundamente y los ensayos en vivo en almacenes ya estaban en camino, aunque muy pocas personas fuera de los patrocinadores sabían algo al respecto. De hecho, ellos contaban con mantener sus ensayos en secreto, puesto que no les convenía advertir al público de la tecnología eliminadora de privacidad que estaban tramando desencadenar en silencio.

Afortunadamente para los consumidores, fue alrededor de esta época que Katherine se topó con un artículo que le llevó a dar un alarmante vistazo de estos enormes planes. En dicho artículo, un vicepresidente superior de la firma de investigación de mercadeo ACNielsen (los que supervisan los hábitos de sintonía de televisión) se jactaba, diciendo: «Mientras que antes recopilábamos información de compras, ahora podemos establecer correlación entre puntos múltiples de compras de productos con datos específicos de consumo tales como el *cómo, cuándo* y *quién* usa los productos».[13]

Un momento. ¿*Cuándo* y *quién* usa los productos? Eso sonaba sospechosamente parecido a supervisar el uso que las personas dan a productos en sus hogares. ¿Cómo sería posible hacer esto?

Katherine descubrió que el corazón de este proyecto estaba en MIT, un poco más abajo por la calle donde queda Harvard, en donde ella estaba estudiando para obtener su doctorado. Así que se filtró en unas cuantas de sus sesiones de estrategia, incluyendo la de la Junta de Supervisores del Auto-ID Center, el 14 de noviembre de 2002. A medida que se desarrolló el evento, Katherine apenas podía creer lo que estaba escuchando.

Dick Cantwell, el presidente del Auto-ID Center y vicepresidente de la administración global de negocios de la Gillette, se puso de pie y dijo al grupo de ejecutivos que asistía que tenía noticias importantes. Después de años de preparación, la RFID había finalmente avanzado más allá de la fase de laboratorio y estaba lista para ser lanzada al mundo. Gillette había hecho un pedido de *quinientos millones* de chips de RFID y estaba lista para empezar a usarlos en sus productos. La multitud quedó completamente en silencio, procesando estas noticias. Era el maravilloso momento que todos habían estado esperando. Millones de dólares de inversión y tres años de desarrollo habían llegado a su cumplimiento. La Gillette estaba lista para lanzar quinientos millones de *chips espías* en el mundo real.

La siguiente bomba fue el anuncio de que el Auto-ID Center estaría transfiriendo el control de la iniciativa de la RFID al Uniform Code Council. Si recuerda, ésa es la organización que administra los códigos de barras. Una era estaba concluyendo. Los *chips espías* habían salido de su período de incubación en MIT y ahora se estaban graduando para pasar a manos de la gente grande, capaz de ponerlos en todas las cosas. La red de EPC estaba en posición de convertirse en la nueva norma global de identificación de productos, pero los consumidores promedio nada sabían de ello. ¿Cómo responderían cuando llegaran a enterarse?

Helen Duce, una de las directoras asociadas del Auto-ID Center, habló sobre sus investigaciones con los consumidores. Le dijo a la multitud que tenía buenas noticias y malas noticias. Las malas noticias eran que las personas que habían sido entrevistadas por todo el mundo no iban a estar muy a gusto con la RFID. Es más, desconfiaban de que las corporaciones globales y los gobiernos la usaran de modo responsable. Las buenas noticias, dijo radiantemente, eran que las personas se sentían impotentes para luchar en contra de la tecnología. Ella aseguró a los preocupados ejecutivos en la audiencia que era poco probable que los consumidores lucharan en contra de la RFID, a menos que, por supuesto, algún activista de la privacidad apareciera para incitarles.

Como si esto fuera poco, un ejecutivo de Intel se puso de pie en ese momento y ofreció el siguiente consejo respecto a los defensores de los consumidores: «Debemos traerles para... no quiero usar la palabra "neutralizarlos", pero... debemos asegurarnos de tratar con sus [objeciones]».[14]

Horrorizada, Katherine permaneció en la audiencia y tomó apuntes detallados. Alguien tenía que hacerlo saber al público. Estaba claro que las empresas tenían planes que querían cumplir a todo costo; planes que sabían que los consumidores resistirían si supieran los detalles de los mismos.

LAS PATENTES CUENTAN LA HISTORIA

Cuando empezó a correrse la voz acerca de la RFID, los representantes de la industria intentaron mentir acerca de los propósitos maquiavélicos que tenían para la tecnología, diciendo que nunca la usarían para rastrear a personas. Pero

---

▶▶ JURAMOS QUE FUNCIONA ◀◀

Por este medio declaro que todas las afirmaciones hechas aquí por mi propio conocimiento son veraces y que todas las declaraciones hechas sobre información y creencia se tienen por ciertas, y además que estas declaraciones se hicieron con el conocimiento de que las declaraciones intencionalmente falsas y cosas similares que se hagan pueden penarse con multa, prisión o ambas...[15]

Así reza el formulario oficial de solicitud de patente de los Estados Unidos El proceso de obtención de patentes es una tarea legal seria. Los inventores que tramitan una solicitud deben prestar un juramento indicando que la información que presentan es verdadera y que el invento satisface los requisitos para ser patentable. Para calificar para una patente, es necesario demostrar que el invento es tanto «útil» como «operante». En otras palabras, es necesario que funcione. Una máquina o proceso que no puede cumplir el fin para el cual se la ha destinado no puede denominarse como útil, y por lo tanto no merece que se le otorgue una patente.[16]

Si bien no todas las solicitudes de patente reciben aprobación, y muchas no producen utilidad financiera a sus inventores, todavía pueden darnos perspectivas ricas en cuanto al modo de trabajar de una empresa, sus normas éticas y sus ideas, metas y prioridades a largo plazo.

Liz descubrió la horca que la industria se había puesto al cuello: los planos que detallaban con precisión los métodos que las corporaciones globales utilizarían para convertir nuestras peores pesadillas en realidad. Empresas grandes tales como IBM, Procter & Gamble, NCR y otros visionarios habían tramitado solicitudes de patente que permitían echar un vistazo escandaloso a la manera en la que se proponen espiar a los consumidores usando esta tecnología.

Si existe una corporación que debiera comprender los *chips espías* y su potencial, es IBM. Con sus laboratorios de RFID establecidos en varios países del globo, este gigante de la tecnología es una de las empresas que más ha invertido en proyectos de RFID. De modo que cuando tramita una patente que involucra a esta tecnología, prestamos atención.

El 3 de mayo de 2001, inventores de la IBM tramitaron la solicitud de patente N° 20020165758, Identificación y Rastreo de Personas Usando Artículos con etiquetas de RFID.[17] Esa solicitud de patente denota uno de los problemas clave de la RFID. Es muy fácil usarla para rastrear a personas. ¿Cómo? IBM detalla una manera en la que se recopilan números de RFID en la caja registradora y se almacenan en una base de datos. Posteriormente, la «identidad precisa de la persona» puede determinarse partiendo de las etiquetas y «usarse para supervisar los movimientos de la persona a través del establecimiento u otras áreas». La IBM explica:

> Los registros de compras previas de cada persona que compra en una tienda son recopilados por terminales [de cajas registradoras] y se almacenan en una base de datos de transacciones. Cuando una persona que porta o usa artículos que tengan etiquetas de RFID entra a la tienda u otra zona designada, un detector de etiquetas de RFID ubicado allí explora las etiquetas de RFID que lleva dicha persona y lee la información de las etiquetas. La información de etiquetas de RFID obtenida de la persona se relaciona con los registros de transacciones almacenados en la base de datos de transacciones siguiendo algoritmos de correlación conocidos. Basándose en los resultados de esta correlación, la identidad precisa de la persona o ciertas características de ella pueden determinarse. Esta información se usa para supervisar el movimiento de la persona a través de la tienda u otras zonas.

La solicitud de patente continúa describiendo cómo las etiquetas de RFID pueden usarse para identificar la edad, raza, sexo y nivel de ingresos de una persona:

… en lugar de determinar la identidad exacta de la persona, se pueden determinar algunas características de la persona tales como datos demográficos (es decir, edad, raza, sexo, etc.) basándose sobre cierta información estadística predeterminada. Por ejemplo, si los artículos que la persona lleva son de marcas sumamente caras, por ejemplo, un reloj Rolex, entonces la persona podría quedar clasificada como de clase media alta de ingresos. Como otro ejemplo, si los artículos que lleva la persona son «femeninos», típicamente relacionados con mujeres, por ejemplo, un bolso, bufanda, pantimedias, entonces se puede determinar que la persona es de sexo femenino.

Una vez que la IBM tiene la información, puede usarla hasta para determinar si usted viene de fuera de la ciudad, o por cuánto tiempo ha sido dueño de su ropa interior:

Cuando el sistema se configura para identificar la información demográfica general de la persona, pueden determinarse datos tales como el sexo, clase socioeconómica, ubicación geográfica en la que probablemente compró los productos, el tiempo de servicio de los productos, etc.

La IBM hasta ha desarrollado un dispositivo con el nombre de *unidad de rastreo de personas* que es capaz de captar sus productos con etiquetas de RFID y usarlos para observarle como lo haría un halcón:

Una vez que se ha determinado la identidad exacta o algunos datos demográficos o características de la persona, la unidad de rastreo de personas utiliza esta información para rastrear el movimiento de la persona a través de las zonas de deambulación. La unidad de rastreo de personas puede asignar un número de rastreo a cada persona identificada y almacenarlo junto con la información recopilada de los productos con etiquetas de RFID.

¿Y por qué la IBM sugiere que se obtenga toda esta información? Bueno, he aquí una de las razones:

Una vez que el movimiento de la personas puede supervisarse a partir de las etiquetas de RFID que lleva, la información de rastreo puede usarse en varias maneras diferentes. Por ejemplo, puede usarse para proporcionar anuncios comerciales específicos para la persona mientras deambula…

Eso es suficiente para encolerizar al más tolerante de los clientes. Pero la cosa es peor que sólo anuncios comerciales. Los inventores de la IBM sugieren que el gobierno podría rastrear a personas sospechosas en lugares públicos por medio de las etiquetas de RFID que se encuentran en las cosas que llevan y que portan. Esto es particularmente chocante a la luz del hecho de que la IBM arrendó equipos con tecnología avanzada de tarjetas ponchadas al Tercer Reich para que Hitler pudiera rastrear a los judíos y sus propiedades.[18] Por supuesto, si el gobierno tiene la capacidad de rastrear a personas que estima como sospechosas, en teoría también podrá rastrearnos a todos los demás:

> Aunque los sistemas... del presente invento... han sido descritos en el contexto de una tienda de venta al detal, éstos pueden aplicarse en otros lugares que tengan zonas de deambulación, tales como centros comerciales, aeropuertos, estaciones de trenes, estaciones de autobús, elevadores, trenes, aviones, salas de baño, coliseos deportivos, bibliotecas, teatros, museos, etc.

¡Cáspita! ¿Realmente la IBM ha estado desarrollando maneras para rastrearnos en los elevadores y las bibliotecas?

Sí, y mucho más. Y todo está en los registros públicos.*

Desgraciadamente, IBM es tan sólo una de muchas empresas con ideas grandes semejantes. Compartiremos documentos de patente igualmente asombrosos de otras empresas bien conocidas en los capítulos siguientes para demostrarle que existe una agenda, y aparentemente toda la humanidad está destinada a recibirla.

En los capítulos venideros tenemos muchas más pruebas de lo que el grupo pro-RFID se propone y por qué es crucial luchar contra ellos.

---

* Tal vez más que ningún otro documento, esta solicitud de patente de la IBM describe la pesadilla de la visión de RFID. Creemos que es tan importante que lo visitaremos nuevamente en este libro y lo reproducimos completamente en nuestra página Web en spychips.com

4

EL ESPÍA EN SUS ZAPATOS

▶▶ CÓMO EQUIPAR OBJETOS COTIDIANOS
PARA QUE DELATEN A SUS DUEÑOS ◀◀

El uso difundido de etiquetas de RFID en mercancías tales como ropa haría posible rastrear la ubicación de personas, animales y objetos a una escala global; una invasión a la privacidad de proporciones orwellianas.
—Solicitud de Patente en Estados Unidos de IBM 20020116274[1]

ETIQUETAS DE ROPA CON CHIPS ESPÍAS

Las exposiciones comerciales de RFID son los eventos a los que no pueden faltar los favorecedores de los *chips espías* y los ejecutivos de empresas que están pensando unirse a sus filas. Allí, los participantes de la industria de RFID venden sus artefactos, hacen alarde de sus desarrollos más recientes y permiten examinar la tecnología. Naturalmente, allí también hacemos nuestras mejores investigaciones. El otoño pasado viajamos al centro de conferencias del Navy Pier de Chicago para ver una de las exposiciones anuales más grandes, la Frontline Solutions. Las exposiciones de Frontline siempre dan abundantes perspectivas y sorpresas, y la de septiembre 2004 no fue la excepción.

Lo que más asombró en esa exposición fue una exhibición audaz de etiquetas en prototipo Checkpoint con RFID y marbetes que llevaban los nombres de empresas tales como Calvin Klein, Champion, Carter's y Abercrombie & Fitch. (Checkpoint es una empresa fabricante de sistemas antirrobo y ahora de sistemas de RFID, como explicaremos posteriormente.) Como podrá ver en las fotos más adelante, las etiquetas de tela se ven justo como las que usted podría

Esta etiqueta de tela Calvin Klein se hallaba entre los artículos exhibidos en el puesto de RFID de Checkpoint. Vista desde el frente, parece una etiqueta de ropa ordinaria que puede coserse en el cuello de una camisa o suéter.

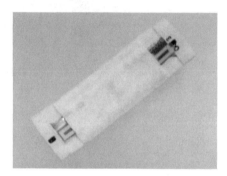

Vista por detrás, es evidente que la etiqueta de ropa Calvin Klein contiene un dispositivo de RFID oculto. (Observe las antenas metálicas que sobresalen por ambos lados.)

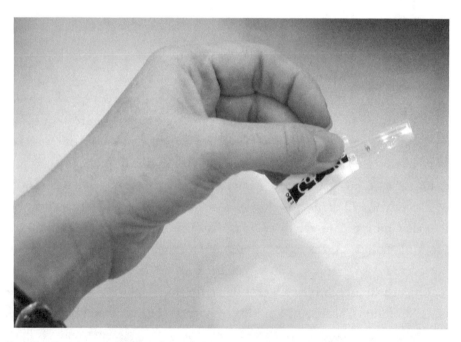

Si se abre la etiqueta Calvin Klein, el dispositivo de RFID que contiene se ve con claridad. Observe el chip de computadora que está en el centro de la etiqueta y las antenas metálicas que sobresalen del mismo. Este chip contiene un número de identificación único que puede leerse a distancia.

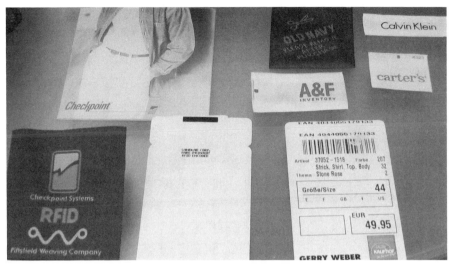

En la conferencia Frontline Expo 2004, Checkpoint reveló que uno de sus clientes principales, fabricantes de ropa, estaba trabajando secretamente para incorporar etiquetas de RFID en toda su mercancía. ¿Acaso se trataba de Abercrombie & Fitch? ¿Old Navy? ¿Calvin Klein? ¿Carter's? ¿Champion? Aparentemente la marca no quiere que se publique su participación en la RFID; los labios de Checkpoint estaban sellados.

Esta etiqueta que dice «Checkpoint Systems RFID» estaba cosida en una chaqueta deportiva exhibida en el puesto de Checkpoint. Champion es una marca propiedad de la Sara Lee Corporation, una de las primeras empresas que invirtiera en el desarrollo de la tecnología de RFID.

Vista interior de una etiqueta de ropa con RFID de Checkpoint. Éste es el mismo tipo de etiqueta que se cosió a la chaqueta Champion arriba ilustrada. Aunque no se observa con claridad aquí, la etiqueta contiene circuitos tejidos.

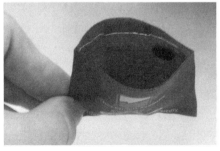

(Fotos: Katherine Albrecht)

encontrar en su clóset, cosidas nítidamente al cuello de una camisa, de una chaqueta o de un vestido de bebé. Los marbetes de cartón se ven iguales a los que se encontrarían colgando junto a las etiquetas de precios de ropa en cualquier tienda del mundo. La diferencia es que estas etiquetas estaban mejoradas, provistas de *chips espías* y podían ser leídas a distancia.

Éstos eran más que meros prototipos. El representante de Checkpoint se jactaba de que uno de sus muy conocidos clientes estaba planeando colocar etiquetas de RFID de Checkpoint en todos sus artículos de vestir en 2005. No reveló el nombre de la empresa, pero dio algunas pistas.

¿Abercrombie & Fitch?

El representante de Checkpoint describió la empresa como una «empresa nacional bien conocida». Otras pistas incluían dos prototipos de marbete azules oscuro; los únicos marbetes de la exhibición en los cuales aparentemente se había hecho un intento de ocultar el nombre de la empresa. Aunque, pensándolo bien, la cubierta con cinta adhesiva mal hecha que dejaba el logotipo de Abercrombie & Fitch visible en la parte inferior podría haber sido una estratagema de Checkpoint para añadir dramatismo a la presentación.

Cuando Liz levantó los marbetes mal disfrazados y preguntó si la empresa «misteriosa» que estaba planeando rotularlo todo era la Abercrombie & Fitch, el representante no pudo ocultar una sonrisa delatora. Aunque nos dijo que sus labios estaban sellados, su forma de conducirse parecía indicar que habíamos adivinado la respuesta.

Además, Abercrombie & Fitch sería la compañía justamente indicada para hacerlo. Éstos son los mismos individuos que han difundido la «pornografía suave» a menores de edad, glorificado la desnudez de adolescentes y mostrado sexo en grupo en sus campañas publicitarias. Su mal comportamiento ha causado boicots de organizaciones cristianas, grupos asiático-americanos, y aun del estado de West Virginia. Además de usar catálogos con material sexual explícito para vender su ropa, han impreso camisas con refranes culturalmente insensibles tales como: «It's All Relative in West Virginia» [Todo es relativo en West Virginia] y «Wong Brothers Laundry Service: Two Wongs Can Make It White» [Servicio de Lavandería de los Hermanos Wong: Dos Wong pueden dejarlo blanco].

Ya sea que usted piense que sus productos sean ofensivos o no, probablemente podemos coincidir en que el pasado esa empresa ha estado dispuesta a pasar por alto las opiniones de los consumidores. La colocación de *chips espías* en la ropa, una preocupación grande según los estudios de clientes, sería algo totalmente *dentro* del carácter de esta organización.

Resulta ser que nuestras sospechas eran justificadas. Unos pocos meses después de la conferencia, Abercrombie & Fitch sacó el caso a la luz. En un artículo titulado «Firma de ropa de los Estados Unidos habla con franqueza sobre sus planes de RFID», A & F admitió estar probando la tecnología de RFID. «La estamos probando», dijo un ejecutivo de la empresa a Jo Best, reportera de Silicon.com. «Tenemos algunos planes, estamos estudiándolos con cuidado... Todo el mundo lo está haciendo».[2]

Tiene razón. Fabricantes grandes de ropa tales como Calvin Klein y Carter's, junto con vendedores tales como Wal-Mart, Target y Tesco están ansiosos por colocarle etiquetas a cada camisa, cada par de pantalones y cada zapato que se venda. Sin embargo, no es que quieran que las personas se enteren todavía.

Corriendo la voz

Tan pronto regresamos de la exposición comercial, publicamos un comunicado de prensa y colocamos las sorprendentes fotografías de las etiquetas en Internet, generando un grupo de reportes noticiosos. La industria no estaba nada complacida. Advanstar Communications, la empresa que organizó el evento Frontline Solutions, nos envió un mensaje por correo electrónico exigiendo que...

...retiren todas las fotografías no autorizadas que obtuvieron en la Frontline Solutions Conference & Expo de sus páginas Web, www.spychips.com, www.spychips.org, www.nocards.com, www.nocards.org y cualquier otro sitio en la Web que administren y se abstengan de poner las fotos a disposición de ninguna otra persona. Si estas fotografías no se suprimen rápidamente de sus páginas Web, entonces Advanstar no le otorgará acceso a Frontline ni a ninguna otra exhibición o conferencia futura de Advanstar relacionada con RFID.

A pesar de la admisión posterior de Abercrombie, era evidente que la industria de la RFID no quería que el resto del mundo viera evidencias de sus planes secretos de rotularlo todo. Pero los consumidores tienen derecho a estar informados de lo que viene, así que nos mantuvimos firmes. En lugar de doblegarnos ante las demandas de censura, no sólo mantuvimos las fotografías en el sitio, sino que también publicamos un comunicado de prensa indicando que publicaríamos fotografías adicionales en el sitio, incluyendo la rotulación a nivel de artículos individuales de *wipes* para bebés Huggies, pañales Kimberly-Clark, medicamento para resfriados Nyquil, vitaminas CVS, fórmula infantil Similac y la crema Lanacane.

Está claro que a la industria le preocupa una ola de resistencia. Un temor bien fundamentado si tomamos en cuenta el fiasco que forzó la retirada de Benetton en 2003.

UNITED COLORS OF BENETTON

Benetton es un fabricante italiano de ropa que vende sus costosas piezas en más de cien países del mundo, incluyendo su distintivo lema de mercadeo «United Colors of Benetton» [Colores Unidos de Benetton] en sus llamativos anuncios. Por supuesto, también es responsable de la infame campaña «United Killers of Benetton» [Asesinos Unidos de Benetton], en la que usó a reos condenados a muerte para mercadear sus coloridos suéteres, hace unos años atrás. Pero eso apenas fue el principio de los problemas de la compañía.

Cuando Katherine se enteró de que Benetton estaba planeando colocar *chips espías* en su línea de ropa femenina Sisley y sus ropas interiores, en la primavera de 2003, guió a CASPIAN al frente de guerra en contra de la empresa, haciendo un llamado al boicot mundial de sus ropas.

La campaña «I'd Rather Go Naked» [Preferiría andar desnuda] de CASPIAN fue el primer disparo de advertencia hecho en la guerra de la privacidad. En cuestión de semanas, la noticia había sido cubierta por National Public Radio, *Business Week*, Reuters, y docenas de servicios noticiosos del país. Pero el boicot no terminó allí. Fue reportado por el *Hindustan Times*, *The Scotsman* y mencionado en Holanda, Francia, Alemania y lugares tan lejanos como Tasmania.

Dolidos por la negativa reacción mundial, Benetton se vio obligada a cancelar sus planes de colocar *chips espías* en más de *quince millones* de prendas de vestir y a asegurar a sus clientes que sus ropas estarían libres de *chips espías*. El triunfo se celebró como una victoria para los clientes de todas partes. Habíamos detenido temporalmente los planes que tenía la industria de colocar *chips espías* intrusos.

Esto podría explicar por qué Frontline se sentía tan ansiosa por suprimir la evidencia de los esfuerzos renovados por colocar etiquetas en las ropas en 2004. El boicot de Benetton nos había ganado algo de tiempo, pero las etiquetas de Checkpoint dejaron bien claro que las empresas estaban jugando con fuego nuevamente, y esta vez de modo más secreto.

La agenda de los chips espías: ¡Rotularlo todo!

A menos que los consumidores lo impidan, los fabricantes y vendedores de productos le pondrán *chips espías* a todo lo que se fabrica en la Tierra. Y cuando esto suceda, sus posesiones serán usadas para identificarle, para levantar un perfil de su persona y rastrear sus movimientos. Pero eso aún no ha sucedido.

¿O sí?

Debido a que las etiquetas de RFID pueden comunicarse a través de objetos sólidos y pueden ocultarse fácilmente, ya podrían estar incrustadas en las cosas que usamos y llevamos hoy. Hemos visto prototipos de etiquetas de RFID ocultas entre capas de cartón, incorporadas en etiquetas de productos y encapsuladas en plástico. Y, como ya ha visto, existen prototipos de etiquetas de ropa que ocultan etiquetas de RFID.

Esto es más que una preocupación teórica. Hay por lo menos dos casos confirmados en los que productos en las repisas de tiendas contenían etiquetas de RFID ocultas que fueron utilizadas para espiar a las personas, y tenemos pistas que indican que otros productos de consumo también han sido secretamente etiquetados.

Primero, veamos los casos confirmados.

La repisa inteligente fotográfica de Gillette

En julio de 2003, ayudamos al diario *Guardian* del Reino Unido a descubrir un escándalo que involucraba a Tesco, la cadena de tiendas más grandes del Reino Unido, y a Gillette, la empresa que fabrica las navajas de afeitar.[3]

Gillette se apresuró a usar su enorme pedido de *chips espías*, ocultándolas en los paquetes de cartón de las navajas de afeitar Mach3. Una «repisa inteligente» de Gillette, con capacidad de RFID, podía detectar cuando un cliente tomaba algún de los paquetes con *chips espías*. ¡CLIC! Una cámara enviaba una toma cercana del rostro de cada comprador al personal de seguridad de la tienda.

(Después de todo, decían, cualquiera podría ser un ratero de tienda, ¿por qué no espiarlos a todos?)

Una segunda cámara tomaba la foto del comprador en la caja registradora. Si alguno era visto tomando navajas de la repisa, pero no era visto pagando por ellas, esa persona quedaba identificada como ladrón potencial. (Pobrecito del cliente que decidiera dejar las costosas navajas en el anaquel de revistas de la caja registradora o que se las entregara a su cónyuge para que pagara por ellas.)

Toda esta actividad de fotografía y rastreo se hizo en secreto, sin el conocimiento de los clientes que compraban en la tienda Tesco de Cambridge, Inglaterra. Pero todo lo que se necesitó fue descubrirlos. Eso de considerar al comprador «culpable hasta que se le demuestre inocente» como enfoque para la prevención al crimen no le cayó muy bien a los clientes, quienes protestaron fuera de la tienda después de que el *Guardian* publicó la noticia. Como cucarachas, los chips y las repisas desaparecieron tan pronto como la luz brilló sobre ellos.

Pero, por supuesto, si bien las repisas han desaparecido, Gillette y Tesco siguen apoyando fuertemente a la RFID, promoviendo el concepto tras bambalinas. Dick Cantwell de Gillette públicamente habla bien de la tecnología en cada oportunidad que tiene, y Tesco, la tercera cadena de tiendas del mundo, con miles de tiendas en Europa y Asia, salió en un «RFID shopping spree» a principios de 2005, comprando 20.000 lectores y antenas para instalarlos en 1300 de sus tiendas.[4] Puesto que estas dos empresas se han mostrado impenitentes por sus acciones pasadas y no han atendido las preocupaciones en cuanto a su uso de *chips espías*, CASPIAN ha lanzado boicots mundiales contra ellos. Los detalles se encuentran disponibles en BoycottGillette.com y BoycottTesco.com. También se había planeado usar repisas fotográficas espía en los Estados Unidos. Katherine logró fotografiar una en una tienda Wal-Mart, en Brockton, Massachusetts. Esa repisa también desapareció de la noche a la mañana, después de que Elaine Allegrni, del *Brockton Enterprise*, llamara a oficiales de la empresa pidiéndoles una explicación y publicara una noticia en primera plana. «¿Repisa? ¿Cuál repisa?», le respondieron.[5]

Hiawatha Bray del *Boston Globe* buscó tenazmente que Gillette y Wal-Mart reconocieran la existencia de la repisa y les confrontó con las fotos de Katherine. Ellos repentinamente se acordaron de la repisa, pero negaron alguna vez haberla conectado. (Apostamos a que tampoco respiraron.)

Prototipo de paquete de navajas de afeitar de Gillette con etiqueta de RFID oculta en su interior.

Acercamiento de etiqueta oculta en el paquete de Gillette.

(Fotos: Liz McIntyre)

(Foto: Katherine Albrecht)

Paquete de lápiz labial Lipfinity de Procter & Gamble y una etiqueta de RFID con adhesivo similar a las que accionaron una cámara Web en una tienda de Wal-Mart en Broken Arrow, Oklahoma.

PROCTER & GAMBLE PRUEBA SU TECNOLOGÍA EN COMPRADORES INCAUTOS

En noviembre de 2003, Howard Wolinsky, reportero del *Chicago Sun-Times*, publicó la escandalosa historia de cómo Procter & Gamble efectuó un ensayo secreto de RFID en una tienda Wal-Mart de Broken Arrow, Oklahoma.[6] Tomaron los planes de rastreo del lápiz labial desarrollados por Kevin Ashton y los pusieron en acción. Los clientes que compraron en esa tienda el lápiz labial Lipfinity entre marzo y mediados de julio de 2003 recibieron una ganga adicional: una etiqueta de RFID activa oculta dentro del paquete del producto.

Una cámara Web de video apuntaba a las clientes para observarlas cuando tomaban el lápiz labial con *chips espías*. Las imágenes de las mujeres en vivo se transmitían directamente a las oficinas de ejecutivos de Procter & Gamble, a 750 millas de distancia. («Señorita González, por favor cierre la puerta y no me pase ninguna llamada».) Es una ilustración perfecta de la facilidad con la que se puede crear una infraestructura de RFID y utilizarla para espiar a personas. Si un informante no los hubiera delatado, probablemente se habrían salido con la suya. ¿Acaso pidieron disculpas? Ni siquiera eso.

Cuando Wolinsky, el reportero investigador, se comunicó con Procter & Gamble, ellos llanamente negaron que el ensayo había tenido lugar. Pero P & G no pudo contra las facultades de detective de Wolinsky. Él descubrió fotografías y otras pruebas que redujeron al departamento de Relaciones Públicas de la empresa a murmuraciones incoherentes. Cuando las negaciones dejaron de surtir efecto, dijeron que los clientes no objetarían un ensayo semejante puesto que los letreros normales de las tiendas de Wal-Mart dicen que las instalaciones están bajo vigilancia.[7]

¿Bajo vigilancia? ¡Qué modestia!

Además de estos casos documentados, hemos descubierto fotografías y evidencia escrita que sugiere que otros productos también han sido dotados de *chips espías*. Éstos incluyen *wipes* para bebés Huggies, champú Pantene, jabón Caress, desodorante Right Guard, detergente Wisk y bolsas de alimentos para mascotas Purina.[8]

¿NOS ESCABULLERON LA RFID BAJO LAS NARICES?

Supongamos que estas empresas lograran colocar *chips espías* en nuestras camisas y en nuestra ropa interior. ¿Qué se necesitaría para crear una red mundial de dispositivos lectores de todas estas etiquetas? Escalofriantemente muy poco.

▶▶   ¡POR FAVOR, DESACTIVEN MI CREMA
     CONTRA LAS HEMORROIDES! ◀◀

Casi cualquier artículo en una tienda podría causar una escena bochornosa en las puertas de seguridad. Según el Source Tagging Council, un grupo de la industria que apoya la práctica de ocultar etiquetas antirrobo en mercancía o en sus paquetes, las empresas ahora están colocando etiquetas en todo, desde condones hasta pipas. Ésta es una muestra de algunos de los extraños artículos que hallamos en la lista de la organización:

Billeteras, cinturones, alfombras, hilo de pesca, producto de cera de oídos, cronómetros, pelotas de golf, juegos de sábanas Martha Stewart, bombas de sumidero, ollas de cocido lento, juguetes para gatos, aerosoles de pimienta, máquinas sacaleches, hornos tostadores, luces de lectura, lubricantes personales, tiras antirronquidos, condones, gafas para vista tridimensional, bolas de pintura, quemadores de incienso, pruebas de embarazo, detectores de infecciones en los oídos, juguetes de Guerra de las Galaxias, juegos de uñas postizas, tiendas de campaña, bloques para sazonar carnes, crema para eliminar cicatrices, fórmula para próstatas, cafeteras, pipas, juego de prueba del VIH, freidoras, detectores de humedad, máquinas de karaoke y The Clapper.[13]

La próxima vez que pase por las puertas de una tienda grande como Wal-Mart o Target, mire a su izquierda y a su derecha. Verá los portales antirrobo de seguridad haciendo guardia. Lo que pocas personas reconocen es que estas puertas podrían convertirse en lectores de RFID de la noche a la mañana.

Las tiendas han usado portales de seguridad por varios años para detectar mercancía robada. Dos empresas, Sensormatic, subsidiaria de Tyco, y Checkpoint Systems, la empresa que sorprendimos exhibiendo etiquetas de ropa con *chips espías*, son las líderes en la tecnología antirrobo. Entre las dos, son responsables de la instalación de casi un millón de sistemas antirrobo en todo el mundo. También fabrican los pequeños dispositivos antirrobo que vienen pegados a los paquetes... los que disparan una alarma ensordecedora si no se los desactiva en la caja registradora.

La tecnología que se utiliza en esos ya familiares sistemas de seguridad se denomina «vigilancia electrónica de artículos», o EAS, por sus siglas en inglés.

Muchas de las etiquetas antirrobo de EAS son etiquetas ultradelgadas de frecuencias de radio (a diferencia de las etiquetas de *identificación* por frecuencias de radio.) Se asemejan mucho a las etiquetas de RFID, pero no tienen el chip de computadora ni los problemas relacionados de invasión a la privacidad.

Las etiquetas antirrobo son un negocio enorme. Sensormatic trabaja con Wal-Mart, al igual que con 93 de las 100 primeras cadenas mundiales.[9] Hacen alarde de tener sistemas antirrobo instalados en 445.000 lugares del mundo, lo que los convierte en el jugador más grande de la industria de EAS.[10] Su rival, Checkpoint Systems, le sigue de cerca con equipos instalados en 350.000 establecimientos.[11] Sus clientes incluyen a cadenas bien conocidas tales como Target, Barnes & Noble, Circuit City y el Servicio Postal de los Estados Unidos, para mencionar a algunos.[12]

ETIQUETAS DE FUENTE

En años recientes, los rateros de tiendas se percataron de la presencia de las etiquetas antirrobo visibles y sencillamente arrancaban las etiquetas de EAS antes de pasar por los portales de seguridad. En respuesta, las empresas de seguridad han desarrollado una nueva táctica: ocultan las etiquetas para hacerlas «invisibles», una práctica denominada «etiquetado de fuente». El etiquetado de fuente requiere acudir al fabricante del producto (la «fuente») para solicitarles que incrusten las etiquetas antirrobo en el paquete del artículo, o aun directamente en el artículo.

Los dispositivos antirrobo etiquetados en fuente son invisibles por diseño. La página Web de Checkpoint explica que «la EAS invisible es más eficaz» puesto que está «oculta tanto de los rateros como de los empleados».[14] ¿Cómo hacen las empresas para ocultar las etiquetas? Adhiriéndolas al lado interior de paquetes sellados, o incrustándolas en el cartón, por ejemplo. O pueden usar un método más directo y coser las etiquetas antirrobo en las bastas de la ropa o insertarlas en la suela de los zapatos.

DE ETIQUETAS DE FUENTE A ETIQUETAS ESPÍA

Inteligentemente, Checkpoint ofrece a sus clientes una trayectoria de migración de las etiquetas de EAS [antirrobo] de bajo costo y poca utilidad, a unos cuantos centavos, hacia el dispositivo básico de RFID de diez centavos.

—*ID Tech Ex*[15]

Pero ahora viene la parte que no nos deja dormir por las noches: Sensormatic y Checkpoint, los maestros en la seguridad oculta, han empezado a «mejorar» sus etiquetas antirrobo para incorporar RFID. Esta movida podría generar la creación de una infraestructura de *chips espías* a escala amplia, invisible y oculta intencionalmente, emergiendo justo bajo nuestras narices. Podríamos despertar una mañana para descubrir que nuestros hogares están llenos de artículos con *chips espías*, y que una red omnipresente de lectores de RFID ha sido instalada en un sinnúmero de puertas de comercios para explorarnos silenciosamente dondequiera que vayamos.

Esta amenaza es muy real. La línea recién fabricada de portales antirrobo de RFID hechos por Checkpoint (irónicamente bautizados lectores «Liberty») ya pueden leer tanto etiquetas antirrobo como las etiquetas de RFID, y la empresa recientemente anunció sus planes de comprar *cien millones* de etiquetas de RFID fabricados por Matrics para satisfacer las necesidades de sus clientes.[16] ¿Dónde están esos cien millones de etiquetas? Nos gustaría saberlo. ¿No le parece? Evidentemente las están usando de alguna manera.

Si bien Checkpoint afirmó que las etiquetas se usarían para operaciones de almacén, la compañía hace alarde de ser «la integradora más grande de tecnología de RFID en los paquetes de productos de consumo».[17] ¡Guau! ¿Acaso Checkpoint ya está ocultando estas cosas en nuestras pertenencias? ¿Acaso estamos usando etiquetas de RFID sin saberlo? Checkpoint y Sensormatic (quien afirma que está trabajando con los mismos esquemas de RFID) no responden.

Pero ya para 2003, Checkpoint se jactaba de estar «trabajando con fabricantes de mercancía y tiendas que piensan en el futuro en proyectos piloto».[18] ¿Cuáles son estas tiendas no mencionadas que han intentado enviar *chips espías* a los hogares de sus clientes? ¿Estos proyectos piloto se han convertido ahora en instalaciones de escala plena? ¿Participaron Target, Staples o Circuit City en ello? Después de todo, estas cadenas son clientes de Checkpoint. Tal vez fue la tercera cadena de supermercados más grande del país, Albertsons, la que recientemente anunció la instalación de los lectores Liberty de Checkpoint en sus puertas.[19] ¿O fueron las farmacias CVS, una de las cadenas más grandes de la nación?

CVS no sólo está instalando los portales antirrobo Liberty, *sino que los están conectando a líneas telefónicas* para poder transmitir datos a la casa matriz de CVS. Esto «permitirá a CVS ver datos de alarma por región, por tienda, o por fecha y hora».[20] ¿La razón? La gerencia aparentemente desea saber exactamente cuáles productos pasan por sus puertas.

Puesto que no existe requisito legal para que las empresas digan a sus clientes si los productos que compran contienen etiquetas de RFID o no, esto podría estar sucediendo hoy en cualquiera de estas tiendas. Por esto hemos hecho un llamado a que se pasen leyes de rotulación obligatoria que exijan que las empresas revelen a sus clientes los productos que contienen una etiqueta de RFID y lo que una etiqueta semejante podría significar para su privacidad. (Más sobre este tema en el capítulo diecisiete.)

Usted probablemente no llevará consigo cosas como una sábana de franela Martha Stewart o una cafetera, así que tal vez se pregunte qué diferencia haría si algún día estos productos incorporaran RFID. ¿Pero qué tal algo como sus zapatos?

Si sus zapatos pudieran hablar

La colocación de etiquetas de RFID en cualquier artículo de consumo representa una amenaza a su privacidad, pero esa amenaza se hace más obvia cuando se trata de las piezas con las que vestimos. Y usted realmente no desea tener un *chip espía* en su zapato. La razón es sencilla. Para entenderla, hágase esta pregunta: ¿Cuándo fue la última vez que otra persona usó sus zapatos? Si usted es como la mayoría de las personas, la respuesta a esa pregunta probablemente es nunca. Por motivos de comodidad, higiene y razones culturales, las personas típicamente no se prestan los zapatos. Además, a menos que seamos Imelda Marcos, la mayoría de nosotros sólo usa un número bastante limitado de ellos. De modo que si alguien pudiera detectar un zapato y leer su número de identificación, podría tener una idea bastante buena de quién lo está usando.

Una etiqueta de RFID podría funcionar como un espía minúsculo, enviando información sobre su presencia y sus movimientos a los dispositivos lectores incrustados en las superficies por las que camina todos los días, tales como felpudos, pisos de tiendas y la alfombra de su casa. El desafío es hallar la manera de meter una etiqueta de RFID en los zapatos de las personas y vincular los números de identificación únicos de aquéllos con la identidad de éstas. Luego, una red de dispositivos lectores colocados en lugares estratégicos permitiría supervisar los movimientos de un número vasto de personas.

CREANDO LA BASE DE DATOS DE COMPRAS

Para comprender cómo los números de RFID colocados en zapatos y en otros artículos de consumo podrían estar vinculados con su persona, es necesario comprender lo que sucede hoy cuando compramos en una tienda de una cadena nacional. Si bien muchos piensan que las cajas registradoras no son más que máquinas sumadoras con gavetas para dinero, éstas se han convertido en terminales de computadora de alta velocidad, sofisticadas, visiblemente enlazadas por una red, que alimentan datos de los compradores directamente a bases de datos masivas.

A menos que se haga el propósito de pagar con dinero en efectivo (el que hasta ahora es anónimo), usted comunica su identidad con cada compra que hace. Si usted compra en una cadena de tiendas grande usando una tarjeta de comprador frecuente, tarjeta de crédito o tarjeta de cajero automático, probablemente se encuentra almacenada en la base de datos del vendedor una lista de cada artículo que ha comprado, en un registro encabezado por su nombre y número de tarjeta. Según la cadena de tiendas, estos registros pueden ir hasta diez años atrás o más. Esto significa que la tienda puede ver una lista individual de las compras que ha hecho a través del tiempo.

Las empresas recopiladoras de información tales como Information Resources, Inc. (IRI), con base en Chicago, recopilan esta información de las cajas registradoras de todo el país y la consolidan en bases de datos centralizadas. IRI ha estado haciendo esto desde 1987 y ahora afirma que recopila y consolida datos de más de treinta y dos mil tiendas de venta al detal de alimentos, medicamentos y mercancía en masa en los Estados Unidos[21] ¿Nunca había oído hablar de IRI? Ése es precisamente el problema. Si bien algunos clientes conscientes de su privacidad podrían hacer muecas de incomodidad cada vez que le entregan su tarjeta al cajero, la mayoría de las personas piensa poco en el destino de la información después de ese momento. La infraestructura multimillonaria que captura la información personal de los individuos y la trafica a terceros es en gran manera invisible.

Por supuesto, sus registros de compras entonces pueden vincularse con otros datos suyos, tales como su nombre, dirección, ocupación, vehículos que conduce, calificación de crédito, y así sucesivamente. Gracias a los avances en imágenes geoespaciales por satélite, hasta podrían tenerse fotografías aéreas de su casa y del barrio en donde vive en una base de datos en algún lugar.[22] Así que cada vez que hace una compra con algo distinto al efectivo anónimo, probablemente está añadiendo otra pincelada a un cuadro sumamente íntimo de usted y de su familia.

Puesto que las cajas registradoras de hoy día, conocidas en la industria como terminales de «punto de venta» o POS, por sus siglas en inglés, capturan automáticamente los datos del código de barras y lo añaden en el registro de datos del comprador, podemos suponer que lo mismo sucederá con los datos de las etiquetas de RFID. La diferencia, no obstante, es que los datos de las etiquetas de RFID incluirán números de identificación únicos. Tal como las bases de datos invisibles de las terminales de POS registran lo que compramos, las bases de datos de POS del mañana registrarán precisamente los artículos que compramos, identificándolos por medio de los números de EPC únicos cifrados en sus etiquetas de RFID.

Una vez que esas bases de datos se consoliden, cualquiera podría tener la capacidad de identificar a personas secretamente, en cualquier punto en el que se encuentren dentro del alcance de un lector de RFID. Es más, los zapatos con etiquetas harían posible llevar un registro de dónde han estado las personas, basándose en la detección de etiquetas. Una persona con acceso a semejante base de datos no sólo sabría, por ejemplo, que usted visitó una tienda de ventas al detal a una hora particular, sino que esa persona también podría saber exactamente dónde estuvo parado en la tienda y por cuánto tiempo estuvo allí. Por ejemplo, un lector en el piso de la tienda, delante de los libros de autoayuda o de las pruebas de embarazo podría registrar su presencia y, por asociación, su interés en tales cosas.

ETIQUETADO EN FUENTE DE LOS ZAPATOS

Entonces, ¿hay alguien colocando RFID en zapatos hoy día? Bueno, sabemos que les están colocando etiquetas antirrobo (como las que pueden equiparse con RFID) en los zapatos. Checkpoint las introduce entre las capas de la suela. He aquí una porción de un artículo promocional que describe el proceso: «A un zapato de cada par se le coloca un circuito de EAS entre las capas de la suela en el punto de fabricación», explica Charlie Mills, de la empresa vendedora de zapatos Mills Fleet Farm. «Los clientes y empleados ni siquiera saben que la etiqueta existe en el zapato».[23]

Philips Electronics, una empresa fabricante principal de chips de RFID y la corporación global detrás del proyecto de etiquetado de ropas de Benetton, ya está pensando en etiquetar zapatos con RFID. En una solicitud de patente presentada por la empresa en el año 2003, Philips describe la necesidad de mantener los dispositivos de RFID pequeños y potentes, pero suficientemente suaves para poder usarlos en el calzado y la vestimenta. Philips desarrolló una antena de tela que es «flexible y dócil, prestándose así a adoptar y conformarse a la forma [del artículo]».

Una forma que tiene la antena de tela es una línea de «hilos conductores tejidos con la tela». Para el ojo no entrenado, la antena de tela podría verse como una costura ordinaria y podría sentirse igual que el resto del material de un zapato o vestido. ¡Vaya si está oculto!

Philips claramente sí ha pensado en leer estas etiquetas de zapatos mientras las personas los llevan puestos. El inventor observa que «la colocación de [la etiqueta de RFID] en [el] zapato podría resultar particularmente ventajosa cuando el interrogador [de RFID] está colocado en el piso».[24]

¿Por qué habría de querer Philips que los zapatos sean interrogados por un lector colocado en el piso? El capítulo siguiente podría darnos algunas pistas.

▶▶ PERO, ¿ACASO NO SE NECESITARÍA TENER LECTORES CADA CINCO PIES DE DISTANCIA? ◀◀

Katherine una vez almorzó con una reportera que no podía entender cómo es que las etiquetas de RFID con un alcance de apenas cinco pies podrían usarse para rastrear a personas. «Con un alcance tan corto, tendría que seguirte todo el día, apuntándote un lector para mantenerte dentro del alcance», dijo mientras movía las manos desinteresadamente. «En lugar de pasar todo ese trabajo, me sería más fácil observarte».

Pero lo que no se le había ocurrido es que aun con el alcance relativamente corto de las etiquetas de hoy, los fisgones no necesitarían millones de lectores para rastrear el movimiento de alguien (ni tampoco tendrían que seguir a su objetivo), siempre y cuando se tuvieran lectores instalados en lugares estratégicos.

Esta reportera había viajado sesenta millas para reunirse con Katherine. Con un lector colocado a cada cinco pies de distancia, un espía necesitaría 64.416

lectores para supervisar cada momento de ese viaje. Pero esto difícilmente sería necesario, puesto que ese mismo viaje podría rastrearse con tan sólo cuatro lectores. Un lector ubicado en la rampa de entrada a la autopista podría rastrear los *chips espías* en los neumáticos de su automóvil, un segundo lector en la rampa de salida de la autopista podría determinar en qué punto salió de la autopista (y tal vez generar una multa por exceso de velocidad si llegó a ese punto demasiado rápido). Un tercer lector ubicado en la entrada del estacionamiento podría detectar dónde estacionó su automóvil, y un cuarto lector en la puerta del restaurante podría leer la etiqueta en el zapato de la reportera, o leer los datos de la licencia de conducir con *chips espías*, a través de su billetera.

5

Hay un blanco
en su espalda

Si hablo con empresas y les pregunto si desean reemplazar el código de barras con estas etiquetas, la respuesta no puede ser más que sí. Es como darles la oportunidad de gobernar el mundo.
— Steve Halliday, vicepresidente de tecnología de AIM Global[1]

Puede verlo? No, si él logra su cometido.

Bob procura evitar que usted lo vea cuando sale de su automóvil estacionado. Él toma notas detalladas, incluyendo la marca, modelo, color y número de matrícula de su vehículo. Esta información será crítica para su misión. Toma un carrito de compras y le sigue dentro del supermercado, manteniendo una distancia prudente, no demasiado cerca.

Primera parada, el pasillo frutas y vegetales. Bob finge interesarse en los melocotones mientras usted escoge las bananas perfectas y las coloca en su carrito. Él anota debidamente la selección que usted hizo en su cuadernillo inconspicuo. «Bananas, dos libras. Costo: 99 centavos la libra".

Usted se dirige a la panadería. Bob le sigue unos cuantos pasos atrás, y se percata de que se detiene en una exhibición del *Cinco de Mayo* y examina el pan mexicano Bimbo. Cuando agrega un pan a su carrito de compras, Bob se imagina que usted podría ser hispano, aunque no resulte evidente de su apariencia. La marca de pan Bimbo es un indicador bastante certero de que usted tiene raíces al sur de la frontera. Él mantiene los ojos abiertos en busca de otras señas delatoras mientras usted avanza por el pasillo de los cereales.

Puesto que añade cereal con alto contenido de fibra a su carrito, Bob deduce que usted (a) está consciente de su salud, o (b) está tratando de perder peso, o (c) sufre de estreñimiento. Bob descarta las primeras dos alternativas cuando añade Metamucil y supositorios contra las hemorroides a su carrito y los oculta discretamente debajo de la copia del periódico del domingo que recogió antes de entrar al pasillo de productos para la salud.

Anticipando el saludo alegre del cajero, sus mejillas se sonrojan aunque guarda su compostura. Bob pretende no mirarle y actualiza su perfil. Visiblemente abochornado. Paga en efectivo. Total $21,57.

Bob rápidamente paga por su bolsa de melocotones y abandona su carro lleno de cereales y productos para la salud cerca de la caja registradora. Él apresura el paso para alcanzarle y tomar notas de último minuto: la forma en la que camina, su vestido y cualquier otro detalle que le ayude a comprenderle a usted, su víctima.

Sus ojos se encuentran con los de Bob cuando mira hacia atrás antes de sacar su automóvil del espacio donde lo había estacionado. Usted sonríe, desconociendo los motivos de Bob. Le reconoce como el joven que había visto en el supermercado. Bob fuerza una sonrisa, preguntándose cómo se sentiría si supiera.

La encuesta de superdetective de supermercado

Aunque le suene increíble, para docenas de compradores en el centro de los Estados Unidos, esta escena se desarrolló en realidad. El hombre al que llamamos Bob podría haber sido cualquiera de los estudiantes subgraduados de Mercadeo 304, un curso de ventas al detal ofrecido por la Eastern Kentucky University. A los estudiantes se les indicó que literalmente siguieran a compradores dentro de la tienda, anotando secretamente detalles sobre ellos y sus hábitos de compra.

Esta tarea se llamó encuesta de superdetective de Supermercado, y su fin era enseñar a los estudiantes de mercadeo en ciernes los trucos de la profesión seleccionada por ellos. Se les instruyó a que se dirigieran a una tienda, que escogieran al azar a «una persona desconocida que no se percate de que la están observando» y que levantaran un «perfil» de ese individuo al seguirlo por todo su recorrido de compras.

Si bien la mayoría de las personas esperaría que un comportamiento semejante, si llega a descubrirse, metiera al perpetrador en aprietos, los agentes de mercadeo no piensan como la mayoría de las personas. De hecho, los educadores de mercadeo consideraron que esta tarea era un modo ejemplar de acondicionar a los novatos a sus filas y este plan fue exhibido en una sala de aprendizaje bajo el título «Grandes ideas para enseñar mercadeo».[2]

¿Y por qué no? Éste es precisamente el tipo de espionaje de consumidores que llevan a cabo hoy los profesionales tales como Paco Underhill y su empresa Envirosell. Underhill emplea investigadores *in situ* llamados «rastreadores» que siguen a los compradores por una tienda, escuchándoles y grabando sus conversaciones.[3] Envirosell hasta ha llegado a examinar de cerca el comportamiento de los clientes sentados en restaurantes, sin su conocimiento ni consentimiento.[4]

Evidentemente, a Envirosell no le hacen falta clientes. Fred Meyer, CVS, Trader Joe's y Wal-Mart se encuentran entre las casi cincuenta cadenas importantes de tiendas que han utilizado los servicios de vigilancia de Envirosell para espiar a sus clientes.[5]

¿Qué clase de personas pensaría que el seguir a extraños no sólo es aceptable, sino también loable? ¿Quiénes son estos agentes de mercadeo y quién les dio el derecho de *espiarnos*?

Para responder a esa pregunta, necesitamos comprender la mente del agente de mercadeo moderno. Katherine está en buena posición de decirnos cómo esta profesión ha cambiado desde que ella recibió su licenciatura en mercadeo internacional a mediados de la década de 1980. En aquel entonces, la educación de mercadeo se basaba en cuatro *Pes*: producto, precio, posición y promoción. La idea era bastante sencilla: fabricar un buen producto, asignarle un precio razonable, colocarlo donde la gente pudiera hallarlo y decirles lo bueno que era. Ése es un enfoque comercial bueno, limpio y honesto en el mercado libre. No obstante, en los últimos quince años, más o menos, una nueva P se ha cernido sobre las demás: *personas*.

La nueva P hace énfasis en la importancia de saber todo acerca de los clientes para poder influir sobre sus decisiones. De lo que se trata también es de discriminar contra los compradores que buscan especiales o los que tienen desventajas económicas, mientras que se atiende a los clientes que rinden ganancias.

Esto tampoco es un lecho de rosas para los clientes en la parte superior de la escala. Cada uno de sus movimientos está bajo el microscopio de los agentes de mercadeo y sus valiosos datos de compras se analizan para fines internos o se trafican al postor más alto.

Por supuesto, los vendedores, fabricantes y agentes de mercadeo son tipos inteligentes que no son suficientemente estúpidos como para decir esto abiertamente en público. No, en lugar de irritar a las masas o de espantar a sus clientes principales, discuten sus planes en «lenguaje de mercadeo». Uno de los términos que usan los conocedores para referirse a la acción de espiar a los clientes es *Manejo de Relación con el Cliente* (MRC). Se puede concebir este término como un eufemismo del espionaje a los clientes. Bob y sus compañeros de estudios están aprendiendo la versión de baja tecnología de este juego de intereses cada vez más altos.

Hay muchas formas en las que los agentes de mercadeo justifican el MRC. Dicen al público que es para su propio bien; que el saber quiénes son y qué es lo que prefieren comprar ayudará a servirles mejor. Y, por supuesto, después de los sucesos del 11 de septiembre pueden justificar parte de sus fisgoneadas con medidas de seguridad que supuestamente nos mantienen seguros a todos. Pero el verdadero objetivo es hallar modos más eficientes de separarnos de nuestro dinero.

Los estudiantes universitarios de mercadeo están siendo educados en el MRC, y miles de ellos se gradúan cada año para ayudar a perpetuar las tecnologías nuevas que permiten a los negocios a aprender más de sus clientes que lo que cualquier persona, incluyendo su propia madre, tiene el derecho de saber.

Bob digital

ADVERTENCIA: Si le molestó la excursión de espionaje que realizó Bob en el supermercado, entonces aguántese. Eso no es nada en comparación con lo que está por venir: agentes de mercadeo supercargados y mejorados con capacidades de *chips espías*. Cada artículo con RFID tendrá su propia versión digital de Bob en espera, las 24 horas del día, esperando una oportunidad para compartir su información exclusiva. Las versiones computarizadas de Bob pueden estar ocultas en sus zapatos, viajar en su automóvil y aun ir a la cama con usted sin ser detectadas.

Estos Bob digitales pueden transmitir información secretamente usando ondas de radio invisibles cada vez que estén dentro del alcance de un dispositivo lector. Podrían estar rebotando dentro de un maletín, viajando por la autopista a sesenta millas por hora, o estar de cabeza y aún así transmitir con éxito sus informes secretos.

> ▸▸   LOS ESTUDIANTES DE MERCADEO OBTIENEN LAS
> CALIFICACIONES MÁS BAJAS EN EVALUACIONES DE ÉTICA ◂◂
>
> Los investigadores han descubierto que los estudiantes de mercadeo obtienen las calificaciones más bajas en las evaluaciones de ética e integridad académica al compararlos con estudiantes de otras carreras. Desgraciadamente, esos mismos estudiantes de mercadeo algún día blandirán las herramientas de MRC para recopilar su información personal. «La incidencia de deshonestidad académica ha ido en aumento en las últimas décadas –explicaban el investigador Kenneth Chapman y sus colegas en un artículo reciente. Las investigaciones pasadas han indicado que los estudiantes de comercio hacen trampa más a menudo que sus compañeros en otras disciplinas en la Universidad. Y, como preocupación particular de los educadores, las investigaciones actuales han revelado que los estudiantes de mercadeo hacen trampa a un ritmo significativamente superior que sus compañeros en otras disciplinas del comercio».[6] Por supuesto, estos hallazgos no significan necesariamente que todos los estudiantes de mercadeo son poco éticos ni que todas las prácticas de mercadeo son diabólicas, pero sí sugiere que la sociedad debería vigilar de cerca todos los programas planificados, utilizados o supervisados por la profesión del mercadeo.

Bueno, ¿y quién o qué recibe estos informes? El consorcio de negocios y entidades gubernamentales que está desarrollando la infraestructura de RFID planifican enviarlos a bases de datos masivas en Internet. Una vez que los billones de artículos en el planeta contengan Bobs digitales, teóricamente, el paradero de todo y de todos será conocido en todo momento y estará accesible a todo aquel que tenga acceso, autorizado o no, a las bases de datos.

Imagínese el poder de tener la capacidad de acceder a un programa de búsqueda en Internet similar a Google y averiguar todos los artículos relacionados con un individuo, organización o entidad gubernamental. Luego, imagínese poder averiguar dónde se encuentran todos esos artículos en tiempo real, dónde han estado y su relación histórica con otros artículos, personas y eventos.

Combine ese poder con la información de los millones de bases de datos que ya existen y podrá tener un vistazo de cómo la RFID podría convertirse en la herramienta más poderosa de mercadeo —y de vigilancia— de la historia.

Procter & Gamble rastrea a clientes con RFID

Muchas empresas han contribuido a la amenaza de RFID que viene en nuestra dirección, pero si tuviéramos que identificar a la compañía que lleva la mayor parte de la responsabilidad, sería Procter & Gamble; fabricantes de artículos domésticos tan populares tales como el detergente Tide, la pasta de dientes Crest y el jabón para lavaplatos Cascade. Como recordará, P&G fue una de las fundadoras originales del Auto-ID Center en MIT en 1999 y debería exigírsele que rinda cuentas por ayudar a lanzar la revolución de los *chips espías*.

En esos primeros años, P&G gastó mucho tiempo y dinero para promover su visión a otras empresas, sabiendo que no sería posible crear un sistema normalizado y mundial de etiquetarlo todo a menos que otros jugadores principales participaran. Eventualmente atrajeron a más de cien empresas para que invirtieran en el Auto-ID Center. ¿Cómo lo hicieron? Al mostrarles, entre otras cosas, el potencial que ofrecía la tecnología al mercadeo.

Desde aquellos primeros días, P&G ha borrado casi todo rastro de sus declaraciones públicas iniciales en cuanto a la RFID, reemplazándolas con una jerga confusa e insípida que habla de «eficiencia mejorada en la cadena de suministros» y «costos operativos reducidos». Pero con una búsqueda minuciosa, pudimos pescar varios de los documentos más jugosos, de alrededor del año 2000, antes que la empresa descubriera que tenía en las manos un problema grande de aceptación por parte de sus clientes. Después de leerlos, está bastante claro por qué la P&G querría mantenerlos ocultos.

Estos documentos revelan que en el año 2000, la P&G y MIT construyeron prototipos de la «Tienda del Futuro» y la «Casa del Futuro» en Cambridge, Inglaterra, para exhibir el potencial de la RFID. Hablaron con mucho cariño acerca del poder de la RFID en una promoción titulada «Imagínese la Casa y la Tienda del Futuro».

La «Tienda del Futuro» tiene ...
Repisas que saben lo que contienen ...
Carritos de compras que saben lo que contienen ...
Baldosas de piso que rastrean los productos y los carritos por la tienda ...[7]

En cuanto a la «Casa del Futuro», ésta cuenta con «un TV que le muestra anuncios basados en lo que usted compra y en lo que está a punto de agotársele, usando información proporcionada por su refrigerador».

Si le mortifica la idea de que las baldosas del piso le rastreen o que su refrigerador sirva el contenido para los anuncios de televisión, le comprendemos muy bien. Seguramente los «programadores de nuestro futuro» (una cita textual de uno de los documentos[8]) no estaban hablando en serio, ¿o sí? Por el contrario, aparentemente dijeron cada palabra en serio, asegurando a los lectores más escépticos con palabras tales como «esto es ciencia, no ciencia ficción».[9] Hasta proporcionaron detalles en cuanto al esquema de anuncios de televisión en un documento titulado «Un chip en el carrito de compras».

> Digamos que [una etiqueta de RFID] se coloca en el fondo de una botella de Coca Cola. Tan pronto la sacamos del refrigerador, el refrigerador sabrá que se han agotado las existencias de Coca Cola y le informa al supermercado por medio de Internet que es necesario abastecer su hogar. O, si prefiere hacer las cosas usted mismo, la Coca Cola se añade automáticamente a la lista de compras desplegada en la pizarra electrónica de su cocina. En este instante, y como por arte de magia, los anuncios publicitarios de Pepsi Cola aparecen en la pantalla de su TV. Porque su refrigerador inteligente se ha comunicado con su televisor inteligente.[10]

El artículo concluye con una sección titulada «¿Y qué provecho le saca P&G?» Llámenos cínicas, pero no nos sorprendió para nada ver que la P&G identificó el *mejoramiento del mercadeo individual* como uno de sus objetivos clave.

LA TIENDA DEL FUTURO DE P&G

A la Procter & Gamble no le tomó mucho desarrollar los detalles técnicos del rastreo de clientes alrededor de la tienda del futuro con los *chips espías* que habían visualizado. En agosto de 2001, la empresa solicitó una patente con el título SISTEMAS Y MÉTODOS PARA RASTREAR A CLIENTES EN UN ENTORNO DE TIENDA.[11] Sutil, ¿no le parece?

En esa solicitud de patente, Procter & Gamble se lamentaba de las limitaciones de los métodos existentes de espionaje a clientes. Recopilar los datos de las personas en las cajas registradoras y seguirlos alrededor de la tienda con cámaras de video y observadores humanos sencillamente no estaba funcionando:

Desgraciadamente, este tipo de enfoque de baja tecnología no puede generar datos suficientes... Existe la necesidad de herramientas empíricas que permitan efectuar un análisis detallado de lo que los consumidores experimentan en las tiendas, dónde van, cuánto tiempo permanecen allí y qué cosas influyen los pasillos que escogen.

Resaltando el «tremendo incentivo económico para los vendedores de mercancía y los proveedores de dicha mercancía de comprender lo que motiva a los clientes a comprar», desarrollaron un plan de usar sensores en cualquier parte de la tienda, incluso en el techo, el piso, las repisas y los exhibidores de la tienda, para leer las etiquetas de RFID colocadas en carritos de compra y en los artículos que los compradores escogieran.

Los parámetros básicos medidos por [el] sistema incluyen dónde va cada individuo ... y cuánto tiempo pasa allí. Esto entonces puede vincularse con las compras de ese individuo, basándose en los datos de punto de venta correspondientes recopilados en la caja registradora ... [E]l rastreo actual de los consumidores en el entorno de la tienda ... genera información mucho más sustantiva ... [que] puede usarse para dirigir con eficacia a los clientes a los artículos que ofrecen un mayor margen de ganancias ...

¿Usar la RFID para rastrear a personas en la tienda? ¡No me diga! Después de todo, ¿acaso Sandy Hughes, la «ejecutiva de privacidad global» de P&G, no nos aseguró en repetidas ocasiones que P&G ni siquiera ha *considerado* rastrear a los clientes con RFID?[12]

NCR: Más que sólo cajas registradoras

NCR es la empresa de casi seis mil millones de dólares que fabrica cajas registradoras para el mundo entero. Fundada en 1884 como la National Cash Register Company, la NCR fue una de las primeras empresas globales, y hoy día cuenta con oficinas en más de cien países. La empresa ahora fabrica toda clase de cosas, incluyendo lectores de códigos de barras, cajas de pago de autoservicio y cajeros automáticos.

Las decisiones de NCR impactan a muchas personas. La empresa proclama en su página Web que «facultamos a empresas de todo el mundo a tocar a

▶▶ Babeándose en el pasillo de los
PRODUCTOS DE BELLEZA ◀◀

Procter & Gamble y Giant Food Stores —parte de Ahold, una compañía muy propensa a escándalos (digamos que son los chicos malos de la contabilidad en la industria de supermercados, similares a Enron[13])— una vez aunaron sus fuerzas para llevar a cabo «investigaciones exhaustivas sobre los hábitos de compra de los clientes». La meta era aumentar las ventas de los productos de salud y artículos de belleza producidos por la P&G. Según un artículo de junio del 2001 publicado por la Pennsylvania Food Merchant's Association, este dúo se formó para «duplicar la cantidad de clientes que entran por el pasillo».[14]

Según el informe, usaron una «metodología única» para crear su nuevo enfoque de mercadeo. Marshall Haine, uno de los inventores de la patente aún en trámite de P&G para rastrear a los compradores en las tiendas, describió los esfuerzos como *pavlovianos*, y explicó: «Nos vinculamos con las necesidades básicas del consumidor, necesidades fundamentales que inspiran el comportamiento».

Hmm… ¿Pavlovianos? Por supuesto, esa palabra se refiere a la obra de Iván Pavlov (1849-1936), el científico que estudió maneras por las que se podía obtener un comportamiento deseado de sus sujetos de prueba. Si bien los sujetos de Pavlov eran perros que habían sido entrenados para babearse con sólo hacer sonar una campana, sus teorías han sido trasladadas a otros escenarios; ahora, parece ser, por Procter & Gamble, para hacer que las mujeres que van de compras formen un enjambre alrededor de sus exhibidores de cosméticos.

millones de clientes, millones de veces cada día». La influencia de la NCR se siente por todo el globo terráqueo.

Hacen alarde de que dondequiera que suceda una transacción, ya sea «sobre el mostrador, por teléfono, en un quiosco o cajero automático, o por Internet, la NCR está allí».[15] Tal vez usted hoy ya ha comprado algo usando una caja registradora NCR. Su lista de clientes incluye empresas importantes como Wal-Mart, Bank of America, KFC y cadenas principales de supermercados.

Pero además de vender cajas registradoras, la NCR vende un producto invisible y mucho más pernicioso: la captura de datos. Colocados estratégicamente a través de la industria en lo que se conoce como «puntos de venta», NCR puede capturar virtualmente cantidades ilimitadas de información de mercadeo acerca personas y de las cosas que compran. La compañía se jacta de lo íntimamente que puede observar a los consumidores y dice a sus clientes corporativos que se especializa en «darle a usted y a su empresa las herramientas necesarias para recopilar datos críticos acerca de sus preferencias individuales, necesidades y requisitos».[16]

No es exageración. NCR está hasta las cejas en datos, diciéndoles a los visitantes de su página Web que su división Teradata es la «líder del mercado en soluciones de almacenamiento de datos». Estos almacenes de datos son tan grandes que requieren edificios completos para alojarlos.[17] Su tamaño pasma la mente. El diario *New York Times* recientemente reportó que tan sólo Wal-Mart ha almacenado 460 *terabytes* de datos en computadoras de NCR Teradata. «Para poner eso en perspectiva, Internet tiene menos de la mitad de esa cantidad de datos», dijo el *Times*.[18]

Sentado en un asiento de prominencia en cuanto a las ventas y la recopilación de datos, no es sorpresa que NCR se haya interesado en la RFID. Tanto es así que tiene a un «evangelista de RFID» a tiempo completo en su nómina.[19] Él le dirá que la empresa tiene planes. Planes muy grandes.

Cornografía: Los fisgones de NCR le observan mientras usted compra

«En diciembre de 2003 se le otorgó una patente a NCR por un invento que ellos llamaron monitorización automática de la actividad de los compradores en un mercado.[20] En algo que recuerda a los planes Procter & Gamble, aquí NCR describe una estrategia increíblemente detallada para observar cada movimiento de los compradores en los pasillos de una tienda, anotando sus actividades momento a momento y guardando un registro de todo lo que hacen... hasta una fracción de segundo.

El esquema de NCR empieza con la colocación de etiquetas de RFID en cada producto de la tienda, y dispositivos lectores en cada repisa y en cada carrito de compras. Éstos a su vez están conectados a una red espía enorme y computarizada que observa silenciosamente y espera que un comprador tome algún artículo de una repisa, similar a cómo una araña espera a un tirón en su telaraña para saber que su siguiente comida ha llegado.

Cuando un cliente incauto levanta un artículo de la repisa, digamos una lata de maíz, el sistema pasa a modo de vigilancia, contando precisamente el número de segundos que la compradora sostiene el artículo antes de devolverlo a la repisa o de colocarlo en su cesta de compras.

> El invento supervisa los artículos. El invento determina si cada artículo se encuentra en una de tres posiciones, a saber: (1) en la cesta, (2) en las repisas o (3) ni en la cesta ni en las repisas.
>
> Por ejemplo, un artículo puede tomar la forma de una lata de maíz de Marca X. Si el comprador toma una lata de maíz Marca X de la repisa y la sujeta en su mano, el invento detectará que una lata de maíz Marca X ha sido retirada de la repisa, y también que la lata no está en la cesta. La inferencia puede hacerse de que la lata se encuentra en la mano del comprador en ese momento ... Los datos recién obtenidos se registran.
>
> ...[Un] registro detallado de las posiciones sucesivas [cesta, repisa, o ninguna de estas] ...puede grabarse, junto con la hora del día de cada posición.

Basándose en las posiciones grabadas de la lata de maíz y la hora en que ocupó cada posición, el sistema hace inferencias en cuanto a la actividad del comprador. Por ejemplo, si la lata se retira de la repisa pero no se coloca inmediatamente en la cesta, el sistema podría interpretar que el cliente estaba leyendo la etiqueta antes de decidir comprarla. De igual modo, si la lata se coloca nuevamente en la repisa y después se selecciona una marca competidora y se coloca en el carrito, el sistema podría inferir que el cliente prefirió la marca competidora.

Este sistema de vigilancia de compradores en tiempo real da al sistema las armas que necesita para venderle otras marcas, productos relacionados y, preferentemente, artículos con un margen de ganancia más amplio. Por ejemplo, si el sistema detecta que usted compra maíz Marca X, podría indicarle que pruebe la Marca Y en el futuro al imprimirle un cupón de descuento para la Marca X en la caja registradora.

El sistema de NCR también puede hacer inferencias más avanzadas. Por ejemplo, si una compradora coloca pasta de alta calidad en su carrito de compra, podría decidir que ella es candidata para una marca cara de salsa y sugerirle esta compra. Si un comprador coloca una lata de calabaza en su carrito de compras, «el invento podría indicarle al cliente que compre crema batida o huevos, basándose en la suposición de que está planeando preparar un *pie* de calabaza».

Los inventores del sistema dicen que el propósito de todo este espionaje es «recopilar datos sobre el comportamiento del cliente, para beneficio del propietario del supermercado y del fabricante de los artículos».

Nótese la ausencia total de beneficio para el cliente. Seguramente ni siquiera ven la necesidad de darle la información. ¿Para qué molestarse? Los consumidores ni siquiera saben que el sistema está instalado puesto que todo el espionaje se efectúa por medio de ondas de radio invisibles.

¿Es usted un «carroñero» o un «barnacla»?

«¿Barnacla?» «¿Carroñero?» Éstos son tan sólo dos de los términos despectivos que los agentes de mercadeo usan para describir a los buscadores de gangas.[21,] [22] Si usted alguna vez fue un estudiante universitario de escasos recursos, una madre soltera o un desempleado que está buscando los precios más bajos para que le alcance el presupuesto, los agentes de mercadeo probablemente le describieron con uno de esos nombres tras sus espaldas.

Si no está gastando sumas grandes de dinero, las tiendas no quieren que usted respire su aire, empuje un carrito de compras, ni malgaste el tiempo valioso de los cajeros con sus compras miserables. Y si se atreve a hacer alguna de estas cosas, ellos están buscando la manera de hacerle pagar por ello.

Marty Abrams, asesor jefe de política en la influyente firma de abogados Hunton & Williams, describe las formas en las que los agentes de mercadeo hacen esto:

En el nivel más amplio, la MRC es el proceso de utilizar tecnología informática y estadísticas para elevar al máximo la relación de una empresa con cada uno de sus clientes actuales y potenciales. La elevación al máximo en algunos casos significa proporcionar servicio de guante blanco y precios que amplían el porcentaje que ocupa la firma en la billetera de ese consumidor. En otros casos, significa un servicio marginal y precios más altos, diseñados para impulsar al consumidor poco atractivo a que compre en otra parte. Un crítico de esta técnica de *targeting* —y yo no soy uno de ellos— podría describir esto como establecer límites digitalmente.[23]

Lo tienen todo definido. El problema del vendedor, no obstante, es tener una forma de identificar a las personas para saber a quién recompensar y a quién tratar de mala manera. Bienvenida la RFID.

Si la tienda logra que los compradores lleven tarjetas de cliente leal con RFID, como las que ofrece Texas Instruments (TI), el problema queda resuelto.

TI está estimulando a las tiendas que instalen lectores de RFID en sus puertas para «llevar un registro de los clientes que entran por ellas». Su página Web despliega una tarjeta de comprador frecuente con RFID habilitada que pude leerse a través del bolso de una compradora y describe cómo los consumidores con una etiqueta de TI-RFID en su bolso, bolsillo o billetera pueden ser detectados por los sistemas lectores en las puertas. Las antenas detectoras también pueden instalarse en mostradores, paredes y pisos. También detalla cómo «la tecnología puede decirle a los vendedores precisamente quién se encuentra en sus tiendas en cualquier momento y a la vez ofrecer historiales completos de compra de cada comprador. Además, las tiendas podrán saber lo que el cliente compró en su última visita y lo que podrían necesitar como accesorios».[24]

¿Será realmente cierto que están por salir a nuestro encuentro las tarjetas de cliente leal con *chips espías*? Posiblemente. Uno de los fabricantes más grandes de tarjetas plásticas de membresía y de pagos, Arthur Blank & Co. Inc., ha anunciado la adición de funciones de RFID a su línea de productos.[25] Esta movida tiene implicaciones gigantescas para la privacidad de los consumidores, puesto que la empresa fabrica 1300 millones de tarjetas cada año. Usted podría ya tener una tarjeta fabricada por Arthur Blank en su billetera, puesto que la lista de sus clientes incluye a Holiday Inn, Barnes & Noble, American Airlines, OfficeMax, AAA y Blue Cross/Blue Shield. También fabrican tarjetas de cajero automático para bancos grandes. Aunque Arthur Blank ahora ofrece la capacidad de incorporación de *chips espías*, sus clientes podrían sentirse reacios a aprovecharla después de lo que sucedió en Alemania. Hablaremos más de *eso* en el capítulo Seis.

(Foto: Liz McIntyre)

Tarjeta de plástico en blanco de Texas Instruments con etiqueta de RFID en su interior

Anuncios invasores al estilo de la película «Minority Report»: ¿se vislumbran en nuestro futuro?

En *Minority Report* (Sentencia previa), la película de Steven Spielberg lanzada en 2002, los anuncios comerciales son sumamente específicos y personalizados según las presuntas necesidades, deseos y anhelos de los transeúntes. En una escena inolvidable, una pantalla con voz hace una sugerencia apropiada, basada en el estado detectado en el prófugo y agitado Tom Cruise: «¿Por qué no te tomas una Guinness?»

¿Acaso es posible que en un futuro con *chips espías* nuestra privacidad esté tan comprometida al punto de que recibamos recomendaciones así de perspicaces?

Beth Givens, de la Privacy Rights Clearinghouse, testificó en agosto de 2003 ante las audiencias del Senado del estado de California sobre la RFID que esa película estaba basada en posibilidades objetivas atemorizantes. Dijo que el asesor de ciencia y tecnología de la película, John Underkoffer, recibió instrucciones de que la tecnología representada en el filme fuera «realidad futura», y no ciencia ficción.[26]

Nuestras investigaciones sobre las patentes y solicitudes de patente nos llevan a estar de acuerdo con la evaluación tecnológica del Sr. Underkoffer.

«IBM» significa «I've been monitored» [Me han estado vigilando]

En el capítulo tres le dimos una probadita del invento con patente en trámite de la IBM, denominado Identificación y Rastreo de Personas Usando Artículos con etiquetas de RFID, y le prometimos que compartiríamos más de su visión orwelliana de la RFID para las tiendas. Si recuerda, lo esencial de su esquema es explorar a los consumidores que entran en un establecimiento de ventas en busca de etiquetas de RFID para poder descubrir sus identidades precisas y otros datos de ellos.

Armados con la información de la etiqueta, IBM se propone rastrear a los compradores a través de la tienda y usar esta información «en muchas formas diferentes», incluso el envío de anuncios personalizados, al estilo de *Minority Report*:

> Por ejemplo, si la persona tiene consigo un biberón, un sistema de anuncios en la tienda podría estar configurado para que anuncie pañales cuando la persona pasa delante de una pantalla particular de la tienda. Si la persona lleva una billetera de

hombre, el sistema de anuncios de la tienda podría estar configurado para que le anuncie navajas de afeitar y crema de afeitar cuando la persona pasa frente a una pantalla particular de la tienda. Evidentemente, hay numerosos ejemplos posibles.[27]

El programa «Margaret» de IBM

IBM también ha desarrollado un producto llamado «Margaret» que utiliza lectores de RFID instalados en puertas para identificar a los clientes que entran en bancos e instituciones financieras. Bautizado con el nombre de la suegra presuntamente adinerada del inventor, la idea consiste en identificar a los clientes valiosos y separarlos para darles trato preferencial. IBM describe este programa de la manera siguiente:

> Una etiqueta de RFID incorporada a la tarjeta de banco o libreta de ahorros del cliente podría utilizarse para anunciar la llegada de éste a la sucursal. Al pasar por la puerta, la tarjeta advertiría a un sistema de información del cliente. El personal del banco podría saludar personalmente a clientes con saldos elevados, o los clientes podrían ser saludados por nombre por los cajeros, quienes ya tendrían la información de sus cuentas en la pantalla para cuando éstos lleguen al mostrador.[28]

Una publicación principal de la industria, el *RFID Journal*, ofrece otras ideas para los lectores de RFID en entradas de edificios, sugiriendo que además de su uso en bancos, «este mismo sistema podría usarse en restaurantes de lujo o boutiques, en donde el servicio altamente personal es muy importante».[29]

¿Me habla a mí?

No sólo estará rodeado por anuncios personalizados en cada esquina en el mundo de los *chips espías*, sino que éstos podrían hablarle. *Literalmente.* Bank of America, una de las instituciones financieras más grandes, nos dice cómo en su patente SISTEMA Y MÉTODO PARA ANUNCIOS INTERACTIVOS:

> [E]xiste la necesidad de un dispositivo de promociones y anuncios públicos que tenga la capacidad de identificar a individuos específicos o grupos de individuos que entran en contacto con el dispositivo, la capacidad de recopilar, recoger y usar información personal acerca de dichos individuos o grupos para seleccionar y presentar promociones y anuncios más interesantes y personalizados...[30]

Patente   16 marzo 2004   Hoja 13 de 13   EE. UU. N° 6,708,176 B2

El sistema de anuncio público de Bank of America «podría estar apoyado por una variedad de dispositivos independientes ... o estar fijado o suspendido de una pared o techo cercano». Esta figura ilustra cómo un usuario podría interactuar con el invento. Un «Dispositivo de Audio Enfocado», «Dispositivo Detector de Identificación Remota» y un «Dispositivo de Pantalla de Grupo» podrían estar incorporados a este anuncio.

(Fuente: Patente de Estados Unidos N° 6,708,176)

La patente del Bank of America sugiere explorar un repetidor (es decir, una etiqueta de RFID) incorporada en los artículos que las personas usan y llevan, tales como llaves, tarjetas u otros dispositivos, para identificarles. Pero mientras usted observa el anuncio comercial, ellos podrían estarle observándolo. El sistema puede capturar imágenes de video de los consumidores que están cerca del exhibidor, grabando «características físicas, es decir, apariencia física, rostro, características de la retina y del iris [.]» Estos datos después pueden «ser procesados por un Dispositivo de Evaluación de Multitudes o un Detector de Biométrica del Cliente...»

Si usted piensa que estos inventores han pasado por alto la privacidad, se equivoca. Han sido considerados y han diseñado el dispositivo de audio para que se proyecte únicamente a las personas que se encuentran directamente delante del exhibidor. Afirman que esto le permitirá al cliente «tener cierto grado de privacidad, al menos en cuanto al programa de audio de un afiche interactivo».

¡Guau! Gracias por la gentileza, Bank of America.

6

El zoológico de ventas al detalle de RFID

▶▶ El futuro de las compras ◀◀

> Los residentes del pueblo alemán de Rheinberg descubrirán que han sido
> conejillos de indias en lo que Metro y sus socios ... esperan que se convierta
> en una norma global en los próximos cinco a diez años.
> —Comunicado de prensa IBM, 28 de abri de 2003[1]

De gira por la tienda del futuro

Si hay un lugar en donde la industria de la RFID debiera mostrar su mejor
comportamiento, debería ser la *METRO Extra Future Store* de Rheinberg, Alemania; especialmente si la CASPIAN y la organización alemana de privacidad
FoeBuD pasan de gira por la tienda.

La *Future Store* es el centro de exhibiciones mundial del etiquetado por producto con RFID. Allí, las empresas tales como IBM, Procter & Gamble, Gillette,
NCR y Kraft efectúan experimentos con RFID utilizando a compradores reales
en una tienda real. Botellas de champú Pantene, paquetes de navajas de afeitar
Gillette y envases de queso crema marca Philadelphia con *chips espías* se
encuentran sobre repisas con capacidad de RFID, esperando a que los clientes
se los lleven a la casa.

Los ejecutivos de la *Future Store* aceptaron enseñarnos su laboratorio vivien-
te. Aunque todo se efectuó con cordialidad, era innegable que había una tensión
en el ambiente. METRO realmente deseaba contar con nuestro sello de aprobación, pero las cosas no salieron exactamente como las deseaban.

Los ejecutivos nos aseguraron que las etiquetas de RFID colocadas en estos productos no representaban riesgo alguno para los consumidores puesto que serían desactivadas en un quiosco de desactivación, luego de cada compra. Aunque se nos dijo que el quiosco borraría la información de las etiquetas de RFID, descubrimos que aun después de haber pasado un producto por el supuesto proceso de desactivación, su número de serie todavía podía ser leído a cinco pies de distancia.

Eso ya olía mal, pero el verdadero descubrimiento se produjo cuando Katherine fue a buscar una tarjeta de comprador frecuente «Payback» de METRO para añadirla a su colección. Ella ha estado luchando en contra de los esquemas de las tarjetas de compradores frecuentes por años y son tema de su tesis doctoral en Harvard. Sin embargo, obtener la tarjeta no fue fácil. Los empleados de la tienda no estaban autorizados a sencillamente entregar las tarjetas, sino que tenían que esperar hasta recibir aprobación de la alta gerencia. Si bien esto nos pareció extraño en el momento, no averiguamos la verdadera razón tras su falta de disposición hasta la tarde siguiente, durante la conferencia que Katherine dictó sobre la privacidad en Bielefeld, Alemania.

Cuando concluyó la porción con diapositivas de su conferencia sobre los peligros de la RFID, el codirector de FoeBuD conectó un lector de RFID de 13,56 MHz a la computadora portátil que ella estaba usando y lo proyectó hacia una pantalla que estaba detrás. Uno por uno, ella y un colega sostuvieron productos con *chips espías* que habían comprado de la *Future Store* delante del dispositivo lector para que la audiencia pudiera ver los datos cifrados en sus chips.

Entonces se produjo el momento extraordinario cuando alguien tomó la tarjeta de comprador frecuente «Payback» de Metro y la sostuvo delante del lector. No se suponía que nada sucediera. Pero entonces una cadena de números apareció en la pantalla. Nuestros mentones cayeron hasta el suelo. Había un *chip espía* dentro de la tarjeta. ¡Nos habían marcado!

Tarjetas de comprador frecuente con chips espías

En retrospectiva, no debió habernos sorprendido hallar una etiqueta de RFID oculta en la tarjeta de comprador frecuente de Metro, considerando quiénes están detrás de la *Future Store*.

IBM, con sus abarcadores planes de rastrear a personas con RFID, era un jugador clave de la tienda, «suministrando la integración general de los sistemas

[y] el software intermedio de RFID».² Debimos haber adivinado que había gato encerrado cuando IBM describió a la gente de Rheinberg, Alemania como «conejillos de indias» para su experimento con la *Future Store*.³ Luego, teníamos la participación de Procter & Gamble y Gillette, los santos patronos del *chip espía*, con su historial compartido de espiar a compradores incautos con etiquetas de RFID ocultas. Nada bueno podía salir de semejante alianza.

Pero la pista delatora debió haber sido el papel estelar desempeñado por los fisgones comerciales de la NCR. Tan sólo unos cuantos meses antes habíamos obtenido una copia de un anuncio de promoción de la NCR llamado «50 Ideas para revolucionar la tienda por medio de la RFID», una celebración de cuarenta y seis páginas a todo color que explicaba un puñado de planes intrusos para identificar a compradores, rastrear sus movimientos, manipular los precios y más.⁴ Muchos de estos planes dependían de la colocación de *chips espías* en tarjetas de compradores frecuentes.

Algunas de las cincuenta ideas de la NCR tenían carácter técnico, tales como la Nº 7: «Nivelación de mercancías entre tiendas» (qué aburrido), mientras que otras podrían hacer que las compras fueran más eficientes, como la Nº 23: «La RFID permite hacer el pago sin necesidad de retirar los artículos de la cesta/carrito de compras» (la «aplicación maestra» que esperan le convenza de aceptar la RFID). Pero, mezcladas junto con estas aplicaciones prácticas y sorprendentes, había otras tan perturbadoras que nos dieron repugnancia.

Algunas veces hay que reír para no llorar. Así que en lugar de informar sobre los planes de NCR con el rostro serio, se nos ocurrió darles a estas ideas ridículas la burla que se merecen. Posiblemente recordará el éxito que Paul Simon cantara en la década de 1970 «50 Ways To Leave Your Lover» [50 Maneras para dejar a su amante]. Hemos actualizado la letra y rededicado la canción a los ingeniosos promotores de los *chips espías* que trabajan tiempo extra para desarrollar métodos de espiarnos a todos.

> *Dicen que su hábito ahora*
> *se ha convertido en entrometerse,*
> *y no obstante esperan que sus fisgones*
> *no sean malinterpretados ...*

(Foto: Peter Ehrentraut/FoeBuD e.V., Germany)

Katherine Albrecht examina las repisas que contienen frascos de champú Pantene de Procter & Gamble. Cada frasco tiene una etiqueta de RFID fijada en su fondo.

Parte delantera de la tarjeta de comprador frecuente Payback de Metro. No se hace mención de la etiqueta de RFID que contiene en su interior, ni METRO dio aviso a los clientes en cuanto a la etiqueta en la solicitud para la tarjeta, en los avisos de la tienda, ni en ninguna otra parte.

(Foto: Katherine Albrecht)

Dorso de la tarjeta «Payback» de Metro. Tampoco hay mención de la etiqueta de RFID que contiene.

(Foto: Katherine Albrecht)

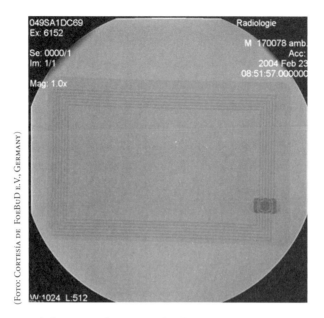

(FOTO: CORTESÍA DE FOEBUD E.V., GERMANY)

Imagen de rayos X de la tarjeta de comprador frecuente «Payback» confirma que tiene una etiqueta de RFID.

♪ SÓLO ÚSALA PARA ESPIAR, CARLOS ♪

La idea fundamental de NCR: «[L]os movimientos de compradores individuales en la tienda pueden rastrearse con precisión y en tiempo real».

La NCR dedica una sección entera de su documento con cincuenta ideas al «rastreo de personas», una forma de convertir a los consumidores en exhibiciones de un extraño zoológico de ventas al detal. Gracias a la RFID, sus herramientas de vigilancia pueden mezclarse de modo invisible con el entorno, de modo que los consumidores se comportarán de modo natural, nunca percatándose de que están siendo observados o manipulados por sus guardas ocultos.

La NCR sabe que la forma más fácil de rastrear a los clientes es lograr que lleven un dispositivo con capacidad de RFID que pueda ser leído silenciosamente en la puerta y luego utilizado para identificar su ubicación mientras compran. Una tarjeta de comprador frecuente sería lo ideal y, como hemos visto, los proponentes de la RFID ya las han usado para experimentar con compradores incautos.

Una vez que la tienda logre que usted coloque el dispositivo de rastreo en su billetera, la NCR sugiere que se avance paulatinamente a una observación de escala completa añadiendo de forma gradual dispositivos lectores al entorno de la tienda. «A medida que se colocan lectores en más posiciones en la tienda para una función (por ejemplo, identificación de empleados), éstos potencialmente pueden utilizarse para otras funciones (por ejemplo, identificación de compradores y rastreo de mercancía)».

Los documentos de NCR hasta tienen un cuadro que indica los mejores lugares para el «rastreo de personas». Estos incluyen el estacionamiento, la entrada, salida, el café, los pasillos, puntos de venta, puestos de atención al cliente, la farmacia, el centro de fotografías, el área de comidas y postres, la zona de videos, *layaway*, los vestidores, el centro de servicio automotriz, y bueno, casi cualquier parte.

♪ «CÁMBIALE EL PRECIO, DECIO» ♪

Idea N° 34 de la NCR: «*Con RFID colocadas en las tarjetas de compradores frecuentes que identifiquen a los clientes y una base de datos con el historial de compras del mismo, los artículos podrían recibir un precio diferente según las características de la persona que los compre*».

Imagínese acercarse a una repisa y ver cómo el precio cambia delante de sus ojos, destellándole un precio personalizado ajustado según su historial de compras y el margen de ganancia de la tienda. Esto se denomina «precios para clientes específicos», y los *chips espías* podrían convertirlo en una realidad.

¿Conoce esa sensación horrible al sentarse junto a una persona que pagó $100 por un pasaje en el mismo vuelo que a usted le costó $600? En el zoológico de ventas al detal de NCR, usted podría tener la misma experiencia con la comida, la ropa y aun con los juguetes de niños, cada vez que vaya de compra.

Si piensa que las tiendas planean ser caritativas y ofrecerle precios más bajos a los pobres, le tenemos malas noticias. Se proponen hacer precisamente lo opuesto. Las tiendas quieren recompensar a sus mejores clientes (es decir, *los que les rinden más ganancias*) con descuentos y privilegios especiales para estimular su lealtad, a la vez que obligan a compradores que les rinden pocas ganancias a pagar más dinero al cobrarles precios más elevados.

La empresa de venta de libros por Internet Amazon.com, intentó cobrarles precios diferentes a sus clientes por los mismos artículos; esto es, hasta que fueron sorprendidos en ello. Un cliente hábil se percató que después de haber borrado las *cookies* de su computadora (esos archivos pequeños de software que permiten identificar a los visitantes de una página Web), el precio de un DVD que deseaba comprar cambió de $26.24 a $22.74. Aparentemente, Amazon había usado la *cookie* para identificarle como una persona dispuesta a pagar precios más altos que otras, según su comportamiento en el pasado. La indignación pública en respuesta a este esquema de precios personalizados obligó a Amazon a descontinuar este ensayo y ofrecer devoluciones a los clientes que habían defraudado.[5]

Aunque Amazon fue sorprendida, otras tiendas interactivas continúan hoy con esta práctica en secreto. Los vendedores tradicionales desearían hacer lo mismo, pero no existía un equivalente físico a las *cookies*... hasta ahora. La NCR sabe que si se colocan *chips espías* en las tarjetas de compradores frecuentes, esto proporcionaría justo la herramienta que necesitan los vendedores para convertir las repisas ajustadoras de precios en una realidad. Al incrustar una etiqueta de RFID en su tarjeta de comprador frecuente, la tienda puede identificarle desde el momento en que entra por la puerta y ajustar los precios durante su recorrido de compras.

♪ «QUE LA TARJETA LA MUEVAN, ESTEBAN» ♪

Idea N° 26 de la NCR: «*La información de tarjetas de débito/crédito y de lealtad del cliente podrían colocarse en una sola tarjeta, permitiendo a los clientes aprovechar las promociones y pagar con sólo leer la tarjeta una vez*».

No salga de casa sin él; esto es, sin su chip de RFID. American Express, Visa y MasterCard han empezado a colocar etiquetas de RFID en sus tarjetas de crédito, una movida que les permitirá obtener información aun más detallada de los clientes que las porten. Con sólo un movimiento de sus muñecas, los compradores pueden transmitir información de pago tal como lo hacen en la actualidad con el ya familiar sistema Speedpass de Mobil.

En el mundo soñado pro la NCR, los clientes también estarían transmitiendo la información acerca de su historial de compras y valor para la tienda que haya sido programada en el *microchip* de la tarjeta.

La NCR seguramente dio saltos de alegría cuando se aprobó la ley Real ID en la primavera de 2005, dando al gobierno federal el control sobre las licencias de conducir. Esta ley dio al Departamento de Seguridad Nacional de los Estados Unidos el poder de fijar las normas de tecnología para las licencias, incluyendo el potencial de exigir que lleven etiquetas de RFID. El exigir que haya *chips espías* en las licencias significaría que los consumidores no saldrían de su hogar sin un dispositivo de rastreo, al menos no si conducen. (Esta ley ha sido ampliamente denunciada por defensores de las libertades civiles porque de hecho crea una tarjeta de identidad nacional.)

Las empresas de tarjetas de crédito probablemente celebraron junto con la NCR puesto que la consolidación de documentos de identificación con el rastreo ha sido algo que ha estado en su lista de deseos por mucho tiempo. Retrocediendo hasta 1998, Alan Glass, vicepresidente en jefe de MasterCard, anticipaba el día en el que «[un] ciudadano de la tercera edad podría tener información médica protegida con seguridad, programas de lealtad de supermercados, datos de membresía y acceso a clubes sociales, programas de descuento, un pase para transporte municipal y una tarjeta de biblioteca almacenados en un solo chip».[6]

¿Transmitir datos con sólo un ademán? A nosotros nos parece más una avalancha.

♪ «Míralos caminar, Omar» ♪

Idea N° 9 de la NCR: *«Las cámaras de la tienda podrían programarse para girar e inclinarse automáticamente para seguir al cliente con mercancía [con etiquetas de RFID] hasta que pague por ella».*

Sí, lo leyó bien. A menos que a usted le guste que cada uno de sus movimientos sea observado de cerca por «cámaras de movimiento panorámico e inclinación», deseará mantenerse alejado de los frascos de perfume de treinta dólares. Deseará evitar comprar más de un paquete de navajas de afeitar también, porque tan pronto como esos artículos contengan *chips espías*, la NCR desea usarlos como faros guía para que sus cámaras de vigilancia observen cada uno de sus pasos.

Ya esas cámaras se han vuelto más sofisticadas que lo que imaginaría. Ya no están limitadas a meramente observar los quince pies o algo así que tienen delante, las cámaras ahora pueden seguir a individuos al traspasarse las imágenes de una cámara a otra para obtener una producción de video de todo su recorrido de compras.[7]

La NCR describe cómo las etiquetas de RFID podrían permitir a los empleados de la tienda «seguir los movimientos de la mercancía» de cerca (por supuesto, esto por extensión significa seguirle *a usted*) con una red de cámaras que le rastrearían desde el momento que toma un artículo hasta el resto de su recorrido de compras. Recordará que Gillette ya ha utilizado un tipo similar de vigilancia fotográfica activada por *chips espías* ocultos en una tienda Tesco en Cambridge, Inglaterra. Este plan funciona con o sin una tarjeta de comprador frecuente provista de una etiqueta.

El problema de observar a todas las personas que recogen un producto dado es que depende de una estrategia antirrobo de «culpable hasta que se demuestre su inocencia». Según el plan de la NCR, se presume que todos son rateros de tienda hasta que demuestren lo contrario al pagar por la mercancía. Nosotras creemos que las personas que compran artículos de alto costo debieran recibir el agradecimiento de la tienda, y no ser objeto de su rutina de Sherlock Holmes. Reserven el escrutinio para los malos y déjennos al resto de nosotros tranquilos.

♪ «Bota el recibo, Rigo» ♪

Idea N° 25 de la NCR: «*El recibo estaría "en la etiqueta", en el sentido de que la información que usualmente aparece en un recibo impreso en papel (y probablemente más información) estaría asociada con el código de RFID del artículo*». Y la N° 29: «*Devoluciones y cambios con recibos digitales. Si un artículo fue comprado usando RFID, las devoluciones y cambios podrían hacerse sin necesidad de recibos de papel, porque la información que usualmente se necesita del recibo estaría asociada con la [etiqueta] de RFID...*»

Según el plan de «recibos digitales» de la NCR, los compradores tendrían que dejar etiquetas de RFID *activas* en sus compras. Esto no sólo significa que las tiendas no desactivarían las etiquetas en la caja registradora, sino que si sus preocupaciones por la privacidad le impulsan a quitar o desactivar la etiqueta al llegar a su casa, usted podría estar destruyendo con ello su comprobante de compra y posiblemente anulando su garantía también.

En cuanto a las devoluciones se refiere, las tiendas no pueden esperar al momento de poder cifrar información del comprador directamente en los productos, con el fin de limitar el número de artículos que un cliente pueda devolver o cambiar. Varias cadenas nacionales de tiendas, incluyendo a KB Toys, Sports Authority, Staples y la moderna tienda de ropas Express ya han empezado a supervisar las actividades de devoluciones e intercambios por medio de bases de datos sofisticadas.[8, 9]

Si una compradora rebasa la denominada «tolerancia de devoluciones» en un período dado, estas tiendas podrían prohibir las devoluciones futuras, aun si la mercancía está defectuosa. Los números de la industria sugieren que Express, por ejemplo, ahora podría entregar una hoja de papel que diga «DEVO-LUCIÓN DENEGADA» a un uno a dos por ciento de sus compradores, en lugar de darles dinero en efectivo o notas de crédito.[10] Aunque los compradores ahora pueden evadir estas restricciones pidiéndoles a amigos que hagan una devolución en nombre de ellos, en el futuro con *chips espías*, la etiqueta de RFID podría llevar un mensaje cifrado de «no me devuelvan», sin importar quién sea la persona que lo devuelva. Y eso es justo lo que desean las tiendas. Si usted devolvió las toallas verde limón que la tía Clotilde le regaló para su cumpleaños (y el resto de las personas que las recibieron hacen lo mismo), olvídese de devolver las almohadas de imitación de piel que le compró en Navidad. Para ese entonces, su tía habría excedido su «tolerancia de errores de compra».

Devolución denegada.

♪ Apriétalos en Navidad, Soledad ♪

Idea N° 32 de la NCR: «*Precios dinámicos. La RFID puede utilizarse junto con rótulos electrónicos en las repisas para automatizar los precios según el número de artículos que quede en las repisas ... Por ejemplo ... cuando ciertos artículos populares tuvieran existencias bajas (por ejemplo, en Navidad), el precio podría aumentarse automáticamente*».

¡Bah, bobadas! ¿A quién se le ocurren estas cosas? La próxima vez que alguien en la industria intente decirle que los compradores sólo quieren usar la RFID «para mejorar su experiencia de compras», pregúnteles por qué contrataron a *Grinch* y a *Ebenezer Scrooge* como consultores de estrategia. Con este esquema instalado, por supuesto, usted siempre se preguntará si el precio de ese muñeco *Tickle-Me-Elmo* dice $589 porque es Navidad, o porque aumentaron el precio cuando le vieron acercarse.

♪ Recuérdale que vaya a pagar, Omar ♪

Idea N° 37 de la NCR: «*Si un comprador tuviera asuntos pendientes que resolver con la tienda (por ejemplo, un video no devuelto o con fecha pronta de devolución, o un pago próximo en un artículo en layaway), el comprador podría recibir un recordato-*

rio automático al entrar a la tienda. Esto podría hacerse por medio del teléfono celu-lar ... si ese dispositivo tuviera una etiqueta de RFID que identificara al comprador, o si el comprador llevara una tarjeta de comprador frecuente con etiqueta de RFID y la tienda tuviera disponible la información de contacto móvil del cliente».

Si comprendemos correctamente lo que aquí dice, esto significaría que cada vez que una compradora entra por la puerta, la tienda empezaría a llamar a su teléfono con etiqueta de RFID para importunarla. Ya hasta podemos escuchar al molesto sistema computarizado: «Hola, Sra. Mac-In-Tire. La multa por devolución tardía de su video es de seis dólares con cero centavos. Y tenemos una promoción especial en el pasillo tres de Cheese Whiz para acompañar a las galletas saladas que lleva en su carrito».

No obstante, utilizarían el teléfono celular para mucho más que eso. Los fabricantes de teléfonos celulares ya están concibiendo usar los teléfonos como una especie de Speedpass de Mobil mejorado con esteroides, en el que el teléfono contiene una etiqueta de RFID que se une con el potencial de rastreo de posición y de comunicaciones del teléfono. Su teléfono celular podría identificarle ante comerciantes, mostrarle mensajes de mercadeo y anuncios comerciales, y dejarle hacer una compra en casi cualquier parte del planeta, aun a kilómetros de distancia de una caja registradora. (Si esto llega a suceder, espere que desaparezcan las cajas registradoras así como el dinero en efectivo.)

Tales tipos de teléfonos ya están usándose en Japón y partes de Europa. En un ensayo reciente en Japón hasta se usaron los teléfonos para pagar por recorridos en taxi.[11] (¿Pronto también estaremos diciendo *sayonara* a los recorridos anónimos en taxi?) En algún punto, los comerciantes hasta esperan poder usar teléfonos móviles para mostrarnos los precios de las cosas cuando vamos de compras y así eliminar completamente el marbete de precios de las repisas. Las empresas conciben el día en el que no se le permitirá ni siquiera entrar a una tienda si no lleva un teléfono celular o asistente digital con equipo similar, tal como un Palm Pilot que sirva para identificarle, rastrearle y fijar los precios apenas usted empieza a andar por los pasillos.[12]

♪ «ESTABLECE UNA PROHIBICIÓN DE COMIDA, MARÍA» ♪

Idea N° 41 de la NCR: «*Advertencias sobre ingredientes a los que un comprador o miembro de la familia es alérgico o desea evitar. Si los alimentos o ropas están marcados con una etiqueta de RFID que proporcione información sobre los ingredientes y materiales que componen el artículo, los compradores podrían recibir advertencias sobre aquellos a los que ellos o algún miembro de su familia fuera alérgico al colocarlo en sus carritos/cestas de compras equipados con lectores de RFID. Esto podría hacerse con software que comparara el contenido de los artículos seleccionados con los perfiles preparados por los compradores ... Un sistema inteligente ... podría sugerir alternativas que carecieran de los componentes problemáticos e indicarle al comprador dónde hallarlos».*

Esto suena bastante inocente y hasta podría resultar útil para algunas personas. El problema es que para que funcione, usted tendría que permitir a la industria que coloque etiquetas de RFID en todos los artículos de la tienda, al igual que un lector en su carrito de compras. Usted también tendría que identificarse en cada viaje de compras y permitir que una computadora revise y apruebe (y registre) cada artículo que compre. Es un sueño hecho realidad para un agente de mercadeo, y es precisamente la razón por la que quieren que las personas se suscriban a este servicio. Después de todo, si *usted* les pide que revisen minuciosamente su comportamiento de compras, no podrá culparlos de ello después, ¿verdad?

Pero eso no es todo. Imagínese lo que sucedería si las aseguradoras médicas, oficiales de salud pública y aun los patronos pudieran espiarle por encima del hombro para ver los alimentos que ha escogido y fijen sus propias restricciones sobre los alimentos y productos que se le permita o prohíba comprar. Ya hay departamentos de Policía que han despedido a oficiales por fumar cigarrillos fuera de su horario de trabajo, aduciendo que el fumar eleva los costos de los seguros médicos para los demás.[13] A partir de 2007, a los empleados del condado King, en Washington (el condado que rodea la zona de Seattle), se les cobrará mil dólares por año adicionales en costos de servicios de salud si no participan de un programa de «incentivos saludables» que supervisa las decisiones de su estilo de vida.[14]

¿Por qué no podrían aplicarse estas mismas tácticas algún día en el supermercado? La mala idea N° 41 de la NCR, el carrito de compras que observa los alimentos con *chips espías* que usted elige, haría posible que los patronos y las empresas de seguros médicos impusieran condiciones similares sobre las compras que las personas hacen en los supermercados. ¿Por qué detenerse con el tabaco? Los policías podrían perder sus empleos por comprar carne roja o cerveza. El condado King podría ir un paso más allá y exigir que los empleados se unan al programa de restricción de calorías «carrito de compras saludable» o de lo contrario enfrentar grandes recargos en su seguro médico.

Darles a las computadoras el poder de impedir que los compradores adquieran ciertos productos suena como un inminente aumento de poder al Gran Hermano. Francamente, preferimos leer las etiquetas nosotras mismas que poner una red sofisticada de control de alimentos en manos de agentes de mercadeo y corporaciones gigantes.

De regreso a la future store

Future Store ofrece un vistazo inigualado de lo que el mercado será en los próximos años, y su valor como herramienta educativa no puede exagerarse.
—Tracy Mullin, presidente y oficial ejecutiva,
National Retail Foundation[15]

Es cierto que se da un gran proceso educativo cuando los vendedores llevan a cabo ensayos de RFID. Pero mientras la industria puede haber pensado que sus lecciones estarían todas centradas en ritmos de lectura y gamas de frecuencia, no estaba preparada para la «F» que recibieron de los consumidores que se enteraron que habían sido espiados.

Todo vendedor suficientemente tonto como para adoptar el concepto de zoológico de ventas al detal con *chips espías* de la NCR aprendería mucho con observar cómo respondieron los consumidores al espionaje en la *Future Store* de Metro. Al poner en práctica *tan sólo una* de las ideas intrusas de la NCR —la tarjeta de comprador frecuente con *chips espías*— la empresa fue blanco de la ira de prácticamente toda la nación alemana. Después de haber visto la evidencia de la etiqueta de RFID oculta, los alemanes querían que se cerrara la *Future Store*.

La Metro se vio obligada a poner fuera de circulación las diez mil tarjetas que habían entregado a los compradores incautos y fue golpeada por una protesta fuera de su tienda. La cadena recibió cobertura aplastantemente negativa en los medios de comunicación, casi en todos los servicios noticiosos de Alemania. Hasta el gobierno participó, sometiendo a la tienda y sus socios a investigación por las violaciones potenciales a las leyes de privacidad.[16] Estaba claro que el pueblo alemán no iba a aceptar los «schnuffelchippen» (la palabra alemana que significa *chips espías*) sin dar la pelea.

Nuestros colegas alemanes de FoeBuD aparecieron en docenas de programas noticiosos de televisión, testificaron ante oficiales del gobierno y fueron entrevistados por los diarios principales. Aún hoy día, *Google* indica que existen más de ocho mil reportajes sobre este escándalo. Estamos completamente de acuerdo con la National Retail Federation en que el «valor como herramienta educativa no puede exagerarse», cuando de la *Future Store* se trata.

La respuesta negativa de los consumidores hacia los chips de RFID ocultos en las tarjetas de comprador frecuente «Payback» envió un mensaje claro al resto del mundo. Nosotros los consumidores tenemos el poder de detener la RFID en sus rieles, y no tenemos que aceptar la visión de pesadilla que las cadenas de tiendas tienen para nuestro futuro.

Apostamos a que las «50 Maneras de usar la RFID» de la NCR hará que los que proponen el uso de los *chips espías* en lugar de ello canten «50 Maneras de perder a sus clientes».

(FOTO: CORTESÍA DE PETER EHRENTRAUT/FOEBUD E.V., ALEMANIA)

Aunque una tormenta de nieve azotó a la ciudad de Rheinberg en la mañana de la protesta, los consumidores iracundos dieron voz a sus preocupaciones. El letrero anaranjado sagazmente contiene la palabra «perfide», que significa calidad o estado de ser desleal: traición.

(FOTO: CORTESÍA DE PETER EHRENTRAUT/FOEBUD E.V., GERMANY)

Consumidores alemanes se congregan afuera de la «Extra Future Store» de METRO en Rheinberg, Alemania, para demandar el cese de los experimentos de RFID que están efectuándose allí. Debido a la reacción negativa de los consumidores contra los chips de RFID ocultos en la tarjeta de comprador frecuente «Payback», la tienda se vio obligada a poner fuera de circulación a diez mil tarjetas.

7

LLEVÁNDOLO A SU CASA

► CÓMO LA RFID PUEDE INVADIR SUS ESPACIOS PRIVADOS ◄

Si se lo permite, las empresas como Gillette supervisarán el uso personal que usted dé a sus productos [en su hogar]. Bote una de sus navajas de afeitar a la basura y otra podría venirle de camino.

—Charlie Schmidt, 2001[1]

ATRAPADOS POR UNA PLANTA CASERA

—Estoy muy bien hoy, Jaime —dijo Edna con su voz ronca y sus pantuflas rosadas haciendo su ruido característico mientras iba de su cama hacia las cortinas de la ventana.

—Listo. Iluminemos esto un poco, ¿no te parece? —dijo Edna con inconfundible sarcasmo mientras que con sus dedos artríticos trataba de subir las cortinas, esperando adelantarse a la recomendación de Jaime. Ella detestaba el jovial recordatorio que Jaime le daba si se le olvidaba «alegrar su habitación con el sol» para las 8:00 de la mañana.

—¿Acaso no le encanta el sol? —preguntó Jaime mientras el sol relucía a través de las tiras de vinilo—. Es hora de tomarle sus signos vitales.

Mientras Edna arrastraba los pies hacia el baño, el botiquín se encendió.

—Buenos días, Edna. Se ve bien esta mañana —dijo el artefacto monótonamente. Sólo había dos cosas que le agradaban a Edna de ese botiquín: no fingía tener personalidad como Jimmy lo hacía y era muy fácil de engañar.

Edna colocó su brazo en el brazalete de toma de presión de sangre del botiquín, como se le exigía todas las mañanas y forzó una sonrisa para el espejo, revelando sus noventa años de arrugas ganadas con arduo trabajo. Luego, como había hecho casi todas las mañanas por los últimos tres años, sacó la lengua con un «ahhh» gigante y luego donó el contenido de su vejiga y heces al servicio inteligente. Había aprendido por experiencia pasada que el exhibir su descontento y negarse a proporcionar los signos vitales para la transmisión le traía muchas complicaciones.

—Hora de los medicamentos —chilló el botiquín.

Ésta era la parte de la rutina que Edna más disfrutaba. Abría los frascos de píldoras, sacaba la cantidad prescrita y fingía tomarlas para el espejo. La ilusión quedaba sellada con un dramático trago de agua.

Ella era demasiado inteligente para tomarse la miríada de fármacos recetados por su médico y mandados por sus hijos bien intencionados. Los medicamentos la hacían sentirse adolorida, adormecida e impotente. En contraste, si dejaba caer las tabletas por el escote de sus piyamas rosadas para botarlas a escondidas, esto le daba una sensación que llenaba su piel traslúcida con un brillo rosáceo.

Luego de su actuación, caminaba con un poco más de actitud hacia la cafetera. El saborear su café mientras examinaba el periódico matutino era un rito que hacía soportables hasta las interjecciones de Jaime.

—Su presión arterial está un poco elevada esta mañana. No beberemos café —dijo Jaime llanamente cuando el brazalete con RFID de Edna quedó dentro del alcance de lectura— porque podría elevarle la presión.

Edna miró enojada a la cafetera inerte en la repisa, junto a Jaime. No hacía diferencia alguna las muchas veces que pudiera oprimir el botón de encendido. Su pasión matutina había sido vetada por esa sabiduría invisible y omnisciente que gobernaba las tres habitaciones de su mundo y que la apartaba del peligro por su propio bien.

Edna tenía deseos de estrangular a Jaime o, por lo menos, arrancarle alguna de sus hojas. Pero sabía que de nada le serviría. Le traerían una planta de repuesto y le darían algo de problemas, como en las otras ocasiones. Al menos ésta era un «él»; bueno, la voz era voz de varón. Era mucho mejor que la estridente «Judy» que desmanteló la vez anterior.

Sin saber en el peligro que se encontraba, Jaime lanzó sus preguntas matutinas.

—¿Qué día de la semana es hoy, Edna?

—Te odio, Jaime.

—Oh, Edna. Eres muy graciosa —se rió Jaime— por eso somos tan buenos amigos.

—Eres un desgraciado montón de basura.

—Oh, Edna. Eres muy graciosa —se rió Jaime nuevamente— por eso somos tan buenos amigos.

—Jaime, si supiera de dónde te trajeron —dijo Edna irritada— te mandaría de regreso. ¿Dónde rayos se compran cosas como tú?

—Oh, Edna. Eres muy graciosa...

Adiós al toque humano, hola al Gran Hermano

¿Dónde podría uno obtener una planta así de odiosa para acompañar a los ancianos? Una empresa llamada Accenture, gigante internacional de consultas tecnológicas, ya ha desarrollado un prototipo de una planta doméstica semejante.

> La *Caring Plant* escucha mientras una persona anciana o enferma habla consigo misma o con otra persona, captando aún los lamentos y suspiros más tenues. Para los profesionales de la salud, al igual que los miembros de la familia, la *Caring Plant* puede proporcionar supervisión las veinticuatro horas del día, sirviendo como los ojos y oídos de los que cuidan.[2]

Para comprender completamente por qué alguien concebiría en una mesa de dibujo esta planta y otros dispositivos intrusos, tales como los botiquines habilitados para Internet y servicios sanitarios inteligentes, es necesario comprender el modo de pensar de las empresas que los desarrollan. Participantes globales tales como Accenture, Intel y Philips Electronics ya están creando hogares en los que «objetos inteligentes serán capaces de actuar basándose en los datos captados por tecnologías tales como cámaras Web, sensores y etiquetas de identificación por radio (RFID), los cuales pueden recopilar, almacenar y transmitir información básica acerca de otros objetos y del entorno».[3]

Esperan que artefactos como la *Caring Plant* sean una mina de oro debido a la ya vaticinada duplicación del número de ciudadanos del mundo de sesenta años o más de edad para el año 2020.[4] Este encanecimiento de la población significa que más personas necesitarán en sus últimos días cuidado en comunidades de ancianos, asistencia para vivir y acompañantes. En lugar de estimular a los miembros de la familia a que ofrezcan este cuidado y se mantengan entre ellos (¿qué ganancia se le saca a eso?), estas empresas están promoviendo tecnologías costosas que lleven a cabo el cuidado en su lugar. Para que los ancianos se anoten al programa, utilizarán una carnada demostrada. Los estudios demuestran que el noventa por ciento de los ancianos preferiría envejecer en sus propias casas a mudarse a «comunidades de asistencia para vivir»[5] (¿y quién podría culparlos por ello?), así que la amenaza disimulada es que o aceptan la tecnología intrusa o quedarán atrapados en una comunidad para ancianos.

Accenture está trabajando tiempo extra para desarrollar sistemas de inteligencia artificial que puedan vigilar a las personas y hace alarde de que los dispositivos de vigilancia doméstica de alta tecnología no sólo son iguales que el mejor cuidado dado por seres humanos, sino que hasta serán superiores para lograr que el paciente se comporte en formas deseadas. Explican: «[M]ientras que los cuidadores y proveedores de servicios médicos pueden intentar influir hacia un buen comportamiento, sus recordatorios tienden a ser esporádicos y fáciles de desechar. Sin embargo, la tecnología puede proporcionar motivaciones continuas que son tanto sutiles como poderosas».[6]

¿Pero por qué limitar esta tecnología tan poderosa y su «látigo» electrónico a la abuela y el abuelo cuando tiene tanto potencial comercial? Accenture cree que toda la familia debe participar de la diversión. «Más allá de los de la tercera edad, la tecnología ... podría abrir un conjunto nuevo de servicios que permitan la entrada de las empresas de venta en los hogares de las personas».[7] Accenture, por ejemplo, tiene una patente en trámite para un ropero que lleva un registro de toda la ropa que contiene. El beneficio para usted es que le sugiere piezas que combinan entre sí; el beneficio para ellos es que «el ropero también podría estar conectado a páginas Web por medio de Internet ... para determinar las necesidades de ropa del usuario y buscarle ventas especiales en una o más páginas Web». El usuario entonces sería estimulado a comprar dicha ropa.[8] Tales aplicaciones de la tecnología abren «más canales para mercadear productos; por ejemplo, ofertas especiales en productos que los vendedores saben que le interesarían...»[9] Por supuesto, la única manera en que «tendrían conocimiento» de que estos productos «le interesarían» es si su tecnología está espiando continuamente sus pertenencias e informando de ello a los comerciantes.

La idea de que los comerciantes observen lo que hacemos privadamente en nuestros hogares es ofensiva, pero la idea de que el gobierno nos observe es sencillamente aterrorizante. Pero eso no ha impedido a Accenture sugerir que los agentes del gobierno podrían utilizar sus herramientas de RFID para supervisar a personas en sus hogares, como gesto benévolo: «[L]as agencias del gobierno también podrían buscar nuevas maneras en las cuales asegurar el bienestar de las personas a quienes sirven», dicen en un comentario escalofriante. «Las herramientas de supervisión de actividades podrían darle a los trabajadores [del gobierno] un complemento poderoso a las visitas a hogares», sugieren.[10]

Sospechábamos que así era como, a fin de cuenta, Accenture se proponía sacarle provecho a su sistema de supervisión de hogar: imponer los anuncios comerciales y permitirle al Gran Hermano que supervise nuestras actividades diarias.

Observando todos sus movimientos en el hogar

Otras empresas también están desarrollando sistemas siniestros de observación de personas en hogares. Hay planes establecidos para instalar cámaras, micrófonos, monitores de respiración, sensores de proximidad y dispositivos de RFID, al estilo de la novela *1984*, que detectan no sólo dónde se encuentran los ocupantes en el hogar, sino también lo que están pensando y sintiendo.

Una de las ideas para la observación de personas incluye rastrear el movimiento de artículos con etiquetas de RFID. Los investigadores de Intel denominan a este enfoque el «hombre invisible», por el filme clásico de 1933 en el que el comportamiento de una persona no vista se infiere a partir del movimiento de los objetos con los que interactúa. Por ejemplo, cuando un cigarrillo flota en el aire y le sale humo a su alrededor, la audiencia comprende que el hombre invisible está fumando.

El sistema de «hombre invisible» de la Intel conecta al ocupante de una casa con «un lector de RFID discreto» que infiere sus actividades según lo que haga con varios artículos que porten etiquetas. «Por ejemplo, el sistema podría detectar el movimiento de la puerta del botiquín, seguido por el movimiento del frasco de tabletas de vitamina B, seguido del movimiento de un vaso de agua» para deducir que el ocupante se ha tomado una píldora.[11]

El equipo de Intel anticipa el día en el que los *chips espías* estén en todos los productos, para que así ya no sea necesario colocarlos a mano. «A medida que el uso de RFID para rastrear la cadena de suministro se torne más común, tal vez ni sea necesario colocarle etiquetas a algunos de los artículos domésticos... ya estarán allí», afirman con entusiasmo.[12]

Otras «casas inteligentes» dependerán de cámaras de video y micrófonos para observar. Philips Electronics lleva el espionaje hogareño a nuevos extremos en su patente SISTEMA AUTOMÁTICO PARA SUPERVISAR A PERSONAS INDEPENDIENTES QUE REQUIEREN ASISTENCIA OCASIONALMENTE.[13] ¿Quién no necesita un poco de ayuda de vez en cuando?

Su sistema capturaría imágenes las veinticuatro horas del día y hasta registraría el color de su ropa (presuntamente, si utiliza negro gótico les daría una indicación de que su estado mental es algo sombrío), de su tono de voz, su manera de gesticular, y del número de veces que usted «entre y salga de una sola escena», con el propósito de determinar su «estado mental/de salud». Equipar al hogar para escuchar a sus ocupantes es una prioridad para la gente de Philips. La supervisión por audio podría escuchar las conversaciones y sonidos del hogar para vigilar a los ocupantes y visitantes. Ningún sonido eludiría a sus micrófonos sencillos, ni siquiera el más leve chasquido, suspiro o inhalación.

Si se descuida y deja ver que está descontento viviendo en una casa así, el sistema pasaría a estado de actividad intensa. Si detecta «la señal de audio generada por el llanto de una persona», por ejemplo, los monitores de video capturarían sus lágrimas en video para que sus capturadores (es decir, los miembros de su familia) pudieran verlas posteriormente.[14]

Pero Philips quiere hacer mucho más que observar, por supuesto. Quiere venderle cosas. De hecho, la empresa obtuvo una patente en julio de 2004 con la que esperan explotar plenamente la información de RFID que se encuentre en los artículos en nuestros hogares para fines de mercadeo directo. Según la patente, la empresa anticipa «un entorno en el que etiquetas poco costosas y legibles por máquina [es decir, etiquetas de RFID] ... aparezcan en una gran variedad de contextos, tal como los códigos de barra de hoy día». Philips está especialmente anticipando que los *chips espías* aparezcan en el cereal Cap'n Crunch, una marca que mencionan por nombre en sus documentos de patente.

Para apreciar plenamente el concepto de mercadeo de Philips y cómo se vincula con Cap'n Crunch, es necesario imaginarse que ha comprado una sierra de mesa equipada con un lector de RFID para el taller de su sótano. Es el modelo más reciente, conectado con Internet. Pagó una fortuna por ella puesto que le permite escanear diferentes materiales de construcción y obtener información instantánea; por ejemplo qué cuchilla necesita para cortar Formica, o tal vez los planos para construir un gabinete. Usted prueba la sierra con algunas tablas y después, al sentir hambre, se dirige a la cocina para buscar una merienda. Regresa con una caja de cereal Cap'n Crunch con etiqueta de RFID, se lleva un puñado a la boca y pone la caja encima de la sierra de mesa.

¡Bingo!

Pronto, y por cortesía de la patente N° 6,758,397 de Philips Electronics, usted empieza a recibir correspondencia promocional muy extraña destinada al «amante de meriendas que reside en el 533 Calle Olmos», incluyendo cupones de descuento para la compra de Froot Loops (otra marca de cereal) metidos en una suscripción de prueba de la revista *Modern Woodworker* [Carpinteros Modernos]. ¿Cómo se enteraron los que prepararon esta correspondencia de lo que usted estaba haciendo en su sótano? Philips explica:

> Los artefactos inteligentes tienen capacidad de comunicaciones por red, lo que significa que cada uno tiene un microprocesador y por lo menos un dispositivo de entrada o de salida para comunicarse ... Por ejemplo, la sierra de mesa ... podría tener un lector fijo ... [que] recibe datos de [una etiqueta de RFID] y los transmite, junto con la identidad de un usuario ...
>
> [Supóngase] que el usuario estuviera comiendo cereal como merienda mientras trabaja en su taller ... un fabricante de cereal probablemente tendría información sobre cereales (u otros productos que podrían vendérsele) que es particularmente relevante para los usuarios que prefieren comer cereales como meriendas ... los proveedores de contenido a los lectores pueden aprovechar la información «oculta» en las solicitudes de información para mercadeo dirigido.[15]

Este esquema de mercadeo inalámbrico ciertamente no se limita a sierras de mesa y Cap'n Crunch, así que de nada le serviría renunciar a la combinación de carpintería y cereales. Philips planea capturar casi cualquier tipo de información de las etiquetas que pueda por medio de objetos conectados con Internet que «llaman a casa» cuando usted menos se lo espera.

Las empresas como Philips también tienen una visión que incluye lavadoras que supervisan las prendas de vestir con *chips espías*, hornos de microondas que lean las etiquetas de las comidas congeladas para fijar automáticamente los tiempos de cocido y aun refrigeradores que llevan un registro de lo que usted come.[16, 17] De hecho, la supervisión de los alimentos que su familia consuma es un tema recurrente para los fabricantes de *chips espías*. Peter Sealey, profesor adjunto de mercadeo de la Universidad de California en Berkeley, vaticina que algún día esta capacidad permitirá a las empresas «alcanzar precisamente a individuos» con mensajes comerciales personalizados. «[P]odríamos evaluar si le hemos presentado el mensaje comercial y, mientras se supervisa su alacena, si lo ha comprado también».[18]

Se ha reportado que el vicepresidente de gerencia de negocios comerciales de Gillette, Dick Cantwell, anticipa con gusto el «usar lectores para rastrear el uso que los consumidores dan a los productos en su hogar. Gillette ve a la tecnología sirviendo para el mercadeo directo a los consumidores, lo cual dependería de la información personal obtenida de los lectores instalados en los lugares en donde se usan los productos; digamos, en su refrigerador».[19]

¿La gente realmente cometería la locura de instalar lectores de RFID en sus propios hogares para que los agentes de mercadeo los observen? Los proponentes de la industria están apostando a que pueden lograr que la gente se someta a este tipo de vigilancia de alimentos las veinticuatro horas del día, con la promesa de «que se retiren del mercado los productos comestibles defectuosos de una manera más segura, más rápida y más eficiente».[20] Presuntamente, arguyen, si se ordena el retiro de un lote de guisantes contaminados, los oficiales de salubridad podrían identificar con rapidez la ubicación precisa de cada una de las latas en todo el país, rastreándolas hasta las cocinas y despensas de las personas.

Esta promesa puede sonarles bien a algunas personas, pero es poco probable que realmente funcione así. La industria de venta de alimentos una vez prometió lo mismo con las tarjetas de compradores frecuentes de los supermercados, pero a pesar de que los vendedores de alimentos ahora han amasado registros detallados de las compras de alimentos de más de la mitad de los domicilios de los Estados Unidos, no podemos citar ni una sola instancia en la cual dichos registros se hayan usado para retirar algún producto defectuoso. En lugar de ello, el beneficio ha sido para los vendedores que recopilan, cuelan y venden los datos de nuestras compras para sus propios fines.[21]

La visión para la observación de los hogares tampoco termina con la supervisión de la despensa. Las empresas en realidad quieren ver que los lectores de RFID se incorporen directamente en los hogares para supervisar todo, en todo momento. El Sr. Cantwell, de la Gillette dice que espera el día en el que los lectores de RFID sean «una parte visible de la construcción, ya sea que se estén edificando tiendas o casas...»[22]

Ya la Armstrong, fabricante de pisos, techos y gabinetes, vende tejas que incorporan antenas ocultas.[23] Aunque esas antenas hoy pueden usarse para acceso inalámbrico a Internet, mañana podrían ser parte de un esquema extendido de supervisión del hogar por RFID. Otra empresa, Wisetrack, también vende una línea de lectores de RFID «que no perturban el entorno» diseñados para uso en interiores. Tal vez la más extraña de todas es la antena de RFID oculta dentro de un marco para un cuadro que dice la empresa que «puede montarse sin causar estorbos en las paredes interiores».[24] ¿Quién se imaginaría que el cuadro que está admirando está espiándole... y explorando las etiquetas de RFID en su camisa y sus pantalones?

Hagan un inventario de toda mi casa, por favor

¿Recuerda cómo empezamos este libro con la idea atemorizante de que algún día cada artículo en su ropero podría estar enumerado y ser rastreado a distancia? No estábamos bromeando. No sólo es posible, sino que ya está preparado, documentado y listo para ser patentado. Esta maravilla de solicitud de patente describe cómo unos lectores de RFID llamados «husmeadores» podrían colocarse en las puertas, pisos y roperos de su casa y aun en su automóvil para hacer un inventario de sus posesiones con *chips espías* y enviar los resultados a agentes de mercadeo. He aquí cómo funciona:

> Cuando el cliente entra por la puerta de su residencia, un husmeador colocado en el piso, cerca del umbral de la puerta, detecta la compra nueva [con etiqueta de RFID]. En un formato preferido, este husmeador inalámbrico emite automática y continuamente una señal de interrogación que busca una etiqueta de RFID que nunca haya visto antes. La casa del usuario podría tener varios husmeadores, y todos se comunican inalámbricamente con una computadora personal. Un husmeador [móvil] sería capaz de informar de compras nuevas cuando el automóvil entra a la cochera o garaje.

Al igual que con casi todo lo demás relacionado con la RFID, el motivo es espiarle con fines de mercadeo (aunque estamos seguras de que al gobierno se le ocurrirían algunos usos estelares para este esquema):

> Todos los artículos en el hogar del cliente están conectados con etiquetas de RFID, las cuales son detectadas por un husmeador o husmeadores dentro de la casa. Una computadora personal dentro de la casa guarda un registro del inventario de los artículos y periódicamente informa este inventario automáticamente al vendedor por medio de un módem y una línea telefónica convencional. El vendedor y sus proveedores utilizan esta información para analizar sus estrategias de ventas y mercadeo.[23]

Los husmeadores no sólo observan lo que mete a la casa, sino que también saben lo que saca de ella, puesto que el husmeador de la puerta delantera puede configurarse para detectar las etiquetas de RFID cuando salen de la casa también, según la patente.

Se nos ocurre esta imagen absurda en la que las personas algún día meten sus compras por las ventanas de la casa para pasarlas sin que se enteren los agentes de mercadeo. Listo, tiene razón, es una idea ridícula puesto que seguramente también los instalarán en las ventanas.

IDENTIFICACIÓN POSITIVA

Claro está, existe un elemento más que se necesita para la supervisión extendida en los hogares que se tiene planificada. Es necesario que estemos dispuestos a identificarnos para el sistema. Después de todo, estos aparatos inteligentes no pueden responder individualmente a los usuarios ni adaptarse a sus necesidades —ni recopilar información acerca de ellos con fines de mercadeo— si no pueden determinar de modo fácil y consistente quiénes son los usuarios. Las preocupaciones relacionadas con la identificación permean la obra de los investigadores, convirtiéndose casi en obsesión.

Si no se puede distinguir quién está tomando el medicamento con receta, quién bebe demasiado café, o quién podría estar necesitando ayuda psiquiátrica por que está suspirando con excesiva frecuencia, ¿de qué sirve todo este espionaje? Ahora que tenemos la capacidad de hacerlo, lo próximo seguramente será la presión de exigir alguna forma de identificar a las personas de modo permanente y sin errores.

Los investigadores han identificado la necesidad de formas «naturales» de rastrear a los ocupantes de una casa. Los métodos fáciles —credenciales externos fijados a una camisa o que pendan de un collar colocado alrededor del cuello— no son lo ideal. No sólo son un recordatorio constante de la intrusión de la tecnología, sino que el individuo rastreado debe tomar la decisión consciente de llevarlos.

Aun si los ocupantes convienen en participar de un sistema de vigilancia del hogar, hay veces que las credenciales resultarían incómodas o poco prácticas. Los investigadores en Georgia Tech descubrieron que «los usuarios no llevarían la credencial mientras duermen (por ejemplo, para que la casa los detecte si se levantan en medio de la noche para ir al baño), ni al trabajar en el patio». El problema es que los usuarios tienen que acordarse de volverse a poner la credencial al levantarse de la cama o al volver a entrar en la casa; lo que es poco probable a las dos de la mañana o después de haber cortado el césped, cuando se necesita una limonada fría con desesperación. «Además, para añadir nuevos usuarios, tales como visitantes frecuentes, se requiere tener una credencial física o una etiqueta adicional», se lamentan.[26]

No resulta inconcebible que si sucumbimos al atractivo de la casa con *chips espías* y la identificación constante se hace necesaria para que las puertas abran, para que los sistemas de seguridad se desactiven y para que los enseres domésticos funcionen, nos sintamos tentados a considerar la forma más extrema de identificación. Cuando las credenciales externas se vuelvan molestas y el olvidarnos de nuestra identificación con *chips espías* nos deje fuera una vez más de la que soportemos, podríamos sentirnos persuadidos a pensar que la solución sería implantar una etiqueta de RFID en nuestra piel. Y ésa sería una idea *sumamente* mala, como veremos en el capítulo catorce.

8

BASURA QUE HABLA

▶▶ LAS ETIQUETAS DE RFID QUE BOTA DICEN
TANTO COMO LAS QUE GUARDA ◀◀

Su bote de basura es como una trampa que se abre para revelar sus secretos más íntimos; lo que usted bota es, de muchas maneras, tan revelador como lo que guarda.
—Chris Lydgate y Nick Budnick, reporteros que hicieron un registro a manera de protesta en la basura de los oficiales del gobierno de Portland[1]

Observe la basura de alguien «y sabrá lo que esa persona come, lo que bebe, si fuma, y si tiene hijos o animales. Puede ver su personalidad».
—Pascal Rostain, célebre fisgón/artista de basura[2]

Es día de recoger la basura en el enclave de clase media alta de Possum Hollow, una urbanización en la comunidad no incorporada de Dripping Falls, en Texas. Estos confiados residentes no han visto muchos crímenes en los diez años desde que se sentaron los primeros cimientos, a finales de 1999; a menos que se cuenten los recientes robos, pero todos suponen que eso sucede aun en los mejores vecindarios.

Los residentes sacan sus botes de basura, anticipando la llegada del camión de recolección, que pasa predeciblemente todos los miércoles por la tarde. Es esta regularidad junto con la ingenuidad de los suburbios lo que hace que el negocio de Juan sea tan fácil, y tan satisfactorio.

Cada miércoles por la mañana, justo después que las calles quedan despejadas de la gente rumbo a sus trabajos y que los bebés estén tomando su siesta matutina, Juan explora los trescientos botes de basura de Possum Hollow en busca de «información de negocios». Armado con un lector de RFID montado en su automóvil, conduce frente a los receptáculos gigantes de plástico y descarga la información del contenido de cada bote en su confiable computadora portátil.

¿Quién se hubiera imaginado que una cadena interminable de números de noventa y seis *bits* que aparecen en su pantalla sería tan valiosa? Juan gana lo que podría describirse como «un buen salario» al parear para sus clientes la información obtenida con las direcciones de cada casa.

Aunque su interés en lo que se desecha en el elegante vecindario es estrictamente comercial, es evidente que sus clientes consideran que la información es sumamente valiosa. Es tan valiosa que su inofensivo negocio adicional pronto le permitirá a Juan mejorar su medio de transporte con un modelo un tanto más impresionante que su anticuado datamóvil.

Increíble, pero enteramente posible

Sabemos que las noticias sobre la compañía de revisión de basura de Juan provocan algo de incomodidad. Usted se siente un tanto escéptico con eso de que la basura pudiera conversar con agentes de mercadeo, fisgones y aun con criminales por medio de vestigios de chips de RFID. Pero le demostraremos que no sólo es técnicamente posible leer la basura con etiquetas de RFID, sino que hay empresas que ya han empezado a pensar en maneras para aprovechar los *chips espías* que esperan que nosotros sin pensarlo saquemos a la acera el día de recolección de basura.

Cuando los proponentes de la tecnología de RFID son confrontados con las serias desventajas para la privacidad, ellos lanzan respuestas diseñadas para mitigar las preocupaciones. Por supuesto, ya hemos hecho trizas argumentos tales como «aun si pudiéramos rastrear a los consumidores, no tenemos interés alguno en hacerlo». Pero nuestra tarea no estaría completa si no demolemos una de las posturas favoritas a las que recurre la industria: la idea de que la RFID aplicada a los paquetes de productos no representa amenaza alguna a los consumidores. «Usted está protegido. Sólo deshágase de ella», dicen.

EPCglobal, la organización que gestiona el esquema de numeración de Internet de las Cosas con RFID, ha enchapado en oro esta «plática sobre basura». En *Guidelines on EPC for Consumer Products* (Instrucciones sobre EPC para

Productos de Consumo), la organización afirma que no tenemos que preocuparnos por los EPC (códigos electrónicos de producto) de las etiquetas de RFID instaladas a nivel de artículo porque: «Se anticipa que para la mayoría de los productos, las etiquetas de EPC serían parte del paquete desechable, o se botarían de alguna otra manera».[3]

Pero, un momento. Hay varias razones por las que botar paquetes de productos con *chips espías* no es suficiente para proteger nuestra privacidad:

1. Las etiquetas de RFID en los empaques permiten a los agentes de mercadeo y a otros rastrear a los compradores mientras están en la tienda, mucho antes de que lleguen a la caja registradora para desactivar o botar las etiquetas. Como explicamos en el Capítulo Cinco, este tipo de rastreo en la tienda ya está planificándose con muchos detalles. El hecho de que se puedan botar las etiquetas después de esto no es protección alguna.

2. Botar un empaque con *chips espías* podría darle a los consumidores un sentido falso de seguridad si la empresa ha ocultado un segundo chip en el producto mismo con fines de rastreo clandestino.

3. Muchos productos son inseparables de sus paquetes, de modo que no es posible botar sólo el paquete. Por ejemplo, no es probable que usted se deshaga de los envases de leche o de limpiador de ventanas hasta que se le haya agotado su contenido, y esto sería después de hechas varias transmisiones de RFID.

4. Y ahora llegamos al punto de este capítulo: en el mundo de la RFID, ¡la basura habla!

¿Realmente harían eso?

Sí, realmente hay planes para todo lo que usted bota en el mundo de la RFID, y son bastante sucios. Pero antes de que lleguemos a ellos, es necesario que vea que hay personas que desearían tomarse la molestia de recopilar información de artículos desechados tales como zapatos viejos, latas de gaseosa, cajas de cartón y papel para cartas.

La oficial de policía Gina Hoesly, de Portland, descubrió de la peor manera que hay personas dispuestas a enfrentar sobras de comida con lombrices, heces de gato malolientes, pañales sucios y aun productos femeninos desechados para indagar en cuanto a nuestras vidas. Basándose en una pista anónima de que Hoesly posiblemente estaba consumiendo drogas, su jefe ordenó a sus compañeros oficiales de Policía que tomaran la basura de la acera y rebuscaran en ella para encontrar alguna pista. Pensaron que habían dado con el premio gordo cuando descubrieron un tampón usado. Lo enviaron al laboratorio de criminología del estado, en donde su sangre seca fue sometida a prueba en busca de drogas, ADN y hasta semen.

¿Intrusos? Definitivamente.

El tampón resultó estar «limpio», pero la Policía encontró en la basura otras evidencias que le permitieron obtener una orden de cateo de la residencia de Hoestly. Esa búsqueda llevó a evidencias que la Policía estaba ansiosa de utilizar contra la veterana oficial con doce años de experiencia en el cuerpo de Policía. Hoestly ya era una figura controvertida por salir con personas altamente visibles tales como el bajista del grupo Godsmack, como Jerome Kersey, ex jugador de los Trailblazers de Portland, y como su superior, el jefe asistente de la Policía Andrew Kirkland. Además, tenía un historial de exponer en público las faltas del Departamento.

Aunque la evidencia obtenida en la basura de Hoesly fue declarada inadmisible en la corte por el juez, esta decisión se basó en las normas estrictas de la Constitución del estado de Oregon. Si Hoesly hubiera residido en otro estado, si hubiera usado bolsas de basura transparentes, si no le hubiera colocado una tapa bien fijada al bote de su basura, o si de otro modo no hubiera demostrado su intención de mantener su basura como cosa privada, los resultados habrían sido muy diferentes.[4] Suena increíble, pero las búsquedas en la basura sin orden de cateo han sido declaradas admisibles por la Corte Suprema de los Estados Unidos, a pesar de los argumentos de que esto viola la Cuarta Enmienda.[5]

LO QUE ES BASURA PARA UNO ES DINERO PARA OTRO

Lo primero que hacíamos era ubicar una casa adecuada. Por ejemplo, la de Jack Nicholson o la de Bruce Willis. Luego, averiguábamos cuándo se recogía la basura y la tomábamos antes de que pasara el camión.

—Pascal Rostain[6]

Para algunos, el limbo legal de los desechos ha convertido la recolección de basura ajena en un negocio enorme. El fotógrafo francés Pascal Rostain se gana la vida retratando los desechos de los ricos y famosos. Después de colocar sus hallazgos sobre un fondo de terciopelo negro, los fotografía y pone los resultados a la venta en galerías de arte de todo el mundo.

Rostain descubrió este extraño modo de ganarse la vida luego de leer acerca de un profesor de Sociología que exigía a sus estudiantes que revisaran la basura de otros como tarea de un curso. Poco después, se le pidió que fotografiara al famoso cantante francés Serge Gainsbourg (afectuosamente conocido como «la boca sucia del pop de Francia») en la residencia de esta estrella. Este acceso le dio a Rostain una oportunidad única de capturar la basura del cantante, así que se aprovechó de ella.

Manipular los paquetes desechados de cigarrillos y botellas de licor vacías de Gainsbourg le dio a Rostain una sensación emocionante. «Era como una llave de acceso a Gainsbourg –le han citado–. Sentí como si tuviera parte de él delante de mí».[7] Ansioso por repetir la experiencia, Rostain reclutó a un compañero y voló a Los Ángeles, donde compró un mapa de las casas de las estrellas, varias valijas grandes y muchos pares de guantes amarillos de plástico.

En los quince años siguientes, personas célebres como Madonna, Tom Cruise, Pamela Anderson y Mel Gibson se han familiarizado con la obra de Rostain, y no de la mejor manera: siendo el centro de sus exhibiciones intrusas. Los resultados pueden ser bochornosos. Las murmuraciones y risas disimuladas en torno a un paquete de pañales para adultos Depends hallados en la basura de Larry King fueron suficientes para mover al anfitrión del programa a negar que los productos de incontinencia le perteneciesen. «Deben haber estado en la basura de alguna otra persona –dijo al *New York Post*– Nunca he escuchado hablar de Depends. No sé ni cómo se ven los Depends».[8]

Las pistas que se encuentran en la basura de una persona pueden impactarle de formas inesperadas. El mundo ahora sabe, por ejemplo, que aunque Halle Berry es una portavoz muy bien pagada de Revlon, ella no usa los productos de esta empresa. (De hecho, ni siquiera un solo producto Revlon apareció entre los muchos recipientes vacíos de productos de belleza competidores que se descubrieron en su basura.) El público también puede considerar el significado de una pieza de ropa interior desechada por Antonio Banderas, preguntarse para qué utilizó Sharon Stone trece latas de peras, y experimentar vicariamente la cena que dejó una caja de botellas Chianti y varias colillas de cigarros cubanos en las bolsas de basura de Arnold Schwarzenegger.[9]

Cuando la obra de Rostain se exhibió recientemente en una galería elegante del SoHo, los conocedores desembolsaron más de seis mil dólares por cada fotografía enmarcada. No resultó sorpresa saber que muchos de los compradores fueron las mismas personas célebres cuya basura él había desplegado. Esto nos parece una forma innovadora de extorsión a la privacidad. ¿Qué multimillonario célebre no estaría dispuesto a pagar unos meros $6.000 para evitar que otros cuelguen una vista instantánea de sus vidas privadas en la pared de una sala?

Benji el basurero

Si bien es cierto que la práctica de Rostain de rebuscar en la basura puede resultar molesta, no es nada comparada con la obra de Benjamin Pell, el rebuscador británico conocido como «Benji el Basurero». El Basurero regularmente obtiene noticias frescas de la basura que se pudre en las aceras fuera de los corredores del poder, y los diarios británicos le recompensan jugosamente por su labor, ganando, según se nos dice, miles de dólares por cada historia que logra desenterrar.[10]

Ha logrado abochornar a los políticos más altos, descubriendo información financiera de políticos, magnates y hasta un memorando dirigido a Tony Blair por su encargado de encuestas, en el que le advertía al Primer Ministro que estaba «perdiendo contacto» con el público.[11] Él admite padecer de compulsión obsesiva y se dice que ha recogido setenta y cinco bolsas llenas de basura de la casa de Elton John.

Sus hallazgos han aparecido en los diarios *Times, Sun, Mirror, Daily Mail, Independent, Guardian* y *Sunday Telegraph*. El *Guardian* de Manchester nos asegura que «los lectores de virtualmente todos los diarios nacionales en algún momento habrán leído una historia inspirada por sus hallazgos».[12]

Los oficiales del gobierno de los Estados Unidos no son inmunes a la amenaza de la exploración de basura. La prensa capturó la basura del alguacil, del jefe de Policía y del fiscal del distrito de Portland e hizo una lista detallada de su contenido para que el público la examinara (por encima de sus protestas enérgicas pero finalmente inútiles), y reporteros una vez robaron la basura del exsecretario de Estado Henry Kissinger y del presidente Ronald Reagan.

Pero en los Estados Unidos la ley típicamente queda a favor del fisgón. A pesar de la naturaleza íntima de la basura, en la mayoría de las jurisdicciones, es perfectamente legal revisar la basura ajena colocada en las aceras sin consentimiento ni orden judicial. La basura colocada cerca de la calle para ser recogida generalmente se considera como «propiedad abandonada», en espera de que algún interesado examine su contenido.

Buceando en la basura de los contenedores

Puesto que tomar la basura ajena de la acera es legal en la mayoría de las jurisdicciones, nos parece que lo que detiene que haya más exhibiciones de la basura de personas célebres son (a) tener la valentía necesaria para tomar la basura de otra persona a plena luz del día y (b) tener el estómago para buscar entre vegetales mohosos y pañuelos desechables en busca de ese premio ocasional.

Pero, ¿qué pasaría si surgiera una nueva forma de averiguar los trapos sucios de los demás? ¿Se imagina lo fácil que sería la vida para los *paparazzi*, criminales y fisgones si pudieran explorar la basura a distancia, en secreto y en silencio desde la comodidad y privacidad de sus propios automóviles? La RFID promete este tipo de información íntima instantánea sin hacer espectáculos públicos, sin peleas ni porquería.

Muy bien, tal vez diga, eso quizás será posible algún día. Pero, ¿por qué tendría que preocuparme por esto? A menos que sea una persona célebre o un político, de nada tengo que preocuparme, ¿cierto?

Piénselo bien.

Enormes planes para su basura

Después de percatarse de que entre un ochenta y un noventa por ciento de los catálogos enviados por correo sin solicitarse van a parar directo a la basura, el inventor Robert Barritz (presidente ejecutivo de Isogon Corporation, empresa proveedora de IBM) ha desarrollado un «método para determinar si una publicación no ha sido leída», según la patente de Estados Unidos N° 6,600,419.[13] Los que envían estos tipos de correspondencia no solicitada desean saber qué clase de ingratos son los que botan sus valiosos materiales de mercadeo sin siquiera abrirlos, y los *chips espías* son la herramienta perfecta para darles la respuesta.

El truco de Barritz involucra programar un número de serie único para cada residencia en una etiqueta de RFID fijada al catálogo antes de enviarlo por correo. La etiqueta se conecta con «un sello o interruptor mecánico en la portada que completa el circuito de una etiqueta de RFID». Cuando se abre la revista se rompe el sello y se desactiva la etiqueta de RFID. Esto significa que todo catálogo que *no* ha sido leído «respondería a un detector de RFID con su información de identificación. De lo contrario, no respondería».

Tal como los programas ocultos en la Web responden a los agentes de mercadeo si usted ha leído los mensajes de correo electrónico no deseados, este dispositivo les diría quiénes han leído su correo postal no deseado. La patente explica que este invento «beneficia a vendedores individuales y firmas de investigación de mercados» puesto que «los datos de consumidores individuales les indicarían si debieran considerar o no enviar publicaciones futuras».

El genio inventor detrás de este esquema tiene planes enormes para recopilar los datos y enviarlos a una computadora central para procesarlos. Visualiza el escaneo automático de la basura casera de individuos usando lectores de RFID instalados en camiones de recolección y de reciclaje. Hasta describe cómo los lectores podrían instalarse en vehículos más pequeños, para que los agentes de mercadeo o empresarios como nuestro Juan imaginario pudieran descargar datos con sólo conducir por las calles en el día de recolección de basura.[14]

¿Qué lección aprendemos de esta patente? Tenga cuidado con los materiales de mercadeo o catálogos que abra en un mundo con RFID. Tome una decisión incorrecta y podría verse inundado con correo no deseado.

▶▶   LOS BOTES DE BASURA Y CAMIONES DE BASURA
CON **RFID** YA ESTÁN AQUÍ   ◀◀

En 1995, los residentes de Santee, California, recibieron botes de basura codificados por color y equipados con etiquetas de RFID. El propósito de las etiquetas de RFID era ayudar a los camiones de basura provistos con lectores de RFID a distinguir entre los recipientes para poder manejarlas de modo apropiado y automático.[15] *Indala*, una empresa derivada de IBM, patentó un sistema lector de RFID mejorado para los vehículos recolectores de basura el 15 de octubre de 1996.[16] Permitía a los camiones de basura determinar cuáles botes de basura vaciar en sus camiones cuando hay empresas de limpieza competidoras que atienden al mismo vecindario.

Si está pensando que puede protegerse de los fisgones triturando los documentos con *chips espías* antes de botarlos a la basura, le tenemos malas noticias. Si bien puede hacer un buen trabajo de destrucción del papel, las minúsculas etiquetas de RFID podrían ser tan pequeñas que escaparían a los dientes de hasta la mejor trituradora de corte transversal.

Por supuesto, un fisgón tendría que acercarse bastante para poder obtener los datos de las etiquetas más pequeñas, puesto que su alcance de lectura sólo sería de unos cuantos centímetros. Pero a una persona como Benji el Basurero, al que no le molesta rebuscar la basura con sus dedos, eso no le importaría. El Servicio Postal de los Estados Unidos ha amenazado con un día poner etiquetas así de pequeñas en los sellos postales y sobres para fines de rastreo, haciendo teóricamente posible que fisgones se enteren de quién le ha enviado correspondencia aun después de que usted la haya reducido a un montón de confeti.

Además de documentos, hay muchas otras cosas en nuestra basura que sencillamente no son candidatos para pasarlos por la trituradora. Cosas como cajas vacías de cereal, zapatos viejos y juguetes averiados. Y por lo menos una corporación estadounidense grande tiene el ojo puesto en una forma de examinar tales desechos para obtener ganancias. Hablamos de BellSouth, empresa madre de Cingular Wireless que se describe a sí misma como «una empresa de servicios de comunicaciones que figura en la lista de Fortune 500, con casa matriz en Atlanta, Georgia, y que sirve a casi 50 millones de clientes con servicio de teléfono local, de larga distancia, Internet y comunicación inalámbrica en los Estados Unidos y en otros doce países».[12]

La Intellectual Property Corporation (Corporación de Propiedad Intelectual) de BellSouth ha recibido la tarea de una solicitud de patente titulada SISTEMA Y MÉTODO PARA UTILIZAR ETIQUETAS DE RF PARA RECOPILAR DATOS DE RECURSOS POSCONSUMO.[18] Si bien la solicitud discute la meta loable de distinguir materiales reciclables, su punto crucial y escalofriante se reduce a cómo los datos contenidos en las etiquetas de RFID de artículos desechados «pueden recopilarse, clasificarse, procesarse y ponerse a la venta».

Sí, lo leyó bien, *están planeando vender los datos de nuestra basura.* Por supuesto, debimos sospechar que BellSouth no era más que otra megacorporación esperando la oportunidad de arrebatar los datos revelados una vez que sus secuaces corporativos hayan instalado *chips espías* en todo el mundo.

> La información relacionada con un artículo posconsumo [es decir, basura] puede vincularse (por medio de su número de serie, por ejemplo) con la información relacionada con el artículo previo al consumo [es decir, nuevo] recopilada por otros sistemas de recopilación de datos ... Al combinar la información capturada antes del consumidor con la información de posconsumo, sería posible rastrear todo el ciclo de utilidad de un artículo. Esta información podría resultarle útil a una cantidad de entidades, incluyendo vendedores, fabricantes, distribuidores y empresas similares.

BellSouth continúa explicando cómo tales datos permitirían rastrear de cerca el transporte y uso de los productos:

> [L]os datos recopilados y procesados podrían ser útiles para rastrear los patrones de compra y uso de los consumidores. Un dueño de una mascota que vive en Atlanta pero que tiene una cabaña en las montañas podría elegir comprar alimento para su mascota en las montañas porque allí es más barata.... A una empresa de reciclaje podría serle útil saber en dónde se compraron originalmente los artículos dejados en el centro de reciclaje. Los supermercados, las farmacias y las tiendas de venta al detal podrían beneficiarse si saben cuánto tiempo toma para que un artículo pase de estar en la repisa hasta ser colocado en un receptáculo de basura o de reciclaje.... La información recopilada podría ser ... valiosa para industrias específicas.

Valiosa, sin lugar a dudas. Y aunque BellSouth puede haber buscado inspiración en el «Basurero», esta compañía planifica capturar sus datos de la basura con un poco más de dignidad, según la solicitud de patente Nº 20040133484.[19] En ella el inventor describe un «aparato clasificador» de basura complejo y completo con brazos recolectores y bandas transportadoras para que aun los artículos con etiquetas de RFID más repugnantes puedan leerse y catalogarse en una base de datos sin mancillar las manos humanas. Con un sistema automático semejante, es posible que todo lo que va a parar al basurero sea registrado con detalles minuciosos, un hecho que probablemente impulsaría un nuevo adagio: «Cuidado con lo que botas».

¿Qué rayos estaba pensando BellSouth —una compañía de teléfonos— cuando buscó una patente de basura que nada tiene que ver con las comunicaciones? Tomando en cuenta que BellSouth tiene cables que alcanzan unos doce millones de hogares como inmensos tentáculos, y que conecta muchos de esos hogares con Internet por medio de enlaces *broadband* [banda ancha], la empresa podría hacer algunas cosas interesantes con su patente, especialmente si une fuerzas con una empresa que está buscando conectar objetos domésticos unos a los otros y más allá. Un equipo formidable como éste sería capaz de rastrear los «estilos de vida de productos» *a través* de la casa.

El futuro de la basura que habla

Para que este ambicioso esquema de rastreo de basura se convierta en realidad, casi todos los paquetes tendrán que tener etiquetas de RFID. Con su precio actual de varias decenas de centavos por unidad, esto resulta poco realista. Pero como discutimos en el Capítulo Dos, las empresas han estado buscando la manera de fabricar chips de RFID impresos y desechables por mucho menos dinero. tal vez unos cuantos centavos por unidad. En 2002, *RFID Journal* vaticinó que las innovaciones en chips de RFID económicos podrían traer la instalación difundida de paquetes con RFID para 2008, dando una «posibilidad muy real de que en menos de cinco años las bolsas ordinarias de papitas fritas y cajas de cereal contengan *microchips* de RFID y antenas impresas durante el proceso de impresión comercial, de modo muy similar a la forma en la cual los códigos de barras se imprimen en la mayoría de los productos de hoy».[20]

En el mundo de RFID, hasta el papel común y corriente podría leerse a distancia, gracias al fabricante de paquetes Tapemark. Esta empresa está promoviendo un método de incrustar repetidores de RFID sin chips, fabricados de nanofibras resistentes, en los paquetes y etiquetas de productos. Estas fibras pueden ser tan pequeñas como cinco micrones de ancho y un milímetro de largo... ¡eso es tan sólo una fracción del largo de la pestaña de un bebé! La combinación propietaria de estas fibras incrustadas en un papel supuestamente es capaz de reflejar un número de serie único a una distancia de hasta cinco pies, y sólo cuestan centavos por unidad.[21]

¿O qué le parece colocar *chips espías* en los periódicos? Flint Ink, una de las empresas fabricantes de tinta más grandes del mundo, está desarrollando etiquetas de RFID y antenas fabricadas de tinta conductora que serían indistinguibles de la tinta «normal». Resulta ser que esta empresa ya suministra la tinta para imprimir muchos de los diarios de los Estados Unidos, un hecho que podría ayudar a asegurar una transición uniforme a los diarios rastreables a distancia.

La revista *Editor & Publisher* se mostró efusiva ante esa posibilidad, diciendo que tales etiquetas «podrían proporcionar una serie de imágenes instantáneas del comportamiento de los clientes con respecto al tiempo y al espacio» para indicarle a los publicadores y anunciantes cómo las personas leen los diarios. Miles Groves, analista de la industria de las publicaciones, concordó con la idea de que el rastreo a distancia de los periódicos sería algo de sumo interés para las tiendas principales que se anuncian en sus páginas.[22]

El rastreo de materiales de lectura tampoco sería territorio exclusivo de los diarios. Arbitron, la empresa evaluadora de los medios de comunicaciones, y Time Inc., publicadora de revistas populares tales como *Reader's Digest* y *Time*, esperan algún día poder usar *chips espías* incrustados en sus revistas para supervisar la lectura de las mismas, tan pronto como su precio se abarate. También les gustaría rastrear datos cruciales tales como en qué parte de la casa realmente se leen las revistas. Gracias a la RFID, literalmente podrían seguir los materiales de lectura al baño con usted.[23]

Estamos suponiendo que la industria publicadora estaría interesada hasta en rastrear esas revistas hasta su destino final, lo cual abre toda clase de posibilidades para empresarios como nuestro catador de basura John y los supervisores de los brazos recolectores de basura de BellSouth en basureros de todos los Estados Unidos.

SÍ, SU BOTIQUÍN LE ESTÁ HABLANDO

La verdad es como el sol. Puedes taparla por un rato, pero no desaparece.

—Elvis Presley[1]

Cada agosto, fanáticos de Elvis Presley de todas partes del mundo van a Memphis, Tennessee, para celebrar la «Semana de Elvis». La semana, que ahora se ha extendido a unos nueve días de juerga, incluye docenas de eventos con el tema de Elvis que culminan con una vigilia iluminada con velas el 16 de agosto para conmemorar la muerte prematura del Rey del Rock and Roll.[2]

El Memphis Regional Medical Center, «The Med», está particularmente ocupado durante la semana de Elvis, puesto que los fanáticos se reúnen para darle una gira a la única institución médica del mundo bautizada en honor a su héroe: El Elvis Presley Memorial Trauma Center.[3]

Si bien la turba de fanáticos empecinados e imitadores de Elvis crean una divertida distracción de los asuntos serios que allí se tratan, ellos también contribuyen generosamente al centro de tratamientos con dinero que se necesita urgentemente. «The Med» es lo que se conoce como un hospital de «red de seguridad», el único recurso que muchos de los pobres tienen para recibir atención médica de cualquier tipo.

Al igual que la mayoría de los hospitales del centro de las ciudades, «The Med» está abrumado, corto de presupuesto y sin el personal suficiente para manejar la masa de personas que entran por sus puertas para todo, desde accidentes que amenazan con cobrar sus vidas hasta infecciones de oído. Se estima que un setenta y cinco por ciento de los pacientes que buscan atención médica allí pertenecen a minorías y carecen de seguro médico o están amparados por el programa Medicaid.[4]

¿Qué puede hacerse? Contratar personal adicional, añadir equipos o abrir clínicas para tratar casos que no son emergencia podría haber ayudado a aliviar la carga logística, pero a alguien se le ocurrió una mejor idea: administración de la cadena de suministros y RFID.

La *Robert Woods Johnson Foundation*, el mismo grupo que contribuye fondos a los programas de la *National Public Radio*, se tragó la idea y dio los fondos para un experimento de tres meses en el que el personal médico fijó etiquetas de RFID adhesivas que funcionaban a frecuencia de microondas a un tobillo de cada paciente de trauma que entrara a la sala de emergencias. Luego, los pacientes eran rastreados usando los números de identificación individuales de las etiquetas de RFID activas por medio de veinticinco lectores instalados en el edificio de 250.000 pies cuadrados.[5]

El *Federal Express Supply Chain Management Center* de la Universidad de Memphis prestó sus conocimientos de logística para la prueba, dando un nuevo significado al término «entrega de atención médica». La reputación de la que goza FedEx de despachar y entregar sobres y cajas de cartón con rapidez aparentemente hizo que su brazo educativo fuera la fuente a la cual acudir para ayudar a procesar el inventario de pacientes de escasos recursos.

¿Estaría feliz Elvis, conocido por contribuir generosamente a causas médicas, sabiendo que el centro de tratamiento de traumas que lleva su nombre estaba rastreando a personas como si fueran paquetes? Imaginamos que habría dicho algo como: «No sean crueles. Estas personas son como tú y yo. No son cajas».

Una empresa llamada *Alien Technology* (no es invento nuestro) cayó en medio de este extraño experimento de seres humanos como cajas, para suministrar la controvertida tecnología. Era una oportunidad increíble en la que ellos tuvieron al alcance a personas dispuestas a probar sus etiquetas de RFID de 2,45 GHz con alimentación por pilas que supuestamente permitían espiar a un paciente a una distancia de hasta treinta metros (casi cien pies).[6] No es sorpresa que *Alien Technology* recordara el evento con afecto en su comunicado de prensa de abril de 2004, en el que caracterizaron su ensayo de colocación y rastreo de etiquetas como «exitoso». Para evitar las críticas, Alien aseguró al público que los pacientes «fueron informados del propósito y naturaleza del ensayo, y participaron con entusiasmo».[7]

Suena razonable, pero nos preguntamos qué tan legítimo es ese consentimiento cuando se obtiene de un paciente que se encuentra en una unidad de tratamiento de traumas. («Está bien, está bien, doctor, firmaré lo que quiera, ¡sólo vuélvame a poner mi pierna!») Además, cuestionamos la ética de decir que los pacientes de escasos recursos tenían una verdadera opción de escoger dadas sus difíciles circunstancias. Después de todo, ¿dónde más podrían ir?

Por supuesto, seguramente no hizo daño el hecho de que «el sistema era discreto para los pacientes», como afirmó Alien en su comunicado de prensa.[8] El mantener la tecnología fuera de vista es un factor consistente en los esfuerzos por lograr que las personas acepten la RFID, razón por la cual la industria continúa buscando la invisibilidad, mientras que nosotros los consumidores buscamos la notificación y transparencia.

La comparación de personas con un inventario no termina en la unidad de tratamiento de traumas. Los administradores de hospitales, oficiales de salud pública, HMO (organizaciones de mantenimiento de salud), empresas farmacéuticas y farmacias esperan poder usar la RFID para llevar un registro de la salud de los pacientes, uso de medicamentos y hasta el consumo de alimentos. Sus planes se extienden mucho más allá de los pacientes necesitados que les han servido de conejillos de indias hasta la fecha.

Un verdadero escaneo de cuerpo completo

Si los proponentes se salen con la suya, algún día todos los pacientes tendrán una socia nueva en su equipo de atención médica: la RFID. Todos los artículos físicos que entren en contacto con los pacientes tendrán etiquetas y serán rastreados. Aunque usted no lo crea, hasta los orinales de cama podrían tener dispositivos de RFID conectados con sensores para supervisar la calidad y cantidad de las descargas corporales las veinticuatro horas del día, transmitiéndose estos datos por vía inalámbrica al personal de enfermería y bases de datos.

Una empresa llamada Precision Dynamics Corporation (PDC) está apostándole a este futuro. Entre otras cosas, PDC fabrica un brazalete con chips espías para pacientes denominado Smart Band, que consolida el historial médico del paciente, la información de su cuenta y la de su seguro médico en un solo chip. Se la promueve como una «indicación de que los hospitales y la industria de dispositivos médicos están trabajando tiempo extra para satisfacer las necesidades de los pacientes», y la Smart Band permitirá a los empleados de un hospital identificar a un paciente que está durmiendo a varios metros de distancia.[9]

Si la idea de ser escaneado como parte de una red hospitalaria de objetos inanimados y seres humanos le hace sentir sólo como una parte más de un gran inventario, no debe sorprenderle. La RFID es, después de todo, tecnología de control de inventario, y tiene la tendencia inquietante de que distorsionar las cosas para ajustarlas a ese punto de vista. No importa si estamos hablando de seres queridos luchando por vivir o bebés recién nacidos apareciendo en escena. La computadora sólo ve números.

Estén listos, pacientes del futuro. Si usted piensa que los hospitales de hoy son impersonales, sólo espere a que los tipos de RFID hagan de las suyas con ellos.

ERRORES MÉDICOS

El sitio en Internet de PDC tiene una página titulada «Por qué es crítica la RFID», con un titular en negritas en el que pretende explicar «Por qué los hospitales deben adoptar la RFID».[10] Imagine que usted es el administrador de un hospital leyendo las terribles estadísticas presentadas a continuación:

> La importancia de la identificación segura de pacientes para reducir la cantidad de errores médicos da duramente en el blanco al considerar que entre 44.000 y 98.000 pacientes mueren cada año en los Estados Unidos por errores relacionados con la atención médica, con un costo de $29 mil millones. La causa principal de muerte debida a un error médico es la identificación errónea de pacientes, y la identificación errónea de especímenes o medicamentos.[11]
>
> —Cita que aparece en la página Web de PDC, atribuida al Institute of Medicine Report, por el Dr. Mark Chassin y el Dr. Lucian Leape

Suena convincente, ¿no es cierto? Pero hay un problema cuando el sol brilla sobre estas estadísticas. Como diría Elvis, la verdad no desaparece. El *Institute of Medicine Report* no menciona en ninguna parte la identificación errónea de pacientes, ni mucho menos afirma que la identificación errónea fuese la «causa principal de muerte debida a un error médico».

Pensando que seguramente algo habíamos pasado por alto, nos pusimos en contacto con uno de los autores del estudio, el Dr. Lucian Leape de la *Harvard School of Public Health*. Le enviamos al Dr. Leape una copia de la cita hecha por PDC, pensando que si alguien sabría la verdad, sería él. En cuestión de horas, el Dr. Leape nos envió su respuesta acalorada:

> Esta [cita hecha por PDC] es una representación totalmente incorrecta. Hasta podría decirse que es una mentira porque claramente tiene el propósito de engañar. La identificación errónea es un problema, pero, hasta donde yo sé, no es uno que jamás haya sido cuantificado y no fue un punto específico del *Medical Practice Study* [Estudio sobre la Práctica Médica].[12]

Lejos de ser la causa principal de muerte, resulta ser que la identificación errónea de pacientes es, cuando mucho, un problema menor. Cuando volvimos a comunicarnos con el Dr. Leape, él calculó que la identificación errónea es responsable de menos del cinco por ciento de los errores médicos en general.

El mito de la identificación errónea difundida de los pacientes ha sido repetido tantas veces, y en tantos lugares, desde periódicos reconocidos hasta publicaciones de la industria médica, que ha cobrado vida propia.[*]

Si bien es cierto que cada año ocurren 195.000 muertes evitables en los hospitales de la nación debido a errores médicos, la mayoría de ellas se deben a causas tales como infecciones postoperatorias, úlceras por decúbito, embolias pulmonares y trombosis venales profundas;[**] los tipos de condiciones que ocurren

---

[*] La PDC no es la única empresa que usa esta estadística errónea para promover la RFID. Hemos sorprendido a por lo menos otras dos empresas que venden dispositivos médicos con RFID que emplean el mismo estribillo. Una empresa llamada *InfoLogix* vende «sistemas de la próxima generación [que] prometen unir los códigos de barra con transmisores minúsculos como los que se utilizan en las casetas de cobro de las autopistas para leer los pases, para ayudar a las enfermeras a identificar a pacientes desde el otro lado de una sala». La promesa que da la compañía de «identificación precisa, rastreo y procesamiento» nos hizo sentir como si estuviéramos viendo una subasta de ganado cerca de una planta empacadora de carnes, no un lugar en el cual seres humanos vibrantes laboraban juntos en busca de una salud óptima. La página Web de *InfoLogix* pregunta retóricamente a sus visitantes: «¿Por qué los hospitales debieran adoptar la RFID?» Responden con el dato normal (y erróneo) de la industria, diciendo que «la causa principal de la muerte debido a errores médicos es la identificación errónea de los pacientes».

[**]"The PSIs [patient safety incidents] with the highest incident rates per 1,000 hospitalizations at risk were Failure to Rescue, Decubitus Ulcer, and Post-Operative Sepsis. These three patient safety incidents accounted for almost 60% of all patient safety incidents studied."[13]

cuando la atención personal a las necesidades del paciente es deficiente. Extrañamente, si se adoptan los sistemas RFID que despersonalizan más la relación médico-paciente, esto en realidad podría empeorar las cosas. Cuando menos, quitaría fondos de los esfuerzos que realmente *salvan* vidas.

Según la Dra. Samantha Collier, una de las principales autoras del estudio: «Si pudiéramos enfocar nuestros esfuerzos en tan sólo cuatro áreas clave —fallas de rescate, úlceras por decúbito, sepsia postoperatoria y embolia pulmonar postoperatoria—y reducir estos incidentes en tan sólo un veinte por ciento, podríamos evitarle la muerte a 39.000 personas por año.[14] Dado el ritmo bajo de muertes por identificación errónea de pacientes y los serios problemas que existen en otras áreas, nos parecería más sabio invertir los escasos recursos de los hospitales en atender los errores médicos reales, en lugar de verter dinero en el sumidero de la RFID.

Tómese su medicina: Es bueno para... ¡nosotros!

La industria farmacéutica rebosa de alegría con la idea de que la RFID realce su arsenal de trucos para mejorar las ganancias. Les encantaría poder meterse en su baño y supervisar cada píldora que tome para mejorar una cosa que se denomina «cumplimiento con las recetas» (es decir, llenar y volver a llenar cada receta escrita por su médicos y tomarse cada píldora a tiempo). De acuerdo a las estadísticas, aunque tres de cada cinco consultas médicas resultan en que se expide una receta, sólo un cincuenta por ciento de esas recetas se llenan. De ese cincuenta por ciento, el treinta por ciento no se vuelven a llenar.[15] Es más, algunos pacientes no siguen un protocolo estricto y olvidan tomar algunas dosis.

Sin importar qué más puede esto representar, esas dosis no tomadas y recetas sin llevar a la farmacia también significan ingresos no percibidos por los fabricantes de medicamentos y las farmacias. CVS Pharmacy, con sus más de cinco mil tiendas en treinta y seis estados, atiende aproximadamente un once por ciento de todas las recetas expedidas en los Estados Unidos Se calcula que si se mejorara el cumplimiento con las recetas en tan sólo un dos a tres por ciento, esto significaría que la empresa llenaría de 6,8 a 10,2 millones de recetas adicionales por año... o lo que ellos llaman «una oportunidad muy real».[16]

CVS comenta: «Debido a que el volumen es un factor impulsor principal, es necesario que como industria encontremos maneras nuevas para satisfacer el aumento anticipado». ¿Cómo piensan lograr eso? ¿Por qué no instalar dispositivos supervisores de recetas en los hogares de los pacientes para asegurar que consuman y vuelvan a llenar sus recetas debidamente?

Nuevamente, la gigante de consultoría *Accenture* corre al rescate de las empresas grandes con un artilugio ultrajante que espera que usted reciba con gusto en su casa. Su patentado «Botiquín *Online*» está provisto de una cámara de alta tecnología, RFID y una conexión a Internet que le permite comunicarse directamente con su médico, la farmacia y tal vez hasta con su compañía de seguro médico.[17] Olvide tomarse una Prozac y seguramente recibirá un mensaje de advertencia. Hágalo dos veces y, bueno, usted se imagina el resto.

Los investigadores de *Intel Seattle* también han husmeado la oportunidad que ofrece el cumplimiento con las recetas y se les ocurrió la idea de una niñera de recetas a la que bautizaron con el nombre de MedPad. Este artefacto es un «sistema flexible, de bajo costo y siempre presente» que supervisa el uso que un paciente da a una receta por cortesía de *chips espías* y sensores instalados.

Cada frasco de medicina tiene una etiqueta de RFID que es leída por el lector de RFID incorporado en la MedPad. El aparato reconoce cuando se retira el medicamento y se lo vuelve a colocar en su lugar. Además, el sensor del sistema detecta la diferencia entre el peso antes y después del frasco del medicamento para determinar la cantidad del mismo que le fue quitada y, teóricamente, que tomó el paciente.

Uno de los inventores de MedPad aclara que «por "medicamento" entendemos cualquier artículo empacado que se toma por razones médicas, incluyendo vitaminas, aspirina, medicamentos para resfriados, tabletas de glucosa, y así sucesivamente».[18] Sí, desean rastrearlo todo y el MedPad lo haría posible.

¿Y qué opina la Administración de Alimentos y Drogas (FDA) de los Estados Unidos de toda esta supervisión? Como leerá en un capítulo posterior, los jefes de las agencias federales han recibido órdenes de apoyar la RFID dondequiera que sea posible, así que la FDA está actuando como un colegial enamorado de esta tecnología. Siguiendo las órdenes recibidas, la FDA afirma que la tecnología reducirá el robo y falsificaciones de los medicamentos por receta.

En 2004, la agencia publicó instrucciones que recomendaban enfáticamente que todos los medicamentos por receta en la cadena de suministros portaran etiquetas de RFID para 2007.[19] Hasta ordenó apresurar el establecimiento de sus directrices «debido a la importancia de empezar estudios de factibilidad de la RFID lo antes posible». El comisionado interino de la FDA, el Dr. Lester M. Crawford, dijo: «Esperamos que otros fabricantes, mayoristas y minoristas sigan este ejemplo al adoptar tempranamente la RFID».[20]

Varias compañías farmacéuticas de inmediato se presentaron en escena. *Purdue Pharma*, fabricantes de OxyContin, anunciaron que incorporarían etiquetas de RFID en los frascos de cien tabletas de OxyContin enviados a las farmacias de Wal-Mart. *Pfizer* anunció planes de colocar etiquetas en todos los recipientes de Viagra despachados y vendidos en los Estados Unidos en el 2005. Pero no podemos dejar de preguntarnos si un hombre realmente desearía transmitir su problema de impotencia al llevar consigo Viagra con *chips espías* que pudieran ser detectados por encima de una mesa de cena.

RFID EN EL INTERIOR

¿Y qué pensaría de tragarse un dispositivo de RFID? Los fabricantes del sensor de temperatura Jonah piensan que es una manera fabulosa de medir la temperatura interna de un sujeto. El dispositivo violeta y del tamaño de una tableta se compone de una matriz de equipos electrónicos en miniatura, incluyendo una etiqueta de RFID, una batería y un termómetro en miniatura.

Una vez ingerido, Jonah, presuntamente nombrado como el famoso personaje bíblico que languideció en el vientre de una ballena, viaja por las entrañas del paciente, midiendo su temperatura interna en el camino y transmitiéndola a detectores a hasta tres pies de distancia. Según la literatura promocional del MiniMitter (miniemisor), la empresa que fabrica el Jonah, «el tiempo normal para que el cuerpo lo deseche es de uno a cinco días». Afortunadamente, Mini-Mitter nos asegura que el dispositivo es desechable, por lo que no es necesario recuperarlo después de haberlo usado.[21]

¿HAY UN CHIP EN SU DENTADURA?

Su próxima prótesis dental podría incluir un *chip espía* de RFID. *Dentalax*, una incipiente empresa francesa, está promoviendo un sistema de rastreo por RFID para trabajos dentales tales como puentes y coronas. Durante el proceso de moldeado, se incrusta en el material una etiqueta de RFID. A medida que la prótesis avanza por las diferentes etapas de fabricación, se escribe información al dispositivo por medio de una computadora conectada a un dispositivo lector. Estos datos incluyen la información del paciente. Supuestamente este sistema ha sido detenido debido a preocupaciones por la privacidad. Esperemos que así sea porque sería casi imposible para un paciente dental promedio saber si alguien ha plantado un chip minúsculo en su bicúspides.[22] ¿Le añadirán un micrófono algún día? Podría ya estar en la mesa de dibujo, como veremos en el capítulo Catorce.

Al examinar los archivos de la Oficina de Patentes y Marcas Registradas de los Estados Unidos, hallamos más interés en la captura de datos muy personales acerca de las funciones corporales, según lo revela una extraña patente de un sistema de detección de tampones con RFID. Cuando está saturado, este dispositivo puede enviar una señal desde el interior del cuerpo de una mujer a un lector por computadora cercano, advirtiendo a la computadora que es hora que ella atienda su higiene personal.[23]

Aun la Kimberly-Clark, fabricante de los pañales Huggies, desea participar en la actividad de detección de fluidos corporales y ha solicitado una patente para un dispositivo que pronto podría ser una bendición para la mujer con falta de destrezas maternales: el pañal con sensor y etiqueta de RFID. Este conjunto detecta cuando el pañal se moja y envía un mensaje a un sistema de computadora, el que advierte a la madre o a otra persona a que cambie al bebé.

Pero la Kimberly-Clark ve mucho más potencial en su invento y sugiere una lista insoportablemente larga de lugares bochornosos para supervisar las excreciones corporales. Estos incluyen desde sábanas para la cama, tazas de servicios sanitarios, bolsas de vómito y hasta supositorios.[24]

Si le cuesta demasiado digerir todo esto, lo comprendemos totalmente y le invitamos a que se una a nuestros esfuerzos por detener tales disparates que atentan con nuestra privacidad.

10

ESTO ES UN ASALTO

▶▶ CRÍMENES CON RFID, OTROS QUE DEBIERAN
SER CRÍMENES Y PURO FISGONEO ◀◀

Si alguien caminando por la calle ve algo que le gusta, digamos, una prenda de vestir en otra persona, de inmediato puede tomar acción.

—*Accenture*[1]

Usted está sentado en un tren leyendo la novela más reciente de Tom Clancy cuando una especie de sexto sentido le hace levantar la vista. A dos asientos de distancia, un hombre está observando la pantalla LED de su asistente digital PalmPilot. Oprime unos cuantos botones y luego lo dirige en su dirección.

Se miran a los ojos y usted tiene esa sensación incómoda de que este individuo le ha estado observando por cierto tiempo. Él deja de mirarle al rostro y dirige su mirada a la bolsa de la farmacia CVS que está junto a usted en el asiento. Oprime otro botón en su asistente digital y luego mira con fijación a la pantalla como para verificar los resultados. Finalmente, se sonríe con satisfacción y aleja su mirada. Usted se siente acalorado de ira. ¿Quién es este tipo raro y qué hace escaneándole a usted y a sus compras?

¿Podría esta escena hacerse realidad en nuestro futuro? ¿Podría un fisgón sentado delante de usted en el tren realmente registrarle electrónicamente en el año 2010?

Sí, al menos si se lo pregunta a un protagonista principal de la industria. *Accenture* (la empresa detrás de la planta parlante y del botiquín que describimos anteriormente) está tan decidida a convertir esto en realidad que han patentado un medio para que las personas comunes y corrientes armadas con asistentes digitales puedan explorar a sus colegas, vecinos, amigos, enemigos y a extraños para averiguar más sobre lo que visten y llevan consigo. Han bautizado su visión patentada con el nombre Real-World Showroom (Sala de Exhibiciones del Mundo Real). Nosotras le llamamos el mejor amigo de un pervertido. Esta es la forma en la que Accenture dice que funciona:

> Con el Real-World Showroom, los consumidores tendrán acceso inmediato a un canal de compras inalámbrico que siempre está encendido. La sala de exhibiciones es, literalmente, el mundo cotidiano. Si alguien caminando por la calle ve algo que le gusta; digamos, una prenda de vestir en otra persona, de inmediato puede tomar acción.
>
> ¿Cómo? El Real-World Showroom responde a las etiquetas de RFID incrustadas en los artículos. Al apuntar un asistente digital —uno con conexión permanente a Internet— hacia el artículo en cuestión, el mismo se puede consultar en pantalla. Los usuarios pueden averiguar instantáneamente más acerca del artículo y hasta comprarlo.[2]

Desgraciadamente, ésta no es la visión de una pequeña empresa incipiente. *Accenture* es una de las firmas de consultoría de tecnología global más grandes del mundo, con ingresos en 2004 de casi 14.000 millones de dólares.[3] Cuenta a Hewlett-Packard, NationsBank, Clorox y Allstate entre su «lista selecta de clientes que han convenido en que se les mencione».[4] Aparentemente existen otros que no desean que se les dé a conocer. Hace que uno se pregunte por qué.

Pero mientras que Accenture explica efusivamente cómo las empresas pueden obtener ganancias al convertir al mundo entero en una sala de ventas gigantesca, cualquiera que haya sido víctima de un crimen ve las cosas de una manera muy diferente. Esta misma escena que podría dar a extraños una especie de vista de rayos X de lo que usted está vistiendo y llevando podría usarse para otros fines, dándole un carácter adicional al término «pervertido funcional».

La naturaleza secreta e invisible de la RFID la convertiría en la herramienta perfecta para entrometidos, fisgones y criminales de toda estirpe. De éstos, probablemente los más preocupantes son los acosadores y los cónyuges abusivos, cuyo uso de esta tecnología podría tener consecuencias trágicas.

Acoso y violencia doméstica

Cindy Southworth de la *National Network to End Domestic Violence* (Red Nacional para Poner Fin a la Violencia Doméstica) sabe esto muy bien. Trabajadora social de profesión, la Sra. Southworth recorre el país ayudando a oficiales de Policía y trabajadores de líneas de asistencia y de casas de refugio a ayudar a mujeres abusadas a ocultarse de ex esposos y novios violentos. Puesto que muchos de estos abusadores amenazan con matar a estas mujeres o lastimar a sus hijos, Southworth sabe que su seguridad depende de mantener lo más privada posible la información de su paradero y actividades.

Con preocupación en su voz, la Sra. Southworth puede decirle cómo los acosadores han empezado a aprovechar dispositivos de alta tecnología para vencer los esfuerzos que sus víctimas hacen por permanecer ocultos. Entre las nuevas tecnologías que ella teme serían objeto de este tipo de abuso: la RFID.

«Mi preocupación es la RFID combinada con bases de datos», dice. «Si una mujer compra un suéter y su número de etiqueta RFID se correlaciona con sus tarjetas de crédito en una base de datos de ventas, un abusador podría utilizar esa información para rastrearla». Lejos de ver los beneficios de una «sala de exhibiciones del mundo real», Southworth se preocupa por su potencial para rastreo porque, como ella misma dice, «los abusadores van a cualquier extremo para hallar a sus víctimas».[5]

El mantener las cosas que vestimos y llevamos con nosotros libres de etiquetas de RFID podría ser una preocupación de seguridad importante para un número sorpresivo de personas. Más de un millón de mujeres y casi medio millón de hombres son acosados cada año en los Estados Unidos.[6] Inquietantemente, casi la mitad de los episodios de acoso escalan a violencia.[7]

El Departamento de Justicia de los Estados Unidos advierte que «los acosadores, por su propia naturaleza, son obsesivos y peligrosos» y siempre se les debe considerar capaces de matar a sus víctimas. Además, comúnmente utilizan «tecnologías avanzadas tales como el sistema de posicionamiento global, cámaras inalámbricas por control remoto y programas de computadora intrusos» para obtener información acerca de sus víctimas para intimidarles o compartir esta información con otros.[8]

Aunque el Real World Showroom de *Accenture* no existe todavía, Cindy Southworth cree que sólo es cuestión de tiempo antes de que los acosadores y cónyuges violentos aprovechen el potencial de vigilancia de la RFID para sus propios fines. Basándonos en casos recientes de mucha notoriedad en los que los acosadores han sido atrapados con las manos metidas en el frasco de galletas de la tecnología, nos inclinamos por estar de acuerdo con ella.

Considere a Ara Gabrielyan de California del Sur, cumpliendo una condena de dieciséis meses en prisión estatal por ocultar un dispositivo de rastreo por GPS en el automóvil de su ex novia para supervisar cada uno de sus movimientos. Además de llamarla de treinta a cien veces por día, Gabrielyan se tomó el trabajo de planificar «encuentros al azar» en lugares tales como el aeropuerto y aun la tumba de su hermano. Un vocero de la Policía explicó que el acoso de la víctima se había tornado en «una obsesión, una obsesión al punto de que las 24 horas del día él tenía que saber dónde estaba ella, qué hacía, con quién se encontraba y cómo desarrollaba su rutina diaria».[9]

Una persona así de obsesionada brincaría ante la oportunidad de escanear el contenido del automóvil, bolso o maleta de su víctima cada vez que pudiera hacerlo. Los *chips espías* le permitirían examinar sus pertenencias cómodamente a distancia, reduciendo el riesgo de que lo atrapen. Como toque final, Gabrielyan se hubiera evitado la estadía en prisión, puesto que no hubiera precisado plantar *chips espías* en su víctima ni en sus posesiones. Las corporaciones de los Estados Unidos lo habrían hecho por él con mucho gusto.

¿O qué hay de Erik Reynolds? Un convicto de delito mayor de treinta y tres años de edad que cambió su número de seguro social para ocultar su pasado criminal y consiguió empleo haciendo entregas para FreshDirect, una empresa que lleva productos del supermercado a vecindarios adinerados de Manhattan. Su trabajo le expuso de cerca a mujeres, incluso conocía dónde vivían y los productos que compraban. Reynolds usó esta información para aterrorizar a seis mujeres con llamadas telefónicas amenazantes y obscenas. Presuntamente le dijo a una de sus víctimas (que tenía ocho meses de embarazo en ese entonces): «Voy a ir a violarte. Sé que estás en casa».[10] Al ser arrestado, Reynolds admitió que utilizó la información de los clientes contenida en los formularios de pedido para hacer sus llamadas.

Imagínese a alguien como Reynolds recibiendo ayuda adicional para sus fines dementes de un sistema de rastreo por RFID que le permitiría vigilar a sus víctimas por medio de los números de identificación de las cosas que él mismo les hubiera entregado. Podría escanear las compras de las mujeres por adelantado, anotar los números correspondientes y luego usar dicha información para acosarles a distancia desde la privacidad de su computadora en su casa. Un prototipo de un sistema semejante, llamado el RF Tracker, ya ha sido desarrollado.

▶▶ RF Tracker: Usando RFID para Acosar ◀◀

Para ilustrar el potencial para el acoso que ofrece la RFID, el experto jurídico David Sorkin, profesor de la John Marshall Law School, ha creado una página Web que puede ponerle los pelos de punta al mostrar lo fácil que sería preparar bases de datos para «rastrear etiquetas de RFID y a sus propietarios por todo el mundo». La escalofriante visión que Sorkin presenta del futuro, disponible en Internet en RFTracker.com, simula una página Web creada por figuras tenebrosas «basadas en un lugar no revelado, en una jurisdicción que no impone censura gubernamental sobre la recopilación y uso de la información personal». (¡Ey, un momento, eso suena como a los Estados Unidos!)

El concepto del sitio es muy sencillo. Los visitantes pueden escribir el número de una etiqueta en el espacio provisto y hacer clic en el botón Match (buscar) para ver si el nombre de la persona dueña del artículo ha sido introducido en la base de datos. Funciona en el otro sentido también: un visitante puede escribir el nombre de un individuo para descargar una lista de etiquetas que se sabe están relacionadas con dicho individuo. Pero esto sólo es el trasfondo. La pieza central de la página Web es la función de avistado de etiquetas.

Según la visión de Sorkin, una red de detectores invasores capturaría los números de etiquetas de transeúntes al azar y los cargaría, junto con la hora, fecha y ubicación del avistado. Si un acosador ve una de las etiquetas que pertenece a su víctima, podría llamarla con información específica acerca de sus actividades, aumentando así el terror. («¿Te divertiste ayer en el centro comercial?») ¿De dónde vendrían estos detectores invasores? Sorkin explica cómo una página Web semejante podría reclutar a recopiladores de datos: «Siempre estamos buscando mejorar nuestra base de datos. Si usted maneja un lector de RFID (ya sea usted un comerciante, fabricante o un aficionado), por favor póngase en contacto con nosotros para hacer arreglos para que nos pueda transmitir sus datos. A cambio de ello, le proporcionaremos gustosamente acceso adicional a nuestras bases de datos ... [o] hasta podríamos pagarle por ello».[11]

Voyeurs

Los *voyeurs* criminales (personas a quienes les gusta mirar a otras en situaciones eróticas para excitarse sexualmente) rápidamente aprovechan los dispositivos tecnológicos más recientes, así que anticipamos que estarán entre los primeros en asirse de los sistemas de vigilancia con *chips espías*.

Una de las formas más populares —e inquietante— de espiar a personas hoy día es por medio de cámaras de video del tamaño de una moneda que permiten a los *voyeurs* criminales capturar imágenes a distancia. Se han encontrado estas cámaras en baños en hoteles y en vestidores de tiendas de departamentos y de escuelas. Una empleada del Departamento de Incendios de Florida encontró una colocada debajo de su escritorio, cuidadosamente orientada para ver bajo su falda mientras ella trabajaba.[12]

Pero los mirones modernos tienen un problema abrumante, como lo ilustra una cámara hallada en la regadera de mujeres de un barco de la marina de los Estados Unidos: su batería estaba descargada.[13] La transmisión de imágenes con una cámara requiere bastante potencia, y el tamaño pequeño de las cámaras significa que sus baterías tienen una vida útil breve. Una solución técnica requiere colocarles sensores de movimiento a las cámaras de modo que sólo funcionen cuando hay alguna persona a la vista. Los *chips espías* de RFID harían que las cámaras sean más eficientes al activarlas únicamente cuando un objetivo deseado se encuentre dentro del alcance, según lo identificaría una etiqueta de RFID que él o ella estuviera llevando.

▶▶   Rastreo placentero:

mi trabajo es mirarla, señora ◀◀

Desgraciadamente, los *voyeurs* no sólo son criminales profesionales ni hampones de toda la vida. A veces los fisgones son las personas a los que la sociedad encarga para mantener a los demás en orden. El Caesars Casino de Atlantic City recibió una multa luego de que sus empleados de seguridad pasaran horas comiéndose con los ojos a las empleadas con vestimenta escasa por medio del sistema sofisticado de cámaras del casino que ellos estaban encargados de controlar.[14]

    Los oficiales de Policía en Inglaterra aparentemente hacen lo mismo con las palancas de control remoto y funciones de acercamiento que usan para controlar su red extensa de cámaras, lo que facilita darles vistazos a mujeres incautas.[15]

Desgraciadamente, la ley no ha podido mantener el paso con las tecnologías que los fisgones utilizan para espiar a la gente. De hecho, mientras escribimos esto, sigue siendo perfectamente legal en muchos estados usar una cámara escondida para mirar bajo las faldas de una mujer (una práctica denominada «faldear») y mirar al escote de sus blusas («blusear»); siempre y cuando el espionaje suceda fuera de propiedad federal y en un lugar público.[16]

Esto significa que cada vez que las mujeres trabajen, vayan de compras, se sienten en un restaurante o sencillamente caminen por una sala abierta al público, serían víctimas potenciales para *voyeurs* y pervertidos limitados únicamente por su imaginación en cuanto a los datos que pueden recopilar sobre nosotros. Hasta donde sabemos, no hay nada en la ley que impida a estas personas explotar la RFID para espiarnos a nosotras también. La tecnología es tan nueva que no está claro siquiera cuáles leyes debieran corresponderle.

¿Cómo podrían los pervertidos abusar de los *chips espías*? Por un lado, podrían escanear a las mujeres que pasen para determinar qué están usando bajo sus ropas. Evidentemente sin considerar esta posibilidad, los fabricantes de ropa han estado ansiosos por colocarle *chips espías* a los sostenes y a la ropa interior femenina. Pero el boicot de Benetton demostró que el factor de los *voyeurs* no había pasado desapercibido ante las mujeres del mundo.

> ▶▶ **VOYEURS DE ALTA TECNOLOGÍA EN
> CENTROS COMERCIALES** ◀◀
>
> Los proponentes de la RFID frecuentemente defienden los *chips espías* diciéndole al público que todo lo que contienen es un número. Si bien en muchos casos eso es cierto, un número puede decir bastante. El sistema de numeración propuesto para los chips de RFID, denominado el Código Electrónico de Productos, o EPC por sus siglas en inglés, tiene un patrón definido que pude revelar detalles íntimos a cualquiera que tenga acceso a la base de datos correcta.
>
> Para ilustrar lo intruso que puede ser un sencillo número, sigamos a Sara mientras ella observa las vitrinas de un centro comercial local durante su hora de almuerzo en el año 2010. Nos unimos a ella mientras se aproxima a una mesa ocupada por ejecutivos jóvenes y hábiles en la tecnología que beben café fuera de una tienda Starbucks. Lo que ella no sabe es que estos tipos tienen un dispositivo lector capaz de leer los chips de RFID insertados en las costuras de la ropa interior de Victoria's Secret.

Los tipos están mirando detenidamente la pantalla de una computadora portátil que ha sido cargada con los números de Códigos Electrónicos de Productos que corresponden a los artículos del catálogo más reciente de ropa interior de la empresa. Los descargaron de una página Web que vende cámaras espía, binoculares capaces de tomar fotografías y otros vehículos para observar la «vida salvaje» y para la estimulación. Ellos han dedicado muchas horas de almuerzo apostando cuáles de las compradoras está usando esas ropas interiores sexy.

Cuando Sara se acerca a la mesa, los tipos piensan que hay pocas probabilidades de que a esta mujer un tanto madura que parece mamá le interese la ropa interior atrevida. Ella pasa por el lector de RFID y luego mira hacia atrás, debido al escándalo producido en la mesa. Sara desestima sus palmadas, expresiones de incredulidad y risotadas como el tipo de cosas que hacen los muchachos cuando recuerdan los puntos finales de un evento deportivo. Tiene razón, pero no tiene idea de que su sostén rojo de Victoria's Secret, talla 38D, y las panties con encaje rojo tipo bikini que su esposo le compró para el Día de los Enamorados fueron los que anotaron los puntos.

CARTERISTAS, ASALTANTES Y LADRONES

En lo que quizás sería el uso criminal más evidente, la RFID daría a los ladrones una ventaja gigantesca para identificar objetos valiosos e identificar a víctimas fáciles. Armados con lectores de mano (o tal vez con teléfonos celulares Nokia con lectores RFID en desarrollo en la actualidad), los posibles asaltantes podrían estar al acecho en callejones para escanear a los transeúntes o colocarse en las salidas de un centro comercial para examinar el contenido de las bolsas de los compradores, esperando abalanzarse sobre cualquiera que lleve un aparato de video costoso o un reloj Rolex.

Desconocidos en un avión podrían revisar a distancia su valija de mano, sin tener que tocarla. Ese tipo callado que está sentado en la esquina del metro... ¿está jugando un juego de video o está examinando el contenido de su mochila? Las bandas de ladrones podrían escanear el contenido de automóviles estacionados a través de sus ventanas de cristal.

Además, los trabajadores que usted invita a entrar a su residencia u oficina para efectuar servicios tales como limpieza de alfombra, pintura y plomería podrían usar lectores de RFID de mano para explorar el lugar con fines de robo.

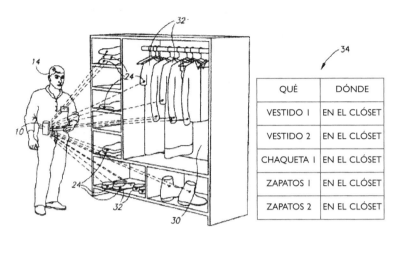

Publicación de Solicitud de Patente 31 de marzo de 2005 Hoja 2 de 5
US2005/0067492 A1

QUÉ	DÓNDE
VESTIDO I	EN EL CLÓSET
VESTIDO 2	EN EL CLÓSET
CHAQUETA I	EN EL CLÓSET
ZAPATOS I	EN EL CLÓSET
ZAPATOS 2	EN EL CLÓSET

FIG.2

Visión que IBM tiene de un clóset habilitado con RFID, según lo revela la solicitud de patente N° 20050667492.[17] La figura del hombre está escaneando objetos en el clóset por medio del «generador de índice personal» que está conectado a su cinturón. Si bien la persona representada presuntamente es la dueña del clóset y de su contenido, uno también podría imaginar que es un plomero, un huésped entrometido o aun un ladrón con acceso a la tecnología.

Irónicamente, algunas agencias del orden público se han unido con los fabricantes y vendedores para promover el uso de etiquetas de RFID a pesar de la amenaza que representa para la seguridad de los ciudadanos. Han sido atraídos por la promesa de que si los artículos incorporan chips de computadora con RFID y con números de identificación únicos, entonces los artículos robados podrían rastrearse y los ladrones no podrían escaparse de una convicción con explicaciones de sus posesiones robadas.

La Rama de Desarrollo Científico de la Policía del gobierno del Reino Unido ya ha gastado millones por lograr esta meta. En 2000 lanzaron con entusiasmo su «Iniciativa de colocar chips en mercancía», junto con empresas privadas que incluían a Unilever, Dell Computer, Woolworths, Argos y Nokia. Esta colocación de chips se «esperaba que ayudara a investigadores y oficiales de Policía a identificar y recuperar mercancía robada y ser un freno poderoso a ladrones potenciales»[18]

Treinta millones de dólares y varios años más tarde, publicaron una evaluación más recatada del potencial antirrobo de la RFID: «Para el Reino Unido, la Iniciativa ha servido para acelerar la conciencia de las soluciones con etiquetas y reforzar la asociación entre lograr un mejoramiento de la seguridad y permitir un desarrollo comercial aumentado...»[19] ¿Cómo? Si lee entre líneas verá que el «freno poderoso» ha desaparecido de la conclusión cuidadosamente preparada. Y, por supuesto, tampoco mencionaron que una caja de papel aluminio Reynolds Wrap de tres dólares podría anular la eficacia de su costoso sistema.

Aun los rateros de poca categoría equipados con «superbolsas» podrían robar mercancía con etiquetas sin ser detectados porque las etiquetas de RFID utilizadas en la Iniciativa de colocación de chips en mercancía podían bloquearse con papel aluminio ordinario. Las «superbolsas» son artículos diseñados por ladrones para vencer a los sistemas de seguridad. Resulta fácil para los ladrones fabricar tales bolsas. Basta con forrar un bolso, mochila o bolsa de compras con papel aluminio ordinario para bloquear las comunicaciones entre la mercancía con etiquetas y el sistema de seguridad. Los ladrones creativos hasta han forrado su ropa interior con papel aluminio ¡Ay![20]

Dudamos que los *chips espías* vayan a detener las olas de crímenes en el futuro cercano, puesto que los criminales pueden burlar con mucha facilidad el sistema de seguridad de las etiquetas de RFID. En lugar de ello, los consumidores regulares seríamos los que pagaríamos el precio. Este plan nos obligaría a todos a dejar las etiquetas de RFID activas y en funcionamiento en nuestras posesiones para siempre. (Tal vez no se han percatado de ello todavía.) La única forma de distinguir entre los artículos robados y los legítimos usando RFID es vincular los números de las etiquetas con los registros de compra. Esto requeriría que cada artículo sea inscrito con su comprador en el punto de venta y que estos datos sean incorporados a una base de datos masiva. Este sistema dejaría a los ciudadanos que respetan la ley vulnerables a escaneos secretos, al acoso y una Caja de Pandora de otros crímenes mucho peores que el problema de robos que la RFID pudiera resolver.

«Hacking», sabotaje y espionaje

Hay muchísimas maneras en las que los criminales tecnológicamente sofisticados pueden aprovechar las vulnerabilidades de los sistemas de RFID para cometer crímenes. Éstas incluyen escuchar secretamente, «hacking» o acceso ilícito a computadoras, interferencias de radio y mucho más.

A principios de 2005, un grupo de estudiantes de posgrado de la Johns Hopkins University demostró lo fácil que resulta obtener acceso ilícito a los sistemas de RFID cuando vencieron al sistema «inmovilizador» de RFID fabricado por la Texas Instruments. Millones de vehículos Nissan, Ford y Toyota se apoyan en este sistema para evitar los hurtos. Se supone que los automóviles no arrancan a menos que detecten en la llave un chip de RFID compatible. Pero los estudiantes desarrollaron un método para extraer el código de la llave con *spychip* y, en menos de una hora de tiempo de cómputo, extraer el código necesario para arrancar el automóvil.

Texas Instruments insiste en que la reproducción de llaves con un método semejante es poco probable, ya que un ladrón tendría que acercarse a menos de doce pulgadas de la llave del automóvil para poder captar la información del

▶▶ ¿Es Hora de la RFID? ◀◀

(Photo: Liz McIntyre)

Transmisor Speedpass para ventana trasera, keyfob de Speedpass y reloj Timex habilitado para Speedpass. El chip de RFID normalmente se oculta en la banda de la muñeca, justo encima del número 12. Aquí, el chip encapsulado en plástico se muestra junto al reloj.

¡Mira mamá! ¡Voy sin manos! Los fabricantes de relojes Timex aparentemente pensaron que 2002 era el tiempo adecuado para una versión del Mobil Speedpass que no tuviera que sostenerse con las manos: un *keyfob* que contenía una etiqueta de RFID activa que podía usarse en estaciones de gasolina Exxon y Mobil para pagar por el combustible.

Con mucha publicidad, promovieron una línea de relojes que incorporaba la tecnología de Mobil Speedpass en su banda: «Speedpass™ y Timex® hoy lanzaron 4000 relojes de primera edición que cuentan con un repetidor de frecuencias de radio Speedpass en miniatura», anunciaron a toda voz. «El reloj Timex habilitado para Speedpass se ve y funciona como un reloj común, pero el dispositivo al estilo de Dick Tracy permitirá a clientes pagar instantáneamente por sus compras en las estaciones de servicio de Exxon y Mobil con sólo ondear sus muñecas. Los propietarios de relojes hasta pueden usarlos para comprarse un Big Mac, papas fritas y más en restaurantes McDonald's participantes en las zonas de Chicago y del noroeste de Indiana». Llegado cierto punto, será posible usar el Speedpass hasta para pagar por la cuenta en algunos supermercados Stop & Shop en la zona de Nueva Inglaterra. Ellos esperaban de esto fuera un «avance» de la futura sociedad sin dinero.[21]

Pero algo sucedió. Misteriosamente, el *keyfob* ya no puede usarse fuera de las estaciones de gasolina de Exxon y Mobil, y el reloj con Speedpass ha sido discontinuado completamente. Hasta la alternativa de «ondea y anda» parece estar desvaneciéndose. Para combatir los fraudes, los clientes en algunas áreas ahora se ven obligados a introducir su código postal de cinco dígitos para poder usar el *keyfob*. Aparentemente, el sistema resultó ser muy atractivo para los criminales.

chip que contiene. Después de todo, nadie salvo el asistente de estacionamiento, su mecánico, las personas que viajan junto a usted en un elevador lleno, las personas esperando en fila detrás de usted y el tipo que se sienta a su lado en el cine se acercarían lo suficiente para poder hacer eso. (¿Percibe un problema con la respuesta de TI?)

Es interesante observar que el mismo chip vencido se utiliza en el sistema de pago sin contacto Mobil Speedpass.[22] Ahí quedó la promesa de Mobil de que su sistema Speedpass es seguro.

En cuanto a las interferencias de radio, en la primavera de 2004, la Base Elgin de la Fuerza Aérea dio una demostración accidental de lo fácil que era interferir con dispositivos de frecuencias de radio. Cuando sometió a prueba su sistema de radio de dos vías de $5,5 millones desarrollado por Motorola, la base inadvertidamente interfirió con los sistemas de puertas de garaje de las comunidades de Niceville, Valparaíso y Crestview, en esa zona de Florida, obligando a los confundidos residentes a abrir sus puertas manualmente hasta que se resolviera la situación.[23]

Si la tecnología existe para interferir con abridores de puertas de garaje, imagínese si los terroristas utilizaran el mismo método para interferir intencionalmente sistemas de supervisión de almacenes llenos de mercancía.

Y si no están logrando acceso ilícito o interfiriendo, podrían estar escuchando secretamente. En la conferencia de seguridad Black Hat 2004 en Las Vegas, el consultor de IT Lukas Grunwald mostró a los asistentes por qué es mala idea apostarle a la seguridad de RFID. Demostró cómo cualquiera que tuviera conocimientos de computadora, algunos equipos obtenibles en el mercado y su software RFDump sería capaz de leer y potencialmente alterar la información contenida en chips de RFID pasivos a una distancia de hasta tres pies.[24]

La información acerca del software RFDump y de esta demostración se encuentra en RFDump.org.

RASTREO DE OFICIALES DEL GOBIERNO

La Casa de Representantes de los Estados Unidos está buscando propuestas para un sistema que permita rastrear a los legisladores de los Estados Unidos y ubicarlos con precisión en los edificios del Congreso. Afirman que es necesario asegurar que todos estén presentes y contados en caso de una evacuación.[23] Ésta es una de las peores ideas que hemos escuchado en mucho tiempo... ¡y mire que hemos escuchado ideas muy malas!

Tal como los pervertidos que mencionamos anteriormente en este capítulo podrían utilizar las etiquetas de RFID para activar cámaras de vigilancia ocultas, así como también hacerlo los espías. Las etiquetas de RFID relacionadas con miembros del Congreso podrían activar equipos de grabación de video y de audio cuando la etiqueta de RFID de un legislador particular quedara dentro del alcance. (No olvidemos el precedente fijado por el embajador de los Estados Unidos Averell Harriman, que colgó en su residencia una réplica del Gran Sello de los Estados Unidos con un micrófono oculto.) Resultaría muy cómodo para criminales y agentes de gobiernos enemigos tener a los miembros del Congreso transmitiendo sus identidades por doquiera que fueran.

Hay un visionario amante de la libertad que tiene mucho más sentido común que el personal de seguridad del Congreso. John Gilmore, cofundador de la *Electronic Frontier Foundation* y ex empleado de *Sun Microsystems*, ve más usos malévolos para la RFID. A continuación explica cómo los *chips espías* podrían usarse como dispositivos buscadores para asesinos equipados con «bombas inteligentes»:

> Para poder cumplir con las órdenes gubernamentales de etiquetado resultantes del enorme retiro de neumáticos Firestone, Michelin ha anunciado que planea colocar chips de RFID en todos los neumáticos que vende a fabricantes de automóviles (y eventualmente en todos sus neumáticos). Existen planes similares para otros productos automovilísticos y personales.
>
> Imagínese si fuera capaz de sepultar un explosivo en una carretera que sólo se detonara cuando un automóvil particular pasara sobre el mismo. Se podrían sepultar bombas como éstas con meses de anticipación, en carreteras principales o secundarias. Se podría cambiar el blanco cuando lo deseara (por ejemplo, con conducir un automóvil equipado con una radio y transmitirle instrucciones nuevas). Podría darle una lista entera de automóviles que lo detonaran, o un juego de automóviles y fechas.
>
> Si se colocaran bombas semejantes en una zona metropolitana, un automóvil podría conducirse por meses a través de la zona sin detonar nada. Pero en el día escogido, cada una de las bombas de una zona circundante podría detonarse cuando ese mismo vehículo pasara. Esto sería posible sin que los responsables tuvieran que visitar los sitios por días o semanas antes de los sitios, lo cual dificultaría atraparlos o detenerlos.
>
> Tales explosivos podrían detectarse por sus emisiones de radio: el «ping» de RFID. Pero en un mundo en el que todo transmite pings de RFID, incluso teléfonos celulares, marcos de puerta, cajas registradoras, cajeros automáticos, cámaras, automóviles, computadoras, asistentes personales, parquímetros y automóviles de Policía, éstos pasarían desapercibidos. Los lugares con «precios de congestión», como el centro de Londres, o cualquier carretera de peaje, ya tendrán un número abundante de lectores de RFID activos sepultados en la carretera.
>
> Bienvenidos a la muerte automatizada, por cortesía de la RFID y de corporaciones globales líderes con la vista muy corta, estimulados por el gobierno.[26]

Gilmore no debiera ser el único en preocuparse.

PASAPORTES CON CHIPS ESPÍAS Y EL TERRORISMO

En otra movida de seguridad menos-que-brillante, el Departamento de Estado de los Estados Unidos empezará a incrustar chips de RFID en los pasaportes en 2005. Una cosa es si el Congreso desea marcarse a sí mismo con emisores buscadores, pero es otra si mandan a que nosotros los ciudadanos ordinarios hagamos lo mismo. Para cuando se imprima este libro, miles, si no decenas de miles, de pasaportes con *chips espías* se habrán emitido si todo procede según el plan del gobierno.

El chip de ocho dólares incrustado en cada pasaporte contendrá el nombre, nacionalidad, fecha de nacimiento y una fotografía digital del viajero.[27] Asombrosamente, el Departamento de Estado dice que estos datos no se guardarán cifrados.[28] Esto significa que cualquiera que posea un dispositivo lector dentro del alcance del pasaporte podrá leer la información almacenada en el mismo. El modelo de seguridad del Departamento de Estado parece ser uno de «seguridad por oscuridad», puesto que afirman que pocos tendrán la pericia técnica para leer los pasaportes.

Ésta es una seguridad absurda para los consumidores puesto que la mayoría, si no todos, los gobiernos nacionales obtendrían los dispositivos lectores para poder procesar a viajeros. ¿Realmente podemos confiar en que todos los oficiales gubernamentales o agentes de aduana del mundo tomarán las precauciones de seguridad necesarias para asegurar que sus equipos no sean utilizados en contra de los ciudadanos norteamericanos?

«Esto es como colocar un blanco invisible en los estadounidenses que sólo puede ser visto por terroristas», dijo Barry Steinhardt, director del Programa de Tecnología y Libertad de la ACLU (Unión por las Libertades Civiles de los Estados Unidos) . «Si existe una nación en el mundo que estaría mejor sin un dispositivo semejante es los Estados Unidos».[29]

Bruce Schneier, reconocido experto en seguridad y autor de varios libros sobre seguridad digital y criptografía, está de acuerdo en decir que esta iniciativa haría de los estadounidenses blancos fáciles, y expresa confusión sobre las razones por las que el gobierno de los Estados Unidos expondría a sus ciudadanos a peligro de esta manera. «La única razón que se me ocurre [para poner chips de RFID legibles a distancia en los pasaportes] es que el gobierno desea tener acceso clandestino. Se me han agotado todas las explicaciones. Me encantaría escuchar alguna».

11

CAMBIO A MODO DE VIGILANCIA

[D]espués de haber rastreado un vehículo por un período breve, sería posible predecir «cuándo una persona se encuentra en casa o no; dónde trabaja, pasa tiempo de ocio, asiste a la iglesia y compra; las escuelas a las que asisten sus hijos; dónde viven sus amigos y compañeros; si ha visitado a un médico y si asiste a mítines políticos.

—*The Privacy Bulletin*, 1990[1]

A nosotros también nos gustaría. ¿Y a usted?

HOUSTON, TENEMOS UN PROBLEMA

Si conduce por una carretera principal con casetas de peaje en Houston y tiene la sensación de que alguien le está siguiendo, no pase por alto ese sexto sentido que le está haciendo mirar por su espejo retrovisor. Aunque nada le parecerá evidente al observar la carretera, existe una buena posibilidad de que esté siendo investigado electromagnéticamente, detectado por circuitos, filmado y catalogado sin su conocimiento ni consentimiento.

La información acerca de usted y otros conductores se transmite de modo invisible a *Houston TranStar*, el sistema nervioso central de vigilancia de carreteras de la cuarta ciudad más grande de los Estados Unidos Si pudiera pasear por el centro nervioso de *TranStar*, pensaría que fue diseñado por el mismo arquitecto que creó el Centro Espacial Johnson de la NASA, ubicado a unas cuantas millas de distancia, puesto que se parece al famoso centro de mando que controló las misiones del programa Apolo.

Tiene las mismas hileras tipo teatro de puestos de trabajo y equipos de comunicaciones orientadas hacia una pared repleta de pantallas que muestran los puntos de interés de la acción. Pero en lugar de astronautas flotando dentro de una cápsula espacial y la expansión aterciopelada del cosmos, los trabajadores de *TranStar* ven imágenes de vehículos en tránsito, recortadas, picadas y servidas en detalle para ser examinadas por servidores civiles del estado y del condado, Policías y otros con algún interés en el cumplimiento del reglamento de tránsito.

Las tomas de gran ángulo se transmiten a un sitio en Internet en donde los curiosos pueden desplegar imágenes de las más de trescientas cámaras para ver por sí mismos lo que ocurre en los tramos congestionados de las carreteras de la zona metropolitana, pero el personal de *TranStar* puede ver vistas en tiempo real y de cerca de casi cada centímetro del pavimento. Las cámaras, colocadas en intervalos de una milla, pueden tomar acercamientos de un objetivo a media milla de distancia y giran casi 360 grados en sentido horizontal y 120 grados en sentido vertical. Estos ojos celestiales habilitados para Internet están posados como búhos robot en postes sobre intersecciones, permitiendo cubrir las calles en todos los sentidos.

Pero esto sólo es el principio. *TranStar* promete a los ciudadanos que más cámaras vienen en camino.[2] El gobierno está trabajando tiempo extra para asegurar su travesía segura... o por lo menos observarle de cerca, esté usted seguro o no. Prepárese, porque hay más.

Houston ha preparado más de doscientas millas de las autopistas de la zona y cien millas de carriles de transporte diario con algo que llaman «puestos de Identificación Automática de Vehículos» (AVI, por sus siglas en inglés). Colocados en intervalos de una a cinco millas en la carretera, estos puestos sondean a vehículos equipados con transpondedores de peaje con RFID para determinar a qué velocidad se mueve.[3]

Así es. Los transpondedores de peaje que millones de conductores han fijado a sus parabrisas ahora están siendo utilizados clandestinamente para más que sólo pagar el peaje. Si bien las cámaras colocadas a lo largo de la carretera probablemente verán su carro como un punto en una pantalla (a menos que el operador decida enfocarse en usted), si usted tiene una etiqueta de peaje, sin saberlo está enviando un número de identificación único a los lectores de RFID, y el gobierno le está observando. Es un ejemplo asombroso de cómo la tecnología puede introducirse con un propósito y evolucionar de modo inesperado con el paso del tiempo.

En la última cuenta, Houston había instalado 232 puestos lectores similares

(Foto: Liz McIntyre)

Antenas

Lector

Foto de uno de los muchos puestos de AVI de Houston. Las antenas captan la información del transpondedor de peaje y se envía a un sistema central de computadoras para procesarla.

para sondear el millón de etiquetas contenidas en vehículos de la zona de Houston.[4] ¡Ah, celebremos la mirada del estado!

Cobro electrónico de peaje

Houston no es el único lugar del país que está buscando omnisciencia en las carreteras. Otras ciudades principales de los Estados Unidos y del mundo están

(Foto: Cortesía de Richard M. Smith)

El transpondedor de peaje Fast Lane puede usarse en Massachusetts y en carreteras de peaje con EZ-Pass en Nueva York, Nueva Jersey, Maryland, Pennsylvania, Delaware y Virginia Occidental.[5]

usando transpondedores de peaje con RFID que pueden identificar personalmente a conductores, o al menos a sus vehículos. Es el precio que pagamos por el progreso y mayor eficiencia, podría decirse con un suspiro melancólico.

Afortunadamente, la mayoría de las carreteras con peaje todavía tiene la alternativa de pagar en efectivo que los individuos preocupados por la privacidad pueden usar para mantenerse en el anonimato. Sin embargo, esos días pueden estar contados. Para atraer a los ciudadanos a que entreguen su información personal a los dioses de las carreteras, las autoridades de transporte han hecho énfasis sobre el factor comodidad de los transpondedores de peaje y hasta han ofrecido descuentos en las tarifas de peaje. «Pase por las casetas de cobro sin la molestia de tener que sacar el monto exacto. ¡Evite las filas y ahorre dinero también!», dicen con entusiasmo.

Pero si la venta sutil no funciona, algunos han adoptado tácticas intimidantes, coerción y retorcer brazos, como el estado de Illinois. El 1° de enero de 2005, los que se negaban a utilizar el I-Pass de Illinois para conducir en las vías de peaje de la zona de Chicago vieron sus tarifas duplicarse del cargo usual de cuarenta centavos a una «tarifa de efectivo» con multa de ochenta centavos.[6] Este

▶▶ ¡PAGUE MÁS RÁPIDO, COMA MÁS! ◀◀

Aquí tenemos una mala idea para las personas que cuidan tanto su presupuesto como su cintura. *TransCore*, la empresa que fabrica los transpondedores de peaje para la *North Dallas Tollway*, está promoviendo estos dispositivos como un medio para pagar por los servicios de auto-rápido en los restaurantes de comida rápida.

Ya hay cinco McDonald's en la zona de Dallas que han hecho arreglos para aceptar las etiquetas de peaje como medio para acelerar el proceso de pago. ¿Por qué? Están apostando a que el sistema basado en RFID aumente las ventas puesto que hay estudios que han demostrado que los clientes que pagan con etiquetas de peaje gastan un promedio de treinta y ocho por ciento más en comida que los que usan otros métodos para pagar.[7]

Lo último que necesitamos es un método intruso y de alta tecnología para estimular el consumo de Big Macs.

recargo abultado suma doscientos dólares en cargos adicionales por año para el viajero típico por vías de peaje. Aún así, algunos lo consideran como un precio bajo a pagar por mantener sus registros de viaje fuera de las manos del estado.

LOS REGISTROS DE PEAJE DICEN MUCHO

Las autoridades están haciendo todo lo que pueden para lograr que plantemos etiquetas activas de RFID en nuestros propios automóviles, pero no están dispuestas a decirnos los riesgos que presentan para la privacidad. Esos miniespías a bordo pueden pintar un cuadro bien detallado de nuestras travesías, identificar nuestros vehículos a distancia y hasta llevar un registro de las idas y venidas de un individuo. Los registros de etiquetas de peaje ya se están usando de maneras inesperadas, como lo ilustra una batalla por la custodia de unos menores en Illinois. Para demostrar que la esposa de su cliente no pasaba tiempo suficiente con sus hijos, un abogado de divorcio emplazó los registros de peaje del I-Pass de la mujer para mostrar que ella acostumbraba a trabajar hasta tarde. (¡No es posible estar en casa y en la carretera al mismo tiempo!)[8]

INSTALACIÓN OBLIGATORIA DE CHIPS ESPÍAS EN AUTOMÓVILES
EN LOS ESTADOS UNIDOS

Le hemos dado un sutil preámbulo. Ahora estamos a punto de darle un susto descomunal. Si la Administración Federal de Carreteras se sale con la suya, en el futuro todos los automóviles fabricados para consumidores en los Estados Unidos tendrán *chips espías* antes de que salgan de la línea de ensamblaje. Estos *chips espías* incorporados vendrán acompañados de un transceptor de posicionamiento global capaz de ubicar el automóvil por satélite y un dispositivo inalámbrico 802.11 capaz de cargar información de posición y datos del vehículo en tiempo real cada vez que el mismo pase por un «punto caliente» en la carretera.[9]

Suena increíble, pero ese es el plan para la Integración de Infraestructuras Vehiculares (VII, por sus siglas en inglés), una iniciativa anunciada como una panacea de seguridad avanzada programada para establecerse en los próximos cinco años. Con este sistema funcionando, los automóviles podrán comunicarse tanto unos con otros como con un sistema central para evitar las colisiones y prevenir el comportamiento errático en las carreteras.

Tal vez ha escuchado la historia del campesino que se compró un llamativo automóvil con lo último en accesorios. Como era demasiado para conducir, encendió el control de crucero y se fue al asiento trasero para echarse una siesta. En el mundo de la VII, no sólo sobreviviría con su automóvil intacto, sino que probablemente recibiría un alud de anuncios comerciales de hoteles dentro de sus posibilidades económicas ofreciéndole un lugar más cómodo para dormir y un desayuno continental gratuito.

Esto se debe a que hay un gato encerrado de mercadeo que poco se menciona en la VII. (¡Ya sabía que tenía que haberlo!) Cuando los vehículos pasan por los «puntos calientes», silenciosamente transmiten datos de identificación personal a los servicios de control del tránsito y a agentes de mercadeo. A cambio de ello, los agentes de mercadeo responderían con servicios personalizados tales como «entretenimiento transmitido en tiempo real» y «comercio interactivo».[10]

El acceso a este nuevo canal de mercadeo ineludible en el vehículo supuestamente será vendido a clientes que deseen pagar por él, al igual que a las empresas que están colocando los dispositivos espía en los automóviles. Esto podría explicar por qué DaimlerChrysler, BMW, Ford, General Motors, Nissan, Toyota y Volkswagen[11] están apoyando este plan anticipando los nuevos datos que pueden obtener de los consumidores mientras conducen, consumidores con los que desesperadamente desean mantenerse en contacto para poder venderles servicios continuos.[12, 13]

Christopher Wilso, un vicepresidente de la DaimlerChrysler, explica: «[U]na vez que tengamos esta red de corto alcance allá fuera, no tiene sentido limitar su uso solamente para [fines de seguridad]». Añade: «Nos gustaría tener un medio de comunicarnos con nuestros vehículos cuando están en la carretera. Un enlace de datos con el vehículo nos permitiría hacer eso».[14]

El potencial de ingresos de la VII también ha capturado la imaginación de los burócratas. Este sistema omnisciente permitirá a las entidades gubernamentales identificar precisamente quién está conduciendo dentro de sus límites

---

▶▶ **EL VENDEDOR DE AUTOMÓVILES QUE NUNCA DESAPARECE** ◀◀

Podemos contar con nuestros amigos de ideas avanzadas de *Accenture* para inmiscuirse en todas las oportunidades tecnológicas, y los sistemas espía a bordo de automóviles no son la excepción. Ya han visto el enorme potencial de mercadeo de la «telemática»: la extracción inalámbrica de información de los vehículos cuando pasan por «puntos calientes».

Accenture desea ayudar a los fabricantes de automóviles a extraer esta información y usarla como una forma para «nunca decirle adiós a los clientes». Con la ayuda de *Accenture*, los fabricantes de automóviles un día podrían «permanecer en contacto con sus productos y clientes mucho después de la venta inicial», puesto que «la telemática abre la posibilidad de comprender realmente las necesidades, deseos y hábitos de los clientes. El acceso a este tipo de información proporciona un canal de mercadeo directo y personalizado».[15] Hasta donde sabemos, no se tiene planificado instalarle un interruptor de apagado a esta molesta idea.

Winston movió un interruptor y la voz se redujo un poco, aunque las palabras todavía podían distinguirse. El instrumento (la telepantalla, como le llamaban) podía atenuarse, pero no había forma de apagarla por completo.

Ah, disculpen... cita equivocada. Esa es de *1984*, no de *Accenture*. (¡Ooops!)

para que puedan aplicar un cargo por servicios, y también vigilar a sus ciudadanos. Esto permitiría a ciudades como Boston cobrar su recargo contemplado de hasta cinco dólares por día por el privilegio de cruzar desde los suburbios[16] y permitiría al estado de California cobrar impuestos a sus conductores por milla recorrida, como ya se ha propuesto.[17]

Quisiéramos poder decirle que el plan de la VII sólo es una pesadilla o una fantasía estrafalaria de un agente de mercadeo, pero a menos que hagamos algo ahora, viene directo hacia nosotros. Está programada para establecerse entre 2008 y 2010 por medio de una transición gradual a medida que los consumidores vayan cambiando sus automóviles viejos por modelos nuevos con *chips espías*. Hoy día están sentando las bases. El Departamento de Transporte de los Estados Unidos está «invirtiendo fuertemente» en usos de VII,[18] y la Comisión Federal de Comunicaciones ya ha reservado una banda de frecuencias de radio para sistemas como la VII,[19] de modo que los *chips espías* a bordo puedan transmitir datos de automóviles que viajen hasta 120 millas por hora, a una media milla de distancia.[20]

Mientras que todavía tenemos tiempo de luchar contra la intrusión de la VII, hay otros usos de RFID en automóviles que pudieran aparecer de la noche

---

▶▶ UNA BENDICIÓN PARA LOS ENTROMETIDOS ◀◀

El pastor Jim Norwood, alcalde de Kennedale, Texas, tiene un pasatiempo poco común. Pasa su tiempo libre visitando, con cámara en mano, los estacionamientos de tiendas de pornografía, tomándole fotos a los automóviles de los clientes. Convierte cada fotografía en una tarjeta postal y luego la envía por correo al propietario del vehículo... junto con una invitación a asistir a su iglesia.

Si adoptamos la RFID, las capacidades de fisgoneo del alcalde Norwood podrían ampliarse más allá de sus sueños más increíbles. Podría librarse de la humillación de tener que estar al acecho en los estacionamientos con sólo instalar un lector de RFID en la entrada de cada negocio que no le cayera bien. Entonces podría capturar automáticamente la información de los transpondedores de peaje de los clientes, de las matrículas con *chips espías* o de las etiquetas de inspección de los vehículos.

¿No frecuenta tiendas de pornografía? ¿Qué hay del supermercado?

La cadena gigante de supermercados *Safeway* una vez fue sorprendida en la actividad de copiar los números de matrícula de mil automóviles estacionados en estacionamientos de sus competidores, para luego comprar las direcciones de las residencias de los dueños del Departamento de Vehículos Motorizados de California.[21] Pero algún día las *Safeway* del mundo no necesitarán bloques de papel ni cámaras para captar nuestra información personal. Podrían fácilmente obtener los datos con sólo colocar lectores de RFID en puntos estratégicos.

a la mañana. La horca ya está apretándose con propuestas de matrículas obligatorias habilitadas para RFID, documentos de registro habilitadas para RFID y hasta calcomanías de inspección habilitadas para RFID que también podrían usarse para supervisar nuestros viajes.

El estado de Texas nuevamente está a la vanguardia con una propuesta de ley que enmienda el código de cumplimiento de vehículos motorizados del estado. Para ello se requerirían calcomanías de inspección especiales que «deberán contener un transpondedor resistente a manipulaciones indebidas» (es decir, un *spychip*) fijado a los vehículos motorizados. El transpondedor contendría la marca, modelo y número de identificación del vehículo al que está fijado.[22] Al momento de redactarse este libro, el resultado de esta ley se desconoce. Las etiquetas *TransCore* «eGO» que los legisladores probablemente tienen en mente pueden captarse a más de treinta pies de distancia con un lector de mano o instalado en un poste.[23] Como alternativa, los lectores podrían colocarse temporalmente a lo largo de la carretera para supervisar puntos de interés.[24]

RFID EN LICENCIAS DE CONDUCIR

La identificación nacional es un tema controvertido. Con sólo mencionarlo se conjuran ideas de autoridades usando botas y demandando: «Sus papeles, por favor». Un estudio realizado por la empresa Gartner en 2002 descubrió que había una «fuerte oposición» al establecimiento de una tarjeta de identificación nacional debido al «potencial de abuso».[25] Pero cuando se trata de licencias de conducir, el público lo acepta mejor. Así que los legisladores que están buscando un medio de identidad nacional se han metido por la puerta trasera: nuestras licencias de conducir.

La *Real ID Act* [Ley de Identificación Real] que se firmó en la primavera de 2005 exige que las licencias de conducir de los estados contengan una fotografía digital, que incluyan características contra falsificaciones, y que sean legibles por máquinas. También pone al Departamento de Seguridad Nacional a cargo del establecimiento de estándares para las licencias de conducir.[26] Dada la cálida relación entre el Departamento de Seguridad Nacional y la industria de los *chips espías*, vaticinamos que pronto surgirá un llamado por instalar RFID en las licencias de conducir.

NINGÚN MOVIMIENTO PASA DESAPERCIBIDO

Las iniciativas de RFID para el transporte patrocinadas por el gobierno se anuncian como métodos para mejorar nuestra eficiencia y mantenernos más seguros. Pero no importa cómo presenten los beneficios, el cambio a equipos de vigilancia, un estado en el que todo movimiento estará sujeto a la aprobación y supervisión del Gran Hermano, podría tener consecuencias inesperadas, como veremos en los capítulos siguientes.

12

LOS CHIPS
QUE NO MUEREN

Es deseable continuar utilizando la etiqueta de RFID como un transpondedor de datos, sin destruir la etiqueta ni borrar su memoria de datos, después de que el artículo que la contiene haya sido comprado en un punto de venta.

—Solicitud de patente 200500733417[1]

—¿**C**uántos segundos le ponemos a esto? —preguntó Katherine mientras Liz miraba. Había colocado la primera etiqueta de RFID en el viejo horno de microondas que habían traído del sótano.

—No tengo idea —replicó Liz con honestidad—. Probaría algo conservador, por si acaso.

Para el verano de 2003 éramos dos neófitas en esto de desactivar etiquetas. Pero por interés en la privacidad, le debíamos a los miembros de CASPIAN y al mundo en general averiguar si era posible matar los *chips espías* «cocinándolos» en un horno de microondas. Amigos y partidarios habían recomendado ésta como una posible solución a la cerniente amenaza de la RFID.

—Probemos quince segundos —dijo Katherine, confiada en que en un tiempo así de breve satisfaría la recomendación «conservadora» de Liz.

Bip, bip, bip, mmmmm. Las microondas llovieron sobre la etiqueta mientras mirábamos por la ventanilla iluminada, sin saber qué estábamos anticipando.

—¡Oh, no! —exclamamos simultáneamente cuando nuestro experimento hizo humo, dio chispas y ardió en llamas. Katherine apresuradamente pulsó el botón de parar para detener la prueba.

—¿Cuánto tiempo fue eso?

—Seis segundos —dijo Liz, riendo, aliviada de que no habíamos quemado la casa.

—¡Vaya!

Katherine retiró la achicharrada etiqueta y escribió el tiempo de cocido en su dorso. Luego volvió a cargar el horno, pasando por alto el olor a peligro.

—¿Cuánto tiempo ahora?

—Tres segundos *máximo* —advirtió Liz—. Probemos con tres.

Bip, bip, mmmmm. Cuando terminó el tiempo y sonó la señal, la etiqueta estaba a punto de humear, como lo indicaba la larga marca marrón de quemadura que apareció sobre el chip de silicio. Katherine escribió el tiempo en la parte trasera de la etiqueta.

Probamos unas cuantas etiquetas más fulminándolas por dos a tres segundos.

Aunque tuvimos éxito en la eliminación de etiquetas pasivas con un horno de microondas, no recomendamos que intente esto. No sólo es peligroso, seguramente dañaría los artículos en los que se encuentren incrustadas las etiquetas, y potencialmente podría dañar el horno mismo. Hemos estado buscando un eliminador de etiquetas útil desde ese entonces, uno que no sea trabajoso, costoso, peligroso ni destructor. Lamentamos decirles que no hemos hallado uno para uso general de los consumidores.

Aunque las medidas drásticas tales como aplastar el chip de silicio con un martillo y cortar la conexión entre el chip y su antena eliminan los *chips espías*, el truco radica en saber dónde se encuentran las etiquetas y cómo acceder a ellas; lo que no es tarea fácil puesto que los *chips espías* se ocultan con facilidad y retirarlas podría dañar los artículos. Es más, estas medidas de baja tecnología consumen tiempo y podrían causar otros problemas. Ya podemos imaginarnos a una vecina que pase a tomarse un té y preguntándole a nuestros muchachos dónde estamos.

—Ah, están en el garaje con sus martillos golpeando las ropas nuevas que compraron hoy para destruir los *chips espías*.

Hemos recibido muchas sugerencias para eliminar las etiquetas a través de los años, incluyendo pasar la etiqueta por un ciclo de lavado, pasarle un imán encima o someterlo a un borrador de cintas VHS. Desgraciadamente, éstas *no son* soluciones confiables. Los imanes y borradores de cintas de VHS no tienen efecto alguno y hay etiquetas de lavandería comerciales capaces de soportar lavado y secado a temperaturas altas.

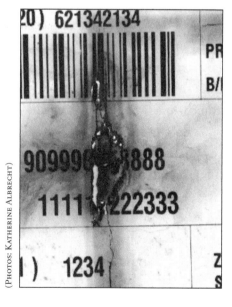

(PHOTOS: KATHERINE ALBRECHT)

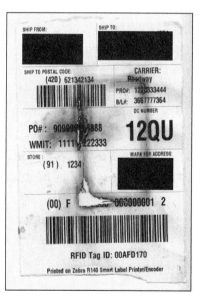

Desactivar las etiquetas de RFID en un horno de microondas funciona, pero es sumamente peligroso. No intente esto en su casa.

Varios inventores nos han contactado con planes de desarrollar «fulminadores de etiquetas», pero hasta ahora son sólo prototipos. Le avisaremos en la página Web de *Chips espías* si hallamos una solución práctica para eliminar etiquetas, pero al momento de redactar estas líneas, el mejor plan es un boicot contra las tiendas que ponen *chips espías* en sus productos para evitar el problema en primer lugar.

DESCRIBIENDO LOS PROBLEMAS

Para ayudar a advertir al mundo de la amenaza de la RFID que se vislumbraba a través de los productos con *chips espías* en 2003, ayudamos a redactar un documento denominado «Declaración colectiva sobre el uso de RFID en mercancía de consumo». Este documento presentaba el caso contra el uso de RFID en productos individuales y recibió el respaldo de más de cuarenta de las principales organizaciones en pro de la privacidad y las libertades civiles, incluyendo la ACLU, EPIC, la Electronic Frontier Foundation, la Privacy Rights Clearinghouse y Privacy International.[2] Allí identificamos un número de soluciones que la industria ha propuesto para los problemas que atentan contra la privacidad, tales como desactivar las etiquetas de RFID en el punto de venta, hacer que los consumidores lleven dispositivos electrónicos que impidan escaneos de *chips espías* y cargar las compras con *chips espías* en quioscos desactivadores de etiquetas. Puede leer el texto completo de esta declaración de posición en nuestra página Web: www.spychips.com/jointrfid_position_paper.html.

Como ilustramos en nuestra declaración, ninguna de las soluciones propuestas por la industria ofrece una solución a largo plazo a los problemas que crea la RFID. De hecho, muchas de estas supuestas soluciones son meramente cortinas de humo diseñadas para apaciguar a los consumidores, mientras que la industria sigue avanzando con sus planes. Como ya hemos visto, su primera línea de defensa es asegurarle que usted puede «deshacerse de ella cuando llegue a casa». No obstante, si las personas se niegan a llevarse *chips espías* activos a la casa, los vendedores podrían ofrecer desactivar las etiquetas en la caja registradora cuando se compran los productos, de modo muy similar al que ahora se desactivan las etiquetas antirrobo. Pero eso tampoco sirve. La única solución buena es mantener a los productos libres de *chips espías* desde el principio. Éstas son algunas de las razones de ello:

La desactivación de las etiquetas después de la compra no resuelve el rastreo de los consumidores en la tienda. Hasta la fecha, casi toda la invasión a la privacidad hecha con RFID en los productos ha ocurrido dentro de las tiendas, mucho antes de que los consumidores llegaran a la caja registradora, en donde se podrían desactivar las etiquetas. Como ya hemos mostrado, la industria tiene planes grandes de usar paquetes y productos con *chips espías* junto con lectores estratégicamente colocados para crear el «zoológico de ventas», en donde cada uno de sus movimientos se observa y se graba minuciosamente.

Las etiquetas pueden parecer estar desactivadas cuando en realidad están «dormidas» y es posible reactivarlas. Algunas etiquetas tienen un estado de «adormecimiento» o de «sueño» que puede fijarse, pareciéndole al consumidor promedio que la etiqueta ha sido desactivada. Sería posible para las empresas decir que se ha desactivado una etiqueta cuando en realidad sencillamente la habían adormecido. Posteriormente esta etiqueta «dormida» podría reactivarse y leerse.

La opción de desactivación de etiquetas podría ser interrumpida fácilmente por medio de una orden del gobierno. Haría falta muy poco para que una amenaza a la seguridad o un cambio en la política del gobierno retiraran la opción de desactivar las etiquetas. Si nos volvemos complacientes y permitimos que las etiquetas de RFID sean omnipresentes en los productos, estaríamos preparando la escena para una sociedad de vigilancia instantánea en el futuro. Sólo haría falta una orden del gobierno para quitar las protecciones (digamos, al prohibir la desactivación de las etiquetas) y estaríamos atrapados en un mundo ineludible de vigilancia que nosotros mismos habríamos fabricado. ¿Por qué echarnos la soga al cuello en primer lugar?

Las tiendas podrían incentivar o desincentivar a los consumidores para estimularles a que dejen las etiquetas activas. Los consumidores que escojan desactivar las etiquetas podrían no disfrutar de los mismos beneficios que otros consumidores reciben. Por ejemplo, podrían no calificar para precios de baratillo, o tal vez no se les honren las mismas políticas de devolución.

La creación de dos categorías de consumidores. Si la desactivación de etiquetas requiere un esfuerzo por parte de los consumidores, muchos estarán demasiado ocupados o tendrán demasiada confianza para tomarse ese trabajo. Esto crearía dos categorías de consumidores: los que se «preocupan lo suficiente» como para desactivar las etiquetas de RFID en sus productos y los que no. Ser miembro de cualquiera de estas dos categorías pondría a los compradores en desventaja.

ETIQUETAS BLOQUEADORAS

¿Y qué con eso de usar soluciones técnicas para protegerse contra los escaneos de *chips espías* mientras nos encontramos en tiendas y lugares públicos? Los investigadores de RSA Security han tenido la idea de crear algo llamado «etiqueta bloqueadora»: un dispositivo electrónico que en teoría perturbaría la capacidad que tendría un tercero de escanear las etiquetas de RFID por medio de sobrecargar su lector con datos no relevantes. La idea es colocar la etiqueta bloqueadora en una bolsa de compras, cartera o reloj que se usa cerca de las etiquetas con información que los consumidores desean bloquear.[3] Es una gran idea, pero tiene ciertos problemas:

Las etiquetas bloqueadoras todavía son teóricas. Al momento de redactar estas líneas, la etiqueta bloqueadora todavía no existe. Hasta que se fabrique y se pruebe, no existe manera de saber si sería eficaz o si puede desactivarse, ya sea a propósito o porque ha dejado de funcionar naturalmente.

Estimula la instalación difundida de etiquetas de RFID. Si las personas dependen de ellas como una «cura» en lugar de insistir en la «prevención», los dispositivos tales como las etiquetas bloqueadoras en realidad podrían *estimular* la propagación de *chips espías*.

La etiqueta bloqueadora podría ser prohibida por orden del gobierno o por política de la tienda. Los consumidores podrían perder el derecho de usar dispositivos anti-RFID si el gobierno decide algún día que le es útil saber lo que la gente está usando o llevando consigo. Las tiendas podrían prohibir las etiquetas bloqueadoras como «medida de seguridad». Una vez que las etiquetas de

RFID y sus lectores se encuentren presentes en el entorno, un cambio en la política podría dejarnos a todos expuestos y vulnerables a la invasión de nuestra privacidad.

Añade una carga a los consumidores. El obligar a los consumidores a tratar con las etiquetas de RFID quita la responsabilidad de proteger la privacidad de los fabricantes y vendedores, en donde pertenece, y la pone sobre nuestros hombros. ¿Realmente deseamos tener que recordar llevar un dispositivo bloqueador cada vez que salimos si no deseamos que desconocidos examinen a distancia lo que tenemos en nuestros bolsillos?

Puede confiar en nosotros... ¡de veras!

Todo esto nos trae de vuelta a la solución favorita de la industria de la RFID. Suenen los tambores, por favor... *¡hacer nada!*. Ellos desean tener las etiquetas activas para poder rastrear sus productos mientras usted los tenga y aun después de que los haya botado. Pero si todavía necesita más razones para no poner una herramienta tan poderosa y peligrosa en manos de ellos, sólo es necesario ver su historial... y sus patentes.

¿Es este el tipo de personas en la que usted confiaría con la RFID?

13

ADAPTARSE O MORIR

«Vender» la tecnología, la visión o los beneficios agrava los problemas de los consumidores ... La mejor estrategia de comunicación parece ser presentar la tecnología sencillamente como un código de barras mejorado.
—Helen Duce, directora asociada para Europa,
Auto-ID Center[1]

[E]n el caso de la red de EPC ahora mismo no existen beneficios claros [para los consumidores] que equilibren aun el aspecto negativo más tenue ... La falta de beneficios claros para los consumidores podría presentar un problema en el «mundo real».
—Comunicado a ejecutivos del Auto-ID Center, 2003[2]

EL PREMIO GORDO

Como una ocurrencia divertida, Liz escribió la palabra «confidencial» en el buscador de la página Web, pensando que recibiría el mensaje «no se encontró ningún documento». En lugar de ello, se quedó sin aliento cuando la página Web del Auto-ID Center —el corazón electrónico del consorcio que está desarrollando la RFID— le presentó más de sesenta documentos confidenciales... y vaya si eran candentes.

Obviamente no se suponía que viéramos esto. Las presentaciones y reportes de la persona afiliada detallaba los planes para apaciguar a los consumidores[3] y cooptar a oficiales públicos.[4] Hasta había una lista privada de números telefónicos directos de algunos de los ejecutivos más poderosos del mundo; líneas directas a las personas que habían invertido millones de dólares en el desarrollo de *chips espías*.

Era increíble. Las mismas personas que nos habían prometido que los datos de RFID estarían a salvo porque «la seguridad de Internet es muy buena»[5] nos habían dado una demostración convincente de precisamente lo contrario, y en el proceso, nos habían permitido echar un vistazo muy de cerca a sus trapos sucios.

La industria de la RFID tenía un problema

Al leer los documentos, pronto quedó claro que el Auto-ID Center tenía problemas que iban mucho más allá de la falla de seguridad en su página Web. Según los estudios que inadvertidamente pusieron a nuestra disposición, un enorme 78% de los consumidores encuestados reaccionó negativamente a la RFID por motivos de privacidad y «más de la mitad dijo estar extremadamente o muy preocupada» por la tecnología.[6] Lograr que la gente acepte la RFID no iba a ser tarea fácil.

¿Tomaron esto como un aviso de detenerse? Por supuesto que no. En lugar de reconsiderar sus planes para usar *chips espías*, hicieron lo que hacen las corporaciones poderosas: invirtieron dinero en el problema.

El Auto-ID Center contrató a la costosa firma de relaciones públicas Fleishman-Hillard y se propuso «desarrollar los mejores mensajes para apaciguar» a los consumidores. Sí, apaciguarlos.[7] Confeccionaron un plan para «identificar obstáculos/temores potenciales de los consumidores, construir un marco de trabajo con mensaje proactivo para reducir al mínimo los puntos negativos que surgieran [y] evaluar la reacción de los consumidores si [la] prensa desarrolla historias atemorizantes».[8] Condujeron investigaciones con grupos de enfoque en Norteamérica, Europa y Asia para obtener perspectivas que les ayudaran a manipular la opinión pública y evitar una revuelta de los consumidores.

¿Y qué dijo la gente que encuestaron? No nos sorprende saber que los estudios reportaron que su «preocupación más grande» era el abuso. Los consumidores temían ser rastreados por medio de sus ropas, espiados por las corporaciones y el gobierno que supervisarían sus compras y ser víctima de ladrones que los registraran secretamente. Sus temores parecían ser el índice de este libro:

- «Me sentiría desnuda si otros supieran lo que estoy vistiendo».
- «Podrían rastrearme por medio de la ropa que estoy vistiendo».
- «Las empresas o el gobierno podría supervisar todo lo que compro y espiarme».
- «Alguien podría ver todo lo que compro con sólo espiar mi basura».
- «Los ladrones sabrían lo que hay en mi bolsa de compras o si estoy usando un Rolex».
- «La tecnología mejorará hasta permitir que personas puedan leer a través de las paredes».[9]

Vaya. Aun en esa etapa temprana de 2002, los consumidores tenían una desconfianza intuitiva de la RFID y de la dirección que tomaría. Sin que los participantes lo supieran, al mismo tiempo que se estaban celebrando esas entrevistas, las escenas de abuso que temían se estaban desarrollando en laboratorios corporativos del mundo. Lo sabemos porque las empresas estaban ansiosamente solicitando patentes para apoderarse del mercado de esas ideas intrusas.

La estrategia

Los asesores del Auto-ID Center sabían que sería difícil pasar por encima de las tres cuartas partes de la población que se opondrían a su tecnología, así que avanzaron de puntillas y trataron de no despertar al gigante que dormía. Si se llegaban a descubrir sus planes, esperaban que los consumidores se sintieran sin esperanza y demasiado «apáticos» para reaccionar (sus palabras precisas fueron «en resumen se sienten negativos, sino apáticos»).[10] Por encima de todo, cruzaron los dedos esperando que ningún defensor de la privacidad o de los consumidores apareciera para causarles problemas.

«La mejor estrategia de comunicación parece ser presentar la tecnología sencillamente como un código de barras mejorado», aconsejaron, advirtiendo que «...la discusión de los beneficios o el uso de argumentos racionales es mayormente ineficaz y se percibe como "manipulación". Una vez que los consumidores se muestran preocupados, permanecen preocupados sin importar lo que les digamos».[11]

En otras palabras, mantengámoslo fuera de vista, colémoslo sin que se enteren y esperemos que nadie se dé cuenta hasta que sea demasiado tarde para detenerlo.

MANIPULACIÓN DE LOS HECHOS: DECLARACIONES DE LA INDUSTRIA

Al menos ésa fue la estrategia hasta que descubrimos sus planes y empezamos a luchar contra ellos. Repentinamente, la industria de la RFID ya no podía contar con el silencio y avanzar de puntillas para establecer la infraestructura de los *chips espías*. Estaba claro que el público nunca daría a las corporaciones y al gobierno el poder de rastrear todos los objetos de la Tierra sin una batalla feroz. A menos que la industria hallara un modo de manipular la RFID para hacerla parecer más aceptable, sus planes estaban destinados al fracaso. Así que se dedicaron a la manipulación.

A continuación presentamos algunos de los «mejores argumentos» que pudieron presentar. Observe si puede detectar la desesperación en sus numerosas (y a veces humorísticas) manipulaciones diseñadas a impulsar la adopción de la RFID:

Manipulación: No es más que un código de barras mejorado

Cuando escuche la frase «código de barras mejorado», sepa que le han tratado de manipular. Según lo revelan los documentos internos del Auto-ID Center, esa declaración fue lo que identificaron como «la mejor estrategia de comunicaciones».[12]

Pero como señalamos en el capítulo tres, la RFID es muy diferente a un código de barras. Contiene un número de serie único que puede ser leído a través de su ropa o de una mochila, y podría causar problemas de salud debido a la radiación electromagnética que los dispositivos lectores emiten.

Aun el ex director del Auto-ID Center, Kevin Ashton, ha comentado sobre la marcada diferencia entre éstas al decir: «Pienso que es razonable comparar la RFID con el código de barras, probablemente en la misma forma en que era razonable comparar al automóvil con el caballo. Son tecnologías diferentes»[13]

Manipulación: No es RFID

En la colección de documentos encontramos que el asesor en relaciones públicas de la industria, Fleishman-Hillard, recomendaba darle un nombre nuevo a las etiquetas de RFID para que fuera más agradable a los consumidores. ¿Su sugerencia? *Green Tag* [Etiqueta verde][14] Suponemos que eso era para conjurar ideas de la primavera, flores y cuidado del medio ambiente. Desde que expusimos este destello de brillantez maquiavélica, ya no es una alternativa, así que la industria está buscando otras posibilidades para rebautizar la tecnología. ¿Y quién puede culparles? Los escándalos de Procter & Gamble y de Gillette con la RFID han hecho de «RFID» prácticamente un sinónimo del espionaje y abusos a la privacidad.

De modo que hay un esfuerzo grande de cambio de nombre. La industria calcula que si nos engañan con una treta verbal ingeniosa, no nos daremos cuenta de que lo que han colocado en nuestros zapatos, tarjetas de crédito o pasaportes realmente es RFID.

Tesco las llama «códigos de barra por radio».

Marks & Spencer las llama «etiquetas inteligentes».

Wal-Mart las llama «códigos electrónicos de producto».

El Auto-ID Center sugiere denominarlas «etiquetas verdes».

El Departamento de Seguridad Nacional ahora desea llamarlas «tarjetas inteligentes sin contacto».[15]

No se deje engañar. Si una tarjeta, etiqueta o marbete contiene un número de identificación u otra información que puede ser leída a distancia por medio de ondas de radio, es casi seguro que está utilizando RFID, no importa cómo le llamen.

Manipulación: Sólo estamos haciendo esto para los clientes

La industria ha tenido varios años para pensar en los beneficios para los consumidores y hasta ahora lo mejor que han presentado es «acelera el tiempo de pago», «mejor disponibilidad de productos» y «mejora del retiro de productos de circulación». Si bien estas cosas son definitivamente positivas, ciertamente no son suficientemente críticas para justificar que sacrifiquemos nuestra privacidad y permitir que todas nuestras posesiones sean rastreables.

Hay una razón por la que los beneficios para el cliente parecen escasos. Esta tecnología fue diseñada para corporaciones gigantes, no para consumidores. ¡Caramba! No se nos avisó que la estaban desarrollando, ni mucho menos se nos consultó sobre qué dirección debía tomar. La próxima vez que alguien le diga que los *chips espías* se desarrollaron para beneficio de los consumidores, recuérdeles la cita estelar de Auto-ID Center que usamos para abrir este capítulo: [E]n el caso de la red de EPC ahora mismo no existen beneficios claros [para los consumidores] que equilibren aun el aspecto negativo más tenue ... La falta de beneficios claros para los consumidores podría presentar un problema en el «mundo real».[16]

Manipulación: La etiqueta sólo contiene un número

Consulte el Capítulo Tres en donde explicamos que cada número podría estar relacionado con su propia página Web y enlazado con una cantidad ilimitada de información. Si los números son tan seguros, ¿por qué no usamos camisas con nuestros números de seguro social impresos en ellas?

Manipulación: Tiene un alcance corto de lectura

No es necesario poder leer las etiquetas desde cientos de metros de distancia o desde un satélite para invadir la privacidad de las personas. De hecho, algunas veces un alcance corto de lectura es más poderoso. Por ejemplo, si desea leer la etiqueta de RFID del zapato de alguna persona para determinar con precisión quién está donde, un alcance corto de lectura sería más eficaz que uno que captara todas las etiquetas en la sala.

Manipulación: Costaría una fortuna colocar lectores de RFID en todas partes

Recuerde el caso de la reportera en el Capítulo Cuatro cuyas sesenta millas de viaje podrían rastrearse con tan sólo cuatro dispositivos lectores. No es necesario tener lectores en todas partes, siempre y cuando se coloquen estratégicamente.

Manipulación: ¿Por qué querría alguien capturar todos esos datos?

¿Qué motiva a Wal-Mart a recopilar y almacenar el doble de la cantidad de datos que contiene toda Internet? En parte, porque pueden hacerlo. Con los precios bajos del almacenamiento de datos en la actualidad, las empresas tienen poco incentivo para limitar la cantidad de datos que recopilan. Ellos suponen que tal vez algún día les sería útil para refinar la operación de la tienda, para desarrollar una campaña de mercadeo, o tal vez ayudar a agentes del gobierno a indagar sobre una «persona de interés».

Por supuesto, un ser humano no podría clasificar todos esos datos a mano. En lugar de ello, las compañías utilizan una técnica denominada «extracción de datos» para sacar las gemas de las montañas de información que han recopilado. Imagínelo como si fuera buscar un artículo en un juego de enciclopedias.

Usted desea tener la enciclopedia a la mano para poder hallar la información cuando la necesite, pero esto no significa que va a leer toda la enciclopedia de portada a portada.

Manipulación: Desactivar las etiquetas en el punto de venta resuelve el problema de la piratería y poner etiquetas de RFID en los paquetes protege a los clientes

Ya hemos desenmascarado estos mitos completamente, pero hay unos cuantos más que usted todavía no ha visto... así que siga leyendo.

Manipulación: Sólo es necesario que se eduque al respecto

La «educación» es la palabra que utilizan los manipuladores de las relaciones públicas para hablar de la propaganda diseñada para venderle los supuestos beneficios de la RFID. Los supuestos «materiales educativos» que hemos visto no hacen mención alguna de las desventajas de la tecnología, ni tampoco proporcionan información significativa sobre cómo protegerse.

Manipulación: Sólo la estamos usando en la cadena de suministro

Muchos proponentes de la RFID afirman que sólo planean usar la RFID en su cadena de suministro, implicando así que los consumidores no tienen por qué temer que llegará a afectarles directamente. Pero algunas personas tienen una definición curiosa de su «cadena de suministro». Por ejemplo, Elizabeth Board, jefe del Comité de Dirección de Política Pública de EPC. (Recuerde que EPCglobal es la organización que heredó la «Internet de las Cosas» del Auto-ID Center.) Board recientemente explicó que desde su punto de vista, la cadena de suministro se extiende hasta el centro de reciclaje. Así que mientras los consumidores podrían ver «cadena de suministro» y pensar en tiendas y centros de distribución, aparentemente algunos ejecutivos de la industria creen que ésta también incluye su casa.[17]

Manipulación: Los chips espías mantendrán a los bebés seguros en el hospital

Ese es un pañal lleno de disparates. El robo de bebés de instalaciones médicas en realidad es algo sumamente raro. Según un informe de enero de 2003 preparado por el Centro Nacional por los Niños Perdidos y Explotados

(NCMEC, por sus siglas en inglés), de los aproximadamente 4,2 millones de nacimientos por año en 3500 centros de maternidad en los Estados Unidos, los secuestros por personas que no son familiares se estima entre cero a doce niños por año. De estos, en el 95% de los casos se logra reunir al bebé con su madre.[18] Irónicamente, depender de la RFID para evitar el secuestro de bebés podría terminar haciendo que un evento raro suceda con mayor frecuencia. Una vez que el personal del hospital dependa de los sistemas de computadora para rastrear el inventario de seres humanos a su cuidado, es posible que se tornen menos alerta. Según el NCMEC, la mayoría de los secuestros sucede en los hospitales más grandes y más impersonales.

Manipulación: Una vez que las personas comprenden la tecnología, ya no le temen

No tan rápido. Hemos dedicado bastante tiempo al estudio de la tecnología y cuanto más aprendemos de ella, más nos preocupamos. Aun doctores en ingeniería que son expertos en RFID han expresado preocupación. Ari Juels, Ronald Rivest y Michael Szydlo, tres expertos respetados en ingeniería y seguridad que desarrollaron la «etiqueta bloqueadora» para mitigar los riesgos de seguridad de la RFID, recientemente escribieron: «La presencia inminente de las etiquetas de RFID ... presenta una amenaza potencialmente difundida contra la privacidad de los consumidores ... Los investigadores han reconocido el problema de la privacidad con la RFID por cierto tiempo...»[20]

Manipulación: La RFID le ahorrará tiempo y dinero

Aun si le ahorra un minuto aquí y unos centavos allá, el ahorro no será monumental, pero los efectos secundarios sí. La misma Procter & Gamble reconoce que la promesa de ahorro de tiempo que ofrece la RFID «podría parecer un tanto exagerada e inútil. Al final del día nos ahorra tan sólo unos cuantos minutos».[21] En lugar de ahorros universales en los costos, los clientes probablemente verán precios variables. Esto podría traducirse en aumentos significativos de precios para algunos compradores, particularmente para los pobres y los que disfrutan comprar en ventas especiales.

Manipulación: No tenemos interés alguno en la etiqueta de RFID luego de la venta

Puras patrañas. La prueba está en la gran cantidad de solicitudes de patente por participantes grandes de la industria que proponen el rastreo de las etiquetas de RFID activas después de la venta. Como discutimos antes, una solicitud de patente de la IBM hasta propone usar las etiquetas de RFID incrustadas en objetos cotidianos para rastrear a personas de interés en zonas públicas tales como «centros comerciales, aeropuertos, estaciones de tren, estaciones de autobús, elevadores, trenes, aviones, servicios sanitarios, arenas deportivas, bibliotecas, teatros [y] museos».[22]

CON LA ESPALDA CONTRA LA PARED:

LOS TIEMPOS DESESPERADOS REQUIEREN MEDIDAS DESESPERADAS

Cuando quedó claro que los consumidores no se estaban tragando las líneas preparadas, los proponentes de la RFID se vieron obligados a agudizar sus tácticas. Pronto las manipulaciones de los hechos se vieron complementadas por calumnias a medida que la industria entró en la zona gris de la ética en la búsqueda por cumplir sus metas.

El 17 de diciembre de 2003, Katherine recibió un mensaje por correo electrónico de la Grocery Manufacturers of America (GMA), un grupo que, según su página Web, sirve a los intereses de las industrias de alimentos, bebidas y productos de consumidor por medio de esfuerzos por «influir en las políticas públicas» y «comunicar las posiciones de la industria a los medios de comunicación y al público». La lista de sus miembros parece el «quién es quién» del mundo de los *chips espías*, y su apoyo a la iniciativa de la RFID es bien conocido. Lo que se conoce menos son las tácticas que la organización utiliza para lograr sus metas, incluyendo una campaña de difamación que intentaron.

Según la evidencia que nos dan los correos electrónicos, un empleado de la GMA envió un mensaje a Katherine para solicitar una copia de sus datos biográficos «para nuestras fuentes». Katherine pensó que la solicitud era algo fuera de lo común y respondió solicitando más información. Para su sorpresa, al día siguiente recibió un mensaje que claramente estaba destinado para otra persona:

¡No sé qué decirle a esta mujer! «Bueno, en realidad estamos tratando de ver si tienes un pasado jugoso que podamos usar en tu contra».*

Preocupada, Katherine solicitó una explicación de C. Manly Molpus, el director ejecutivo de GMA y de James Kilts, quien además de ser presidente de la GMA, por casualidad también es director ejecutivo de Gillette. Molpus envió sus disculpas por el mensaje de correo electrónico, explicando que los comentarios fueron hechos por un pasante y que eran una «indiscreción juvenil». Añadió: «La solicitud de una copia de sus datos biográficos era sencillamente parte de un esfuerzo normal por obtener información acerca de los que encabezan organizaciones interesadas en asuntos de la industria». No obstante, el vocero de la GMA, Richard Martin, posteriormente se vio obligado a reconocer que Katherine era la única persona con la que la organización se había comunicado.[23]

El incidente llegó a los encabezados rápidamente y la cobertura de la prensa fue mordaz. «Correo electrónico mal enviado abochorna a partidario de la RFID», proclamó la *Wired News*.[24] «Una equivocación digital descubre un "truco sucio" en la guerra por la RFID», dijo el sitio noticioso interactivo de la CNET, Silicon.com.[25] «Los fabricantes de mercancía de supermercados piden disculpas a una activista anti-RFID por una calumnia», escribió el *Sydney Morning Herald de Australia*.[26]

Los «blogger» tuvieron un día de fiesta, denominando a ésta una «campaña de difamación» y proclamando que «las intenciones de la RFID son tan intrusas y malas como las describen sus críticos». Los activistas en todas partes se estremecieron.

Si ese mensaje de correo electrónico era parte de un esfuerzo concertado por desacreditar nuestros esfuerzos o no, nunca lo sabremos. Pero aun después que la GMA se retractara, otros partidarios de la RFID han continuado lanzando lodo hacia nosotras. Aquí tenemos algunas de las calumnias más extremas que hemos tenido que desviar.

Calumnia: Los oponentes de la RFID como Katherine Albrecht están «confundidos»

Una de nuestras calumnias favoritas proviene de la Dra. Cheryl Shearer, la líder global de desarrollo comercial para mercados emergentes de la IBM. Ella

---

* Copias de los intercambios por correo electrónico con la GMA se encuentran disponibles en la página Web de Chips espías, en la dirección www.spychips.com/press-releases/gma.html.

describió a Katherine diciendo que estaba «confundida» e intentó desacreditarla en una entrevista con ZDNet, una publicación principal de tecnología: «Katherine Albrecht tiene algunas ideas extrañas en mente como si helicópteros fueran a descender y a perseguirle. Digo, ¿qué tan bajo puede volar estas cosas?»[27]

Que conste que nunca hemos propuesto el uso de helicópteros para rastrear etiquetas de RFID. Después de todo, ¿para qué usar un helicóptero cuando la IBM ha desarrollado medios mucho más eficientes y terrestres para rastrear a consumidores? Como se describe en su solicitud de patente, IDENTIFICACIÓN Y RASTREO DE PERSONAS USANDO ARTÍCULOS CON ETIQUETAS DE RFID, la IBM ha desarrollado una «unidad de rastreo de personas» intrusa que se ve bastante eficaz.[28]

Tal vez la Dra. Shearer necesita ayuda con su aparente confusión. Las «cosas raras» parecen estar en las mentes de los colegas de la Dra. Shearer en la IBM, que han desarrollado medios tan sofisticados para abusar de la RFID.

Calumnia: Los opositores de la RFID son un grupo «marginal»

Derren Bibby, tecnólogo en jefe de la firma británica de estrategia de informática *Noblestar* y celoso partidario de la RFID, dijo que CASPIAN era «una especie de grupo marginal en los Estados Unidos» en su discurso de la exposición Enterprise Wireless Technology del otoño de 2004, en Londres, Inglaterra. Añadió: «Ésta es la clase de personas de las que hay que cuidarse».[29]

Es cierto que Bibby y sus secuaces debieran cuidarse de nosotros, pero no por quiénes somos, sino por lo que sabemos. Lejos de ser un grupo marginal, CASPIAN representa una sección diversa del público, con miembros en más de treinta países que provienen de una variedad de puntos de vista políticos, filosóficos y sociales. Incluye a comerciantes, amas de casa, políticos, ingenieros, estudiantes, científicos, abogados, trabajadores de fábrica, autores y más. Katherine, la fundadora de CASPIAN, es una ex maestra de escuela y en la actualidad está completando su doctorado en Educación en Harvard. Liz es contadora pública autorizada y ha trabajado por años como auditora de bancos. (Ciertamente no llegas a auditar bancos siendo un personaje «marginal»). Y, por supuesto, ambas somos esposas y madres.

Calumnia: Los activistas de la privacidad son alarmistas

Francamente, hay ocasiones en las que se necesita desesperadamente que alguien suene la alarma. Si eso es lo que toma para advertir a las personas del peligro que viene hacia nosotros, el título de alarmista es uno que no nos importa llevar.

Calumnia: Sólo una «minoría escandalosa» se preocupa por la RFID

En realidad, lo opuesto es lo cierto, según los estudios de la misma industria. Es una minoría pequeña la que *no* se preocupa.

En octubre de 2003, la firma consultora CapGemini encuestó a mil consumidores y descubrió que en relación con la RFID, «casi siete de cada diez participantes afirmó estar "extremadamente preocupado" en cuanto al uso de datos del consumidor [por RFID] por terceros: un 67% se preocupaba de ser buscados con mercadeo más directo y un 65% se preocupaba por la capacidad de rastrear a los consumidores por medio de los productos que hubiera comprado».[30] Y esto provino de un estudio conducido por un *partidario* de la RFID.

BIGResearch, una firma de investigaciones de mercadeo con base en Ohio, ha llegado a conclusiones similares. La encuesta de marzo de 2005 de la empresa descubrió que «la cantidad de personas preocupadas por la tecnología ha permanecido consistentemente alrededor del 65% desde septiembre [de 2004] hasta marzo [de 2005]», según lo dice un analista de la industria que trabaja con BIGResearch.[31]

DE CALUMNIAS A PECADOS

Con la mayoría de los ciudadanos del mundo en su contra, la industria sabe que las manipulaciones de los hechos y las calumnias por sí solas no serán suficientes para rescatar a la RFID del fracaso comercial. Los promotores de los *chips espías* han recurrido a métodos aún más clandestinos de hacer cosas que nosotras consideramos como «pecados» para promover su agenda.

Pecado: Postergar el debate hasta que sea demasiado tarde

Los proponentes de la RFID tales como la *GMA* y la *EPCglobal* están haciendo todo en su poder para postergar una discusión pública de la tecnología. Piensan que si logran instalar la infraestructura primero, es poco probable que los legisladores y consumidores les obliguen a desmantelarla después de los hechos.

Una táctica de postergación es presentar la tecnología como «demasiado nueva» o «no suficientemente poderosa» para merecer preocupación. Otra estrategia es prometer que sólo está siendo utilizada en la cadena de suministros, no en los consumidores. Si pueden postergarlo lo suficiente, esperan que la RFID algún día sea «periódico de ayer», causando poco más que un bostezo modesto en los reporteros de avanzada y en el público. El momento de discutir la RFID es ahora.

Pecado: Amenazar a otros negocios... adáptese o muere

En julio de 2003, el Auto-ID Center organizó un evento para estimular a compañías grandes a abordar el tren de los *chips espías*. Esta «Cumbre de Oficiales Ejecutivos», a la que se podía asistir por invitación solamente y celebrada en un elegante hotel de Boston, estaba cargada con un subtexto pesado: Hágalo a nuestra manera, o sufra. Este mensaje no muy sutil fue reforzado por un libro que se les entregó a todos los ejecutivos que asistieron. Su título literalmente era *Adapt or Die* [Adáptese o muere].

Al tomar en cuenta lo que sucedió a continuación, es difícil creer que el título del libro no tenía intención. Tan sólo meses después el evento, Wal-Mart, patrocinadora clave del Auto-ID Center, cumplió esa amenaza cuando llevó un mensaje verdadero de «adáptese o muere» a sus cien proveedores principales. Se les obligaría a fijar etiquetas de RFID en las cajas de los productos destinados a los almacenes de Wal-Mart o se arriesgaban a perder acceso al lucrativo mercado de esta tienda. El no acatar esta orden significaría perder a Wal-Mart como socio comercial, lo que, a su vez, podría significar la ruina financiera para la mayoría de estas empresas. De modo que se adaptaron, gastando millones para acatar la orden. El tren de la RFID había salido de la estación.

Pecado: Neutralizar a oficiales públicos y organizaciones en pro de la privacidad

Si recuerda del Capítulo Tres, Katherine escuchó a un oficial ejecutivo comentar sobre los oponentes que expresan sus objeciones: «Debemos traerles para... no quiero usar la palabra "neutralizarlos", pero... debemos asegurarnos de tratar con sus [objeciones]». Bueno, eso no era pura palabrería. Hemos recibido estas sugerencias por escrito también.

Un documento confidencial del Auto-ID Center identifica a «líderes clave del gobierno, entidades reguladoras y grupos de interés» a quienes esperaban «traer a formar parte del círculo íntimo» del Centro.[32] Se incluía a:

- Senadores de los Estados Unidos, Patrick Leahy y John McCain
- Representantes de los Estados Unidos, John Dingell y W.J. «Billy» Tauzin
- La Oficina de Protección a Consumidores de la Comisión Federal de Comercio
- Asociación Nacional de Fiscales
- AARP (Asociación Nacional de Personas Jubiladas)
- AFL-CIO (Una federación de cincuenta y ocho sindicatos laborales de los Estados Unidos)

Muchas de estas organizaciones todavía no han expresado opiniones sobre la controversia de la RFID, pero ciertamente esperamos que tomen el lado del público cuando lo hagan.

El pecado más grave: Nunca usaríamos la RFID en la personas

Por supuesto, los proponentes de *chips espías* niegan vehementemente que tengan planes de rastrear a individuos, y mucho menos colocar dispositivos de RFID directamente en ellos. Pero en el capítulo siguiente le daremos prueba de que la RFID ya ha sido usada para supervisar a personas contra su voluntad, y las agencias del gobierno han discutido la posibilidad de volverlo a hacer. ¿Será usted el siguiente?

14

¿Será usted el siguiente?

Y hacía que a todos, pequeños y grandes, ricos y pobres, libres y esclavos, se les pusiese una marca en la mano derecha, o en la frente; y que ninguno pudiese comprar ni vender, sino el que tuviese la marca o el nombre de la bestia, o el número de su nombre.

—Apocalipsis 13:16–17

Ese mismo escáner que en un Wal-Mart se usa para leer el código de barras de su mercancía puede usarse para identificarle a *usted*...

—Scott Silverman,
Oficial Ejecutivo de *Applied Digital Solutions*[1]

¡**B**ang!... Sonó la pistola de remaches. Ronaldo LaFortune* hizo una mueca cuando le colocaron el brazalete de identificación negro en su muñeca derecha. En pocos minutos ya era un sujeto del Sistema de Identificación y Rastreo Desplegable para la Población en Masa al que le habían tomado sus huellas digitales, lo habían fotografiado y lo habían enumerado. Su alivio al salir de la tienda de procesamiento con chillidos, zumbidos y remaches duró poco. Al formar fila obedientemente en el siguiente punto de su aventura, el cálido sol caribeño se reflejaba en los interminables zarzales de alambres de púas y culatas de los

---

* Ronaldo LaFortune es un pesonaje ficticio cuya historia se basa en nuestras entrevistas con refugiados haitianos que vivieron en el campo de detención en la Bahía de Guantánamo durante la Operación Señal del Mar, testigos con conocimiento de primera mano de la situación y narraciones escritas por reporteros militares y de la industria.

rifles M-16, que daban un vistazo de los horrores por venir. Respiró profundamente y examinó las torres de guardias que marcaban el perímetro de lo que pensó que sería un descanso de la violencia de la que había huido en su tierra natal. En lugar del dulce aroma de la libertad, sus fosas nasales se vieron invadidas por el hedor interminable que tendría que soportar durante los muchos meses de arresto en el centro de detención de la isla.[2]

Ese olor fétido demarcaba sus mañanas y flotaba en el aire mientras trataba de matar a los mosquitos con malaria que taladraban su piel cada noche antes de caer en un sueño irregular que se veía interrumpido cada noche por el llanto de niños. El aburrimiento, el estrés y la desesperación se hacían cada vez más pesados en el mar de seres humanos apiñados en los campamentos mugrientos de tiendas improvisadas.[3]

Como no había muchas actividades constructivas para los internos, aparte de extraer a la sabandija ocasional de las raciones alimenticias, les era posible enfocarse plenamente en todo lo que les impedía sentirse como seres humanos plenos. Hubo varias condiciones que competían en el juego de cuál sería la más gravosa. El paisaje seco y polvoriento hacía insoportable la falta de agua, las letrinas portátiles estaban obstruidas con una mezcla de excremento humano y gusanos. Las ratas corrían por todas partes.[4] Ni siquiera había un rincón en donde pudieran llorar las violaciones que habían soportado, los amigos y familiares que habían desaparecido sin rastro y los hogares que se vieron forzados a abandonar por salvar sus vidas.

Y entonces estaban esos malditos brazaletes negros que portaban chips para identificación por radio. Cada chip contenía un número de nueve dígitos único, como un número de seguro social, vinculado a una base de datos central.[5] Los guardias podían ondear un escáner que estuviera dentro del alcance de lectura de un brazalete para determinar datos de su portador, tales como su nombre, fecha de nacimiento y campamento asignado.

Ronaldo recuerda que los brazaletes se asemejaban mucho a los relojes que los niños reciben en las cajitas de McDonald's, salvo que no es posible quitárselos. Unos cuantos de los refugiados intentaron quitárselos a mordidas en desesperación o cortarlos con cuchillos rústicos formados de desechos metálicos que recogieron.[6] Pero fueron llevados a una prisión que hacía que las condiciones miserables del campamento parecieran tolerables.

De modo que Ronaldo y los demás refugiados aceptaron reaciamente los brazaletes como recordatorios que se encontraban a merced de su país anfitrión y de los hombres uniformados que los manejaban en lo pudiera describirse como un arriado de ganado humano.

Los refugiados tenían más en común con el ganado que lo que notaría un observador superficial. La empresa que había fabricado los perturbadores brazaletes negros y dispositivos de escaneo capaces de leer los números de los chips de Identificación por Frecuencia de Radio era la *American Veterinary Identification Systems, Inc.* (AVID), de Norco, California. La tecnología usada para supervisar y controlar a los refugiados había sido desarrollada para controlar a animales de granja como vacas, y a animales de laboratorio como ratas experimentales.

Ronaldo era uno de cincuenta mil refugiados haitianos y cubanos que fueron enumerados, fichados, marcados y rastreados por las fuerzas armadas de los Estados Unidos en la Bahía de Guantánamo, Cuba, en 1994, como parte de la Operación Señal del Mar.[7] Irónicamente, Señal del Mar era una misión humanitaria con el propósito de recoger a los *balseros* que huían de la pobreza y represión política de Haití y de Cuba. Hasta donde hemos podido averiguar, ésta fue la primera vez en la historia que una masa de seres humanos fue supervisada y controlada a la fuerza usando la Identificación por Frecuencias de Radio. Probablemente no será la última.

Chips espías en las víctimas

Tal vez se preguntará qué tanto tendría que preocuparse por una tecnología que fue utilizada en personas desesperadas que huían de países tercermundistas. La respuesta: bastante.

Potencialmente, todos nos encontramos a la distancia de otro incidente como el 9/11 para que se implemente la ley marcial y la supervisión forzada. Un brote de viruela, la detonación de una «bomba sucia» o la necesidad percibida de controlar a un grupo particular de seres humanos podrían ser vistos como justificación para agrupar en categorías deseadas de seres humanos, marcarlos y rastrearlos usando esta tecnología.

Se preguntará cómo sabemos que nos encontramos a tan sólo una emergencia de ser arriados como ganado. En una conferencia celebrada en febrero de 2000, «Bioterrorismo, defensa nacional: Los pasos siguientes», patrocinada por la *Rand Corporation*, oficiales del gobierno discutieron cómo debieran responder los oficiales locales, estatales y federales a un incidente de bioterrorismo. John Penido, jefe de Bomberos en San Marino, California, explicó cómo él «anticipaba trabajar con los treinta y dos cuerpos de bomberos municipales en el Condado de Los Ángeles y agencias del orden público locales, estatales y federales para formular una respuesta». Presuntamente él y los demás oficiales públicos que asistieron visualizaban marcar a los ocupantes de una zona de terror con alguna forma de RFID. Refiriéndose al DMPITS [por sus siglas en inglés, Sistema Desplegable de Identificación y Rastreo de Población en Masa], (o sistema de rastreo veterinario usado con los refugiados en la Bahía de Guantánamo), dijo: «El DMPITS puede adaptarse fácilmente para uso en emergencias de salud pública –y añadió–: Para ser eficaz, es necesario iniciarlo de inmediato y que sea capaz de manejar números grandes de pacientes».[8] Puesto que estas declaraciones se hicieron antes de los ataques terroristas del 11 de septiembre, sólo podemos imaginar cuánto han avanzado estos planes desde ese entonces.

Pero no se necesitará una emergencia nacional para que las personas sean rastreables si las cosas siguen su curso actual. La tecnología ya se está metiendo en nuestras vidas en forma de chips retirables y parece estar tornándose más sofisticada e intrusa, progresando a chips inyectados en la carne. Tal vez hasta colocados profundamente en las cavidades naturales de nuestros órganos internos, como leerá más adelante en este capítulo.

Si las redes difundidas de lectores se instalan como se tiene planeado y se complementan con transceptores de GPS, los chips de RFID en las cosas que usamos y que llevamos, y aun en nuestros propios cuerpos, podrían crear un sistema de rastreo de humanos sin fronteras en el que cualquier individuo podría ser localizado en la Tierra en tiempo real.

Rastreo de personas como inventario

Como explicamos en capítulos anteriores, si permitimos que nuestra ropa, posesiones y las tarjetas en nuestras billeteras se conviertan en emisores de *chips espías*, permitiremos a terceros rastrear nuestro paradero. Los lectores de RFID instalados estratégicamente en las entradas y salidas de edificios podrían servir como puntos de control para crear un registro del movimiento de individuos. Tales escaneos harían posible crear informes detallados de dónde y cómo las personas pasan su tiempo y adivinar con precisión razonable con quién pasan su tiempo.

En una conferencia de la industria en octubre de 2004, Paul Heino, de *Sundex Information Systems,* demostró este escenario de rastreo de «personas como inventario». Los materiales de promoción de la conferencia describen cómo los asistentes fueron dotados de etiquetas de RFID y rastreados, exactamente como se hace con un inventario:

> Como delegado usted recibirá una etiqueta de RFID en su tarjeta de identificación y Paul Heino le explicará brevemente ... cómo la tecnología de RFID puede rastrear el movimiento de los delegados (como «productos») al rastrear sus movimientos por la conferencia. Esta demostración ilustrará el potencial tremendo de una mayor eficiencia a través de automatización centrada en la RFID. No se preocupe, no hay riesgo alguno a su privacidad.[9]

Si bien los asistentes a la conferencia de Heino eran participantes voluntarios, es evidente que un sistema semejante podría instalarse en secreto. De hecho, eso fue precisamente lo que se hizo con los carnés de identidad que usaron oficiales gubernamentales de alto rango en un evento importante de seguridad europea celebrado en Ginebra, Suiza, a finales de 2003.[10, 11] Los primeros ministros, presidentes y otros oficiales de alto nivel de todas partes del mundo fueron etiquetados secretamente con carnés de identificación habilitados para RFID en la Cumbre Mundial de la Sociedad Informática. Afortunadamente, el alcance de lectura era corto y la recopilación de datos aparentemente fue limitada, pero esto ilustra lo fácil que es colocar dispositivos de rastreo en artículos aparentemente inocentes. Este incidente también muestra que nadie está inmune, ni siquiera líderes mundiales con personal de seguridad altamente capacitado. Y, como no les habían puesto sobre aviso de la amenaza contra su privacidad, tampoco hubo afirmaciones consoladoras de que la misma sería protegida.

El rastreo humano es un producto difícil de vender al público. Al preguntarle a las personas, son pocas las que dicen que estarían dispuestas permitir voluntariamente que sus movimientos sean supervisados. Esto ayuda a explicar por qué los programas de etiquetado iniciales han involucrado a grupos que realmente no podían negarse. Éstos incluían a personal militar, empleados del gobierno, niños de escuela y prisioneros.

SUPERVISIÓN DE MILITARES CON RFID

Las fuerzas armadas han apoyado el desarrollo de la infraestructura de *chips espías* desde un principio. El Departamento de Defensa fue uno de los primeros patrocinadores del Auto-ID Center y dio un impulso fuerte a la tecnología cuando anunció, a principios de 2004, la orden de que sus proveedores estarían obligados a fijar etiquetas de RFID en los embarques destinados a almacenes del Departamento de Defensa.[12] Muchos responsabilizan a esta movida, junto con la orden similar dada por Wal-Mart, de iniciar el movimiento en el uso de la RFID en la cadena de suministro y en la gestión de inventarios.

No nos sorprende que ahora el Departamento de Defensa esté mirando más allá de las cajas y *pallets* para usar la tecnología para rastrear su inventario más importante: los soldados. Durante un ensayo de campo en Irak, los soldados heridos fueron provistos de brazaletes habilitados para RFID con el fin de rastrearlos desde el campo de batalla hasta su tratamiento en un hospital naval. Los lectores de RFID de mano equipados con un módulo de GPS escribían información a las etiquetas y registraban la posición en la que se hallaba cada soldado. Esta información era actualizada durante su tratamiento. *Precision Dynamics Corporation*, la empresa que suministró los brazaletes, indica en su página Web

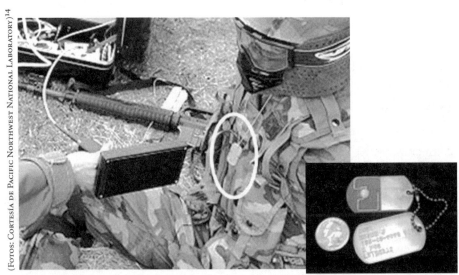

(FOTOS: CORTESÍA DE PACIFIC NORTHWEST NATIONAL LABORATORY)[14]

Chapa de identificación [*dog-tag*] inteligente enlazada por RF

Lector/escritor de chapas de identificación

que la misma tecnología ha sido utilizada en Irak para rastrear a prisioneros enemigos y refugiados, junto con los cientos de soldados y pilotos heridos.[13]

Recordará a *Precision Dynamics* por la discusión anterior sobre los usos de la RFID en el campo de servicios de salud. Esa fue la empresa a la que sorprendimos citando incorrectamente estudios médicos e inflando estadísticas sobre errores médicos para promover su producto de rastreo en hospitales.

Pero los brazaletes son sólo el principio. Eventualmente, las fuerzas armadas esperan dotar a cada soldado con una chapa de identificación digital habilitada para RFID que pudiera transmitir su nombre, rango y número de serie por vía inalámbrica.[15] Los hombres y mujeres que sirven a nuestro país temen que el siguiente paso sea un implante subcutáneo de RFID. Hemos recibido cartas de militares que están preocupados ante esta probabilidad. Algunos nos han dicho que preferirían encarar una corte marcial antes que dejarse colocar un chip.

Niños en la escuela: Los cautivos más jóvenes

Para los partidarios de los *chips espías* en la Texas Instruments, los cincuenta y cinco millones de niños en edad escolar[16] deben parecerles como signos de dólares. Al menos ese parece ser el caso puesto que la empresa aparentemente ha avistado a las escuelas en barrios pobres como un mercado lucrativo para sus sistemas de tarjeta de RFID y lectores. En el 2003, TI obtuvo un contrato para el uso de RFID para rastrear a los estudiantes en la Enterprise Charter School en Buffalo, Nueva York.[17]

La Enterprise pertenece a una red de sesenta escuelas públicas especiales de Nueva York cuya población estudiantil se compone 85% de grupos minoritarios, con una proporción elevada de muchachos dependiendo de programas de asistencia pública. Setenta y cinco por ciento de los niños que asisten a las escuelas públicas especiales de Nueva York son tan pobres que califican para recibir almuerzos subsidiados por el estado.[18] Hasta donde hemos podido determinar, la Enterprise fue la primera escuela de los Estados Unidos en exigir que sus estudiantes usaran etiquetas de RFID para asistir a las clases. Ahora los 460 niños de la escuela se ven obligados a usar etiquetas de RFID de Texas Instruments alrededor de sus cuellos que pueden ser leídas de dieciocho a veinticuatro pulgadas de distancia. Al escanearlas, las etiquetas hacen que se desplieguen las fotografías, fechas de nacimiento y detalles de matrícula de cada estudiante que entra al edificio o sube al segundo piso.

«Me han puesto una etiqueta de "diablo"», dice el director de la escuela Gary Stillman, hablando de las críticas que ha recibido por el programa obligatorio. Pero se enorgullece del hecho de que ninguna de las quejas ha provenido de los padres de los niños. «Hasta aquí ni siquiera un padre de familia lo ha cuestionado. Ni uno. Porque es muy sencillo. Sólo estamos tomando la asistencia», dice.[19] Por supuesto, Stillman no menciona el hecho de que la escuela tiene una larga lista de espera de alumnos que desean asistir allí y que los estudiantes deben solicitar admisión cada año para continuar sus estudios. Aun si se hubieran enterado de la RFID y sus peligros, ¿cuántos de estos padres de escasos recursos causarían problemas si esto pudiera significar que sus hijos perderían el deseado cupo en la exclusiva escuela?

Además, también existe el gran problema de las escuelas de Nueva York con su falta de dinero, luchando por cubrir aun las necesidades básicas tales como salarios de maestros y libros de texto, pero gastando decenas de miles de dólares para instalar este sistema. Difícilmente parecería ser un uso sabio de recursos.

Otro distrito escolar que está considerando el programa de rastreo con RFID de la Texas Instruments es el Distrito Escolar Independent Spring, ubicado justo al norte de Houston, Texas. El Distrito Spring desea tarjetas de identificación con RFID para supervisar a sus veintiocho mil estudiantes cuando suben y bajan de los autobuses escolares, supuestamente por la seguridad de los muchachos. A pesar de que ningún niño jamás se ha extraviado ni ha sido secuestrado en el Distrito Sprint, los estudiantes serán marcados con RFID «por si acaso» (y a un costo elevado, también).[20] La adopción arriesgada de los *chips espías* no sorprende, puesto que Texas es la sede de la empresa que fabrica los chips. Es más, la empresa partidaria de *chips espías* Hewlett-Packard tiene a uno de sus miembros ocupando un puesto en la mesa directiva del Distrito Escolar Sprint (Kirby Bergstrom), quien resulta ser el presidente del comité financiero de la junta, al igual que es miembro del comité de tecnología.[21]

Los muchachos dicen que en lugar de hacerlos sentir más seguros, el programa les hace sentir degradados e insultados. Un joven de quince años lo expresó de modo conciso: «Me hace sentir como si fuera un animal». Según el *New York Times*, ya ha habido sugerencias de que los implantes subcutáneos de RFID serían una alternativa más segura que los carnés de identificación, puesto que los muchachos no pueden extraviar ni intercambiar un microchip incrustado en su carne.[22]

RATAS DE LABORATORIO EN UN AULA OMNISCIENTE

«Proponemos utilizar la educación infantil temprana como lecho de prueba de nuestras tecnologías...»

—Investigadores de UCLA desarrollando aplicaciones de RFID[23]

Las tarjetas de identificación de RFID pueden usarse para mucho más que llevar asistencia. Sólo pregúnteles a los investigadores de UCLA que desarrollaron el «Kindergarten Inteligente», una pecera con *chips espías* para observar a niños de cuatro y cinco años de edad. Han creado una escalofriante aula de clases orwelliana en donde cada objeto —incluyendo a los niños— está etiquetado con RFID y supervisado continuamente. Sombreros con *chips espías* provistos de etiquetas de RFID llamadas *iBadges* llevan un registro de hacia dónde miran los niños. Nada escapa a los observadores computadorizados.

El *iBadge* está equipado con sensores de sonido, posición y temperatura, pero pesa tan sólo unas onzas y no es mucho más grande que una moneda de veinticinco centavos. Para preparar una sala de prueba en su laboratorio, [un profesor de Ingeniería Eléctrica de UCLA] ha colocado sensores minúsculos en objetos comúnmente utilizados en un aula de clases y ha colocado cámaras en miniatura y micrófonos estratégicamente en el espacio. Unos sombreros de confección especial, tipo «Isla de Gilligan», que eventualmente serán usados por los estudiantes, tienen sensores instalados para llevar un registro del habla y movimiento. Los libros, bloques y personas estarán conectados los unos con los otros y a una base de datos que puede colar toda la información captada por los sensores.[24]

Los investigadores explican que los juguetes del aula de clases, «con forma de objetos familiares a los niños, permitirán que el entorno contenga instrumentos con dispositivos [sensores] disimulados». Esto «permitirá el desarrollo de aplicaciones que requieran la captura sin obstáculos de las acciones de los niños (por ejemplo, captar lo que dice un niño cuando lee en voz alta)».

¿Por qué desean registrar lo que dice un niño cuando lee en voz alta? ¿Y por qué necesitan ocultarlo? Para ayudar a los maestros a manejar la tarea imposible de «escuchar continuamente todas las conversaciones del aula». El plan es que todas las señales de audio sean grabadas, archivadas y anotadas para uso posterior del maestro. «[N]uestra tarea es colocar micrófonos inalámbricos y altavoces en lugares estratégicos, objetos en el medio ambiente y tal vez hasta micrófonos en los niños [mismos] para registrar el habla y los sonidos», explican los investigadores.[25]

Si esto es lo que los investigadores están desarrollando en sus laboratorios, los carnés de identificación escolar con *chips espías* que hemos visto en otros lugares tal vez sólo son el filo del hacha. Si los padres de familia se sienten satisfechos con los programas de etiquetado de niños como los que se usaron en Nueva York y Texas, el siguiente paso para los observadores insaciables será establecer el observatorio de aula de clases desarrollado inicialmente por la UCLA. Después el observatorio del lugar de trabajo. Y después el observatorio del hogar.

Afortunadamente, no todos los padres de familia han sido dóciles al ser confrontados con los esfuerzos de etiquetar a sus niños. A finales de 2004, *Alien Technology* (los recordará por el ensayo de etiquetado en hospitales) se unió a una empresa local para rotular a niños de kindergarten a octavo grado en la Brittan School de Sutter, California. El plan era que los carnés con *chips espías* de los niños se comunicaran con una red de lectores colocados en las puertas de las aulas de clase y de los baños para que los administradores pudieran supervisar sus movimientos en todo momento.

Oficiales escolares autoritarios distribuyeron los carnés y les dijeron a los estudiantes que los usaran... o se atuvieran a las consecuencias. El superintendente Earnie Graham hizo comentarios tales como: «[El carné] es como un libro de texto: hay que tenerlo. Estoy encargado de manejar el distrito escolar y me corresponde hacer reglas de ese tipo».[26] Graham dio la impresión a sus observadores de ser un tirano administrativo consumado; precisamente la clase de persona que uno *no* desearía que tenga el poder de supervisar las visitas al baño de su hijo. Pero Graham y sus compinches recibieron su merecido castigo cuando los padres de familia de Sutter montaron una tenaz campaña de protesta que captó la atención de los medios de comunicación nacional y atrajo la participación de grupos en pro de la privacidad tales como la Unión por las Libertades Civiles de los Estados Unidos (ACLU) , el Centro de Información de Privacidad Electrónica (EPIC) y la Fundación de Fronteras Electrónicas (EFF). En cuestión de semanas, el programa intruso de RFID había sido suspendido y se había establecido un precedente de «¡sólo digamos no!»[27]

RASTREO EN EL TRABAJO

Aunque la vigilancia salvó la situación en Sutter, hay otras aplicaciones de RFID que se han inmiscuido en la sociedad, eludiendo nuestros radares, y estableciendo un punto de apoyo antes de que las personas se percataran del potencial de invasión a la privacidad. Ya atrincheradas, estas aplicaciones de RFID son más difíciles de eliminar. Un ejemplo son los millones de carnés con RFID para la identificación y acceso de empleados que se están usando para rastrear el movimiento de estos. Cada vez que un trabajador presenta una tarjeta plástica delante de un lector montado en la pared para abrir una puerta o subirse a un elevador, está entregando datos personales valiosos en cuanto a su posición y actividades.

Si bien ocasionalmente se les podría ocurrir a los trabajadores que sus carnés pueden delatar sus movimientos, hay un lugar en donde probablemente no esperan hallar un lector de RFID: el baño. Pero una empresa llamada *Woodward Laboratories* ha encontrado la manera de colocar un lector de tarjetas en un producto al que llaman «iHygiene Perfect Pump». Es un surtidor de jabón líquido que también funciona como lector del carné de empleado y dispositivo de supervisión.

Para los empleados incautos, el dispositivo parece ser un surtidor de jabón perfectamente normal. Pero oculto dentro de su estilizado exterior plástico se encuentra un espía electrónico que capta el número del carné de identificación de la persona que está de pie frente al lavabo y observa si el empleado se lava las manos. Un informe de las prácticas de higiene en el baño de cada empleado luego se «transmite fácilmente por medio de Internet» para permitir la «supervisión del cumplimiento con las normas de higiene en toda la empresa».[28]

Aunque pocos estarían en desacuerdo con que las reglas de lavarse las manos son razonables e importantes, es un gran salto pasar de allí a concluir que es adecuado ocultar lectores de RFID en el surtidor de jabón para observar a personas cuando están en el baño. Existen muchas reglas útiles en la sociedad que deben obedecerse. ¿Pero realmente queremos establecer el precedente de que está bien observar secretamente a las personas cada vez que hay una regla establecida? Esa lógica es peligrosa. Si bien la persona que está siendo supervisada hoy puede serle desconocida, mañana la cámara podría estar enfocada en usted y en sus seres queridos. Si el ser observado es algo que usted prefiere que no le suceda, entonces debe tomar partido hoy para evitar que intrusiones tecnológicas como estas se implementen en su lugar de trabajo.

Llevado hasta su conclusión lógica, el mismo razonamiento utilizado para justificar la colocación de dispositivos de grabación ocultos en surtidores de jabón podría usarse un día para justificar la supervisión en su restaurante favorito, su automóvil, o aun en su hogar. Después de todo, hay numerosas reglas que usted no debiera estar quebrantando, y mantenerle el ojo puesto las veinticuatro horas del día ayudaría a asegurar su total cumplimiento.

El sistema de vigilancia del lavado de manos requiere que los empleados usen carnés habilitados con RFID, pero pronto los uniformes mismos podrían reportarles, en lugar de ellos. Las dos empresas más grandes de alquiler de uniformes de la nación, *Cintas* (que viste a los empleados de Starbucks, Disney, Sears y Wal-Mart)[29] y *AmeriPride* (con clientes como Outback Steakhouse, 3M y Chevrolet)[30] han empezado a colocar calladamente *chips espías* en los uniformes de sus empleados para rastrear el lavado y la logística del alquiler.

Las etiquetas están alojadas en discos plásticos sellados, capaces de soportar años de lavandería comercial y aun transmitir sus números de identificación cuando se encuentran dentro del alcance de un dispositivo lector. Las empresas de uniformes no tienen prisa por decirles a los empleados acerca de los *chips espías* en su vestimenta rastreable, pero están ansiosos por decirles a los empleadores sobre los *chips espías* incrustados. La página Web de AmeriPride, por ejemplo, dice en voz alta «Tecnología Avanzada de Rastreo» junto a una etiqueta de lavandería con RFID animada que gira y que destaca el águila del logotipo de la empresa.[31]

Tan temprano como en 1997, *Accenture* (¿quién más?) colocó los primeros modelos de etiquetas de RFID en los puños, colas de camisas y collares de ochenta mil uniformes usados por obreros australianos como parte de su iniciativa de «Comercio silencioso».[32]

Aunque los *chips espías* se promueven como medio para rastrear los uniformes, no a los empleados, no hay que ser ingeniero de radio para ver el potencial que existe de rastrear a los empleados que los usan. Las señales captadas del uniforme de un empleado podrían usarse para medir el tiempo usado en visitas al baño, supervisar las visitas a la fuente de agua, o medir el tiempo pasado en un escritorio. Hasta podrían usarse para registrar quién pasa tiempo con quién, no sólo impidiendo los romances de oficina, sino potencialmente también silenciando a los que pudieran denunciar alguna mala acción.

Cerca de treinta millones de trabajadores estadounidenses usan uniformes alquilados para trabajar todos los días, incluyendo obreros en ventas, fabricación, cumplimiento de la ley, servicios alimenticios, atención médica, transporte... lo que se le ocurra. Vaticinamos un grito de protesta cuando estos millones de obreros vean de cerca sus uniformes y descubran los dispositivos de rastreo ocultos. Como los padres de familia en Sutter, California, les visualizamos uniéndose, levantando la voz y poniendo fin inmediato a las etiquetas ocultas.

ETIQUETA DE RFID INCRUSTADA BAJO SU PIEL

Hasta ahora, todo lo que hemos discutido puede retirarse. Si no desea que la escuela o que el jefe le rastree, puede sencillamente quitarse el carné o exigir un uniforme nuevo. Pero, ¿y qué si el dispositivo de RFID fuera parte de usted, incrustado bajo su piel? Ya existe un dispositivo semejante. Fabricado por una empresa de la Florida llamada *Applied Digital Solutions*, la «VeriChip» es una etiqueta de RFID encapsulada en vidrio que se inyecta en la carne, típicamente en la zona del tríceps, en un punto medio entre el codo y el hombro. El dispositivo ya ha sido implantado en millones de perros y gatos en todo el mundo y ahora sus inventores desean ponerlo en personas.

Aunque usualmente se le describe como «aproximadamente del tamaño de un grano de arroz», el VeriChip en realidad mide 12 mm (0,47 pulgada) de largo, lo que lo hace un poco más corto que el diámetro de una moneda de diez centavos. Eso es bastante más grande que el arroz que hemos visto... y nosotras dos comemos arroz de grano largo. Tal vez la empresa usa la descripción de «grano de arroz» para ayudar a calmar los temores de los sujetos potenciales que se sentirían comprensiblemente nerviosos al ver el aparato con la inyección hipodérmica aproximándose a ellos. Por lo que hemos averiguado, es un proceso bastante doloroso.

Dieciocho trabajadores gubernamentales en México experimentaron esto de primera mano en junio de 2004, cuando el exprocurador general Rafael Macedo de la Concha pidió colocarse un *spychip* a sí mismo y colocárselo a muchos de sus empleados como medio para lograr acceso seguro a una oficina de archivos con información confidencial. En lugar de usar una llave o una tarjeta para entrar, el empleado con *spychip* pasa por un portal con lector de RFID que escanea su VeriChip implantado. Si el chip del empleado devuelve un número autorizado, se le permite pasar por la puerta.

No sabemos a cuántos miembros del personal se les pidió que aceptaran en chip ni cuál fue el castigo por negarse. (Aunque muchos informes de prensa indicaron que 160 empleados recibieron los chips, nos comunicamos con la oficina de prensa directamente para obtener la historia real y nos enteramos que los reportes iniciales habían sido grandemente exagerados.[33]) Presuntamente, los empleados que se negaron fueron reasignados a trabajos que no requerían acceso a esa oficina. Suponemos que probablemente se vieron presionados a aceptar la colocación de los chips.

Este programa no sólo es intruso (¡por no decir mucho más!), sino que también es una necedad para los empleados desde el punto de vista de la seguridad,

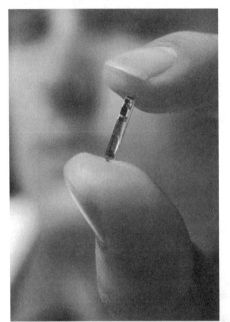

Fotografía de un VeriChip, cortesía de Applied Digital Solutions

(Foto: Liz McIntyre)

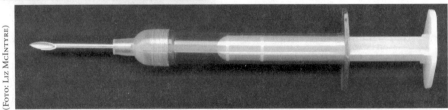

La cánula (dispositivo inyector) usada para insertar el chip en un animal. Ésta es una herramienta enorme. Applied Digital Solutions nunca respondió a nuestra solicitud de imágenes del dispositivo para implantación en seres humanos.

El chip «Home Again» (De vuelta a casa) vendido por Schering-Plough para implantarlo en perros y gatos es esencialmente igual al VeriChip de RFID para seres humanos. Ambos son fabricados por subsidiarias de Applied Digital Solutions. La sustancia blancuzca que se ve en el extremo del chip es una capa antimigración que estimula el crecimiento de tejidos de modo que el chip no se desplace dentro del animal... humano, felino o canino.

((Foto: Liz McIntyre))

especialmente dado el grave problema de los secuestros en México. Un criminal que desee acceso a una oficina asegurada o a la cuenta bancaria de un individuo ahora se sentirá tentado a secuestrar al individuo directamente y quitarle el chip a la fuerza. Los resultados podrían ser bastante grotescos. Según algunos reportes, por lo menos una banda de criminales en México conocida como *Los Chips* daba por sentado que las víctimas adineradas que secuestraban tenían un chip oculto en alguna parte de su cuerpo. Amenazaban a sus víctimas con violencia si no revelaban la ubicación de los chips implantados.[34]

A pesar de los valientes esfuerzos por vender el VeriChip, incluyendo la creación de una clínica de implantación rodante bautizada con el nombre «The Chipmobile», y el dudoso lema «Get Chipped», los clientes no han estado llegando a las puertas de la empresa. Tal vez esto explique por qué han puesto sus esperanzas en mercados con menos inhibiciones: los borrachos y los muertos.

COLOCACIÓN DE CHIPS EN CLIENTES DE CLUBES NOCTURNOS

La primera incursión de *Applied Digital* en el mercado de los borrachos les llevó a las tabernas de Barcelona, España. Allí encontraron el Baja Beach Club, un club nocturno enfocado en menores de veinticinco años, y descrito como una combinación de un restaurante «Hooter's» y la película «Spring Break: The

Movie». Para que tenga idea de cómo es este lugar, un visitante describió que era como «obtener los servicios de una de las chicas de playa que caminan por allí. Por ocho euros, ella "interactúa" con el [cliente], sus accesorios son cócteles en tubo de ensayo, crema batida, su asombroso cuerpo, ¡y mucha imaginación!»[36]

▶▶ VERICHIP: ¿UNA INVITACIÓN AL SECUESTRO Y LA MUTILACIÓN? ◀◀

Parecería conveniente usar parte de su cuerpo como la llave de acceso a bienes valiosos o lugares restringidos. Después de todo, siempre lo llevaría consigo. Pero eso no garantiza que no puede perderla. Sólo pregúnteselo al contador malayo K. Kumaran. Cuando los miembros de una banda de asaltantes le secuestraron en su propio automóvil y se cansaron de forzar a Kumaran a colocar su dedo en la almohadilla biométrica de su Mercedes último modelo, adoptaron un método más directo. Usando un machete, le cortaron el dedo antes de abandonarlo desnudo y sangrando a un lado de la carretera.[35]

Aunque perdió un dedo, si su automóvil hubiera requerido un VeriChip en lugar de una huella dactilar para activarse, Kumaran podría haber perdido todo el brazo.

En marzo de 2004, el club nocturno organizó una noche de implantación de chips en personas famosas, contando con varias estrellas de segunda categoría del cine español. Varios de ellos habían logrado su fama por vivir en una casa dotada de cámaras y permitir que sus proezas fueran televisadas en el programa de televisión *Gran Hermano*, el equivalente en español de la serie *Big Brother* de los Estados Unidos

Durante la noche de promoción de VeriChip, un representante de la empresa con una bata blanca de laboratorio se encontraba disponible para inyectar a las estrellas y a los que fueran lo suficientemente tontos como para intencionalmente incrustarse un dispositivo de pago con microchips en su carne. La carnada: la capacidad de pasar rápido por la entrada, acceso a zonas exclusivas del club y pagar por las bebidas sin tener que dar dinero en efectivo ni tarjetas de crédito. Cuando un escáner pasaba a unos centímetros de la piel con *chips espías* del cliente, el dispositivo de RFID implantado transmitía un número de identificación exclusivo que podía vincularse con cuentas financieras e información de membresía en el club.

Este extraño evento resultó ser tal novedad (y captó tanta atención de los medios de comunicación) que varias otras tabernas siguieron su ejemplo, incluyendo el Baja Beach Club de Rotterdam, Holanda; el club nocturno Bar Soba en Edimburgo, Escocia, y el club nocturno Amika de Miami Beach, Florida.

Aunque un puñado de personas se ha sometido al procedimiento, todavía no se le considera como algo establecido, ni siquiera en esos clubes.

COLOCACIÓN DE CHIPS EN CADÁVERES

Después de lograr pequeños éxitos con clientes de clubes nocturnos, la industria de la RFID dirigió sus esfuerzos de mercadeo a un grupo aún más sumiso: los difuntos. Dijeron presente con microchips para implantarlos en los cadáveres de las víctimas del devastador tsunami del sureste de Asia[37] y están listos para ayudar en caso de que las organizaciones tales como la Universidad de California decidan colocar chips de RFID en cadáveres y partes del cuerpo asociadas. La Universidad está considerando el uso de microchips como un método posible de detener el tráfico ilícito de restos humanos donados a su escuela, como consecuencia directa de las demandas presentadas por las familias donantes.[38]

▶▶ IMPLANTES PARA PAGO Y LA MARCA DE LA BESTIA ◀◀

El dispositivo de implante de RFID, conocido ya sea como el VeriChip o VeriPay, hace sonar la alarma para muchos cristianos. Muchos creen que es el cumplimiento de una profecía hecha en los tiempos de Cristo. El Apocalipsis, el último libro de la Biblia, describe una época en la que todas las personas se verán obligadas a llevar una marca para poder comprar o vender. Recuerde el pasaje de Apocalipsis 13, que citamos al principio de este capítulo: «Y hacía que a todos, pequeños y grandes, ricos y pobres, libres y esclavos, se les pusiese una marca en la mano derecha, o en la frente; y que ninguno pudiese comprar ni vender, sino el que tuviese la marca o el nombre de la bestia, o el número de su nombre. Aquí hay sabiduría. El que tiene entendimiento, cuente el número de la bestia, pues es número de hombre. Y su número es seiscientos sesenta y seis».

No estamos seguras cómo encaja la parte del 666, pero un implante de RFID vinculado a una cuenta de pago electrónico —especialmente si se coloca en la mano o en la frente— se asemejaría de modo sobrenatural al resto de esta descripción. Estamos seguras que no queremos uno de estos.

El «dispositivo médico» que hace más daño que bien

Tal vez esperando ganar algo de respeto, los tipos de la empresa madre de Veri-Chip, *Applied Digital Solutions*, han intentado promover su producto como un equipo médico capaz de salvar vidas. En octubre de 2004, la FDA aprobó el uso del VeriChip como dispositivo médico para almacenar un número de identificación único vinculado a información médica del paciente.[39] La idea es que *Applied Digital Solutions* mantenga el historial médico de sus subscriptores en una base de datos central que se pondría a disposición de los hospitales y para-médicos equipados con lectores VeriChip de mano.

En teoría, en caso de una emergencia, el personal médico podría determinar rápidamente el historial médico del paciente, alergias, etc., con sólo pasar el lector sobre el brazo del paciente para obtener el número y referirlo a la base de datos central. El problema es que casi ninguna de las instalaciones médicas ha adoptado el plan. No parecen entender por qué las personas abandonarían el brazalete Medic-Alert, un método mucho más eficiente y de baja tecnología para comunicar información importante de alergias e historial médico que ha servido al público bien por más de cincuenta años.

Además, para un chip que supuestamente salva vidas, el VeriChip tiene un sorpresivo número de desventajas médicas y riesgos relacionados. Algunos son tan graves que, irónicamente, las personas que tengan implantes de RFID tal vez se vean obligadas a usar un brazalete de Medic-Alert para indicarle al personal médico que tienen un chip incrustado en su brazo. Para cuando la empresa estaba haciendo alarde de la aprobación de la FDA, examinamos los documentos tramitados con la Comisión de Valores y Bolsa de Estados Unidos (SEC) y hallamos una ardiente carta de la FDA que detallaba una lista de riesgos graves relacionados con «un sistema de repetidor de frecuencias de radio implantable». Según la FDA:

> Los riesgos potenciales contra la salud relacionados con este dispositivo son: reacción adversa de tejidos, migración del repetidor implantado, seguridad de información comprometida, falla del repetidor implantado, falla del insertador, falla del escáner electrónico, interferencia electromagnética, riesgos eléctricos, incompatibilidad con los sistemas de imágenes por resonancia magnética y penetración con agujas.[40]

La línea de las imágenes por resonancia magnética, o MRI, parecería hablar de un problema real. Toda pieza metálica dentro del cuerpo, tal como la antena dentro del VeriChip, tiene la tendencia desconcertante de calentarse y avanzar por los tejidos del cuerpo cuando se la expone a los campos de energía de un MRI. En teoría, un chip implantado podría sobrecalentarse, haciendo que el dispositivo queme al paciente o falle. También podría barrenar la carne del individuo cuando se lo expone a la energía de un MRI de alta potencia.[41]

¿Poderes extraordinarios del VeriChip?

Aun los supuestos beneficios médicos que ofrece el chip no han convencido a grandes cantidades de personas a aceptarlos. Tal vez como resultado de la frustración, algunos distribuidores han hecho afirmaciones exageradas, sugiriendo que el VeriChip tiene capacidades asombrosas para la seguridad de las personas. La percepción equívoca más común es que puede evitar los secuestros y localizar a víctimas de un secuestro. El alcance de lectura del VeriChip es de apenas unos cuantos centímetros, no de los kilómetros que se necesitarían para ubicar a una persona extraviada. A menos que una víctima de secuestro pasara a menos de unas dieciocho pulgadas de un lector de VeriChip, el chip permanecería en estado adormecido, sin transmitir nada a nadie.*

Parte del malentendido puede deberse a agentes de mercadeo de la *Applied Digital Solutions* como su distribuidor mexicano *Solusat*, que usa muchas imágenes de satélite en su página Web.[42] O empresas como *Vinoble*, una sociedad de participación financiera que absurdamente afirma que su «tecnología de ubicación móvil por RFID», que es «aproximadamente del tamaño de un grano de arroz» ofrece a «corporaciones, ejecutivos, individuos de perfil público y cualquier otra persona un nivel adicional de seguridad contra la amenaza de actividades terroristas o criminales tales como los secuestros».[43] Desgraciadamente, tales mensajes se han difundido por la cultura, llevando a muchos a creer equivocadamente que la versión actual del implante de VeriChip es capaz de rastrear a personas desde el espacio.

---

* Aunque el implante con «tamaño de un grano de arroz» no puede usarse para rastrear a personas desde el espacio, su empresa madre ha discutido un prototipo de implante de GPS, del tamaño de un *pager*, que se implantaría quirúrgicamente bajo la clavícula del usuario. Este dispositivo activo contendría una batería y tecnología sofisticada capaz de transmitir las coordenadas del usuario a un punto central. Aunque la empresa ha discutido este prototipo por años, nadie que conozcamos ha visto uno en realidad.

Aunque el rastreo a larga distancia con el chip actual no es posible, existe una forma más realista por la cual la posición de individuos podría rastrearse eventualmente con implantes tipo VeriChip. *Applied Digital Solutions* vende un portal capaz de leer los implantes cada vez que una persona con chip pase por ellos. A fin de cuentas, tales portales podrían instalarse en lugares estratégicos del mundo, creando un registro de las idas y venidas de los individuos con chips. (O *Applied Digital* podría incorporar su tecnología a los portales antirrobo de *Checkpoint* y de *Sensormatic* ya instalados en cientos de miles de lugares.) Tales sistemas probablemente no detendrían a los secuestradores (quienes serían lo suficientemente listos como para retirar los chips de sus víctimas o bloquear sus señales antes de sacar a sus víctimas al público), pero haría que las vidas de otros individuos con chips fueran un libro abierto.

Retiro de chips

Al momento de redactar estas líneas nos enteramos que el procurador general mexicano Macedo de la Concha había renunciado a su puesto, lo que nos lleva a hacer una pregunta interesante. ¿Qué sucede cuando uno ya no necesita o no quiere el chip de RFID?

La cápsula de vidrio que aloja el chip está recubierta de algo llamado *Biobond*, una sustancia de polipropileno que estimula la formación de tejido de cicatriz alrededor del implante para impedir que se mueva. Aunque los partidarios de los chips afirman que el dispositivo es fácil de sacar, el retiro requiere mucho más que un proceso de inversión de la inyección. Un cirujano tendría que hacer una incisión y cortar el chip de los tejidos circundantes para quitarlo.

Aunque nosotras no diríamos que eso suena precisamente fácil, una empresa de California llamada *Persephone, Inc.*, piensa que no es suficientemente *difícil*. Desean que los implantes de RFID sean casi imposibles de retirar.

¿Su propuesta? Plantarlos más profundo. Mucho más profundo.

El chip de órganos internos que nunca puede extraerse

Una solicitud de patente titulada MÉTODO Y APARATO PARA LOCALIZAR Y RASTREAR A PERSONAS describe la idea de pesadilla de la *Persephone*: la implantación quirúrgica y profunda de un dispositivo de rastreo en el cuerpo.[44] Han fijado el blanco en la cabeza, el torso, las profundidades de los músculos de las extremidades y las cavidades de órganos tales como el tubo gastrointestinal y el útero como lugares ideales para la implantación. De ese modo serían casi imposibles de extraer sin una operación mayor.

La solicitud de patente explica una de las ventajas: «La extracción del dispositivo implantado por un adolescente fugitivo sería casi imposible. Aun si fuera posible, tal extracción expondría al fugitivo a un riesgo médico significativo, lo que va en contra de los deseos del fugitivo de escapar a salvo y sobrevivir sin sus padres o tutelares», explica la solicitud.

Cuando no se usan para rastrear a fugitivos y víctimas de secuestro, los implantes profundos en órganos podrían tener «usos secundarios» para rastrear a «individuos encarcelados, personal militar, viajeros de negocios [e] individuos con discapacidad mental...» Algún día, hasta podrían incluir implantes con capacidad de GPS para poder cazar a personas «cuando se envíe una señal de activación al dispositivo implantable para empezar a localizar y rastrear a la persona».

El dispositivo podría hacer mucho más que rastrear, también podría vibrar, dar sacudidas eléctricas a la persona, transmitir un mensaje o servir como

Publicación de solicitud de patente 9 de septiembre de 2004 Página 4 de 12 US 2004/0174258 AI

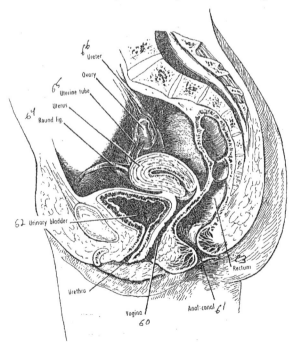

Ilustración de zonas del cuerpo femenino que podrían acomodar un implante de órgano profundo, tomado de la solicitud de patente de Estados Unidos N° 4001174258.

micrófono para transmitir sus palabras a un lugar a distancia. Imagínese lo que sería recibir una sacudida eléctrica en el páncreas o tener un micrófono dentro de la cabeza. Aquí tenemos las porciones relevantes:

- «Debido a que el dispositivo está implantado en la persona, también puede proporcionar una sacudida eléctrica, vibración u otra advertencia... [que] podría ser progresiva, de modo que la persona reciba sacudidas de magnitud cada vez mayor según abandone una zona de confinación o entre a una zona restringida».
- «También se podría transmitir una señal de advertencia a la persona cuando es necesario comunicarse con ella con urgencia. Por lo tanto, el dispositivo podría vibrar o proporcionar otro aviso cuando se produce una emergencia que requiere la atención inmediata de la persona».
- «El dispositivo podría... incluir un micrófono o dispositivo similar para supervisar información sonora, permitiendo así que la persona hable con un lugar distante».

Puesto que el invento es capaz de rastrear a varias personas al mismo tiempo, sus inventores sugieren que sería una manera excelente de «rastrear a soldados en el campo de batalla, a empleados dentro del campus de una empresa, o viajeros de negocios dentro de una región geográfica». ¡Increíble! De modo que si usted pierde el jugoso contrato, el jefe puede mandarle una sacudida eléctrica a todo el equipo de ventas al mismo tiempo. Esto hace que la oficina del procurador general mexicano parezca un sitio de trabajo tranquilo.

Hasta puede rastrear a personas por el gusto de hacerlo: «El dispositivo también puede activarse periódicamente para captar una serie de ubicaciones de la persona, aun si una emergencia, tal como un secuestro, no ha tenido lugar».

¿Por qué pensamos que semejante dispositivo, si llegara a producirse en masa, sería abusado más allá de nuestras peores pesadillas? Acúsenos de ser cínicas, pero esta es una mala idea que debe sepultarse profundamente... en el basurero.

EL DISPOSITIVO DE ESCLAVIZACIÓN DE SERES HUMANOS

¿No le apetece un implante profundo en alguno de sus órganos? Un individuo de pensamientos futuristas está esperanzado en que los gobiernos lleven el etiquetado de prisioneros a un nuevo nivel, avergonzando al antiguo brazalete de tobillos, pero evitando las molestias de un implante. El inventor George Vodin de Illinois ha desarrollado algo que él llama MÉTODO Y APARATO PARA SUPERVISIÓN REMOTA Y CONTROL DE GRUPOS.[45] Según su plan, los miembros del «grupo» llevarían en el brazo una banda resistente y a prueba de manipulaciones ociosas fabricada de tela Kevlar a prueba de balas que sería imposible de retirar. Pero la verdadera sorpresa es el contenido: un «módulo de inyección» que puede activarse remotamente para entregar una dosis de anestésicos suficiente para noquear al individuo.

Vodin ya ha pensado en muchos usos para su invento. Podría usarse para restringir los movimientos de personas, inmovilizándolos si rebasan los linderos establecidos por sus capturadores. Una etiqueta de RFID en cada banda respondería a señales emitidas por un «pórtico de radio» si la persona se acerca a una zona no autorizada. Cuando se acciona, la banda de brazo automáticamente inyectaría su carga en el torrente sanguíneo del individuo, causando la pérdida del conocimiento en cuestión de segundos. O los guardas podrían usar un dispositivo de control remoto para noquear instantáneamente a alguien. Sólo apunte y dispare, y la persona cae impotente al piso.

Las bandas para el brazo serían particularmente eficaces para controlar a poblaciones numerosas. Cada una contendría un número de identificación único, lo que permitiría a los capturadores a fijarse en individuos específicos, localizarlos a distancia (digamos, a través de una red telefónica inalámbrica, que les daría un alcance virtualmente ilimitado), y, con sólo oprimir un botón, dejarlos inconscientes. Y si la aguja hipodérmica no es suficiente, la banda del brazo puede ser aumentada con «circuitos de impulsos de alto voltaje, como los hallados comúnmente en las Tazer o los pinchos para ganado», para que los oficiales de custodia también puedan administrar sacudidas eléctricas.

Por supuesto, la colocación de banda no tiene por qué limitarse al brazo. Puede rediseñarse y colocarse alrededor del cuello, tobillos o pierna de una persona. Si bien las dosis de las drogas podrían calibrarse según el peso y la edad, el inventor se lamenta que probablemente no es adecuado para los infantes, puesto que sería difícil colocar el dispositivo en sus cuerpos pequeños y sería «poco seguro» hacerlo. En lugar de ello, sugiere aprisionar a los niños y a los ancianos en una «sección aparte con una barrera física que los aísle de los ocupantes supervisados/asegurados con las bandas de brazo».

Cuando leemos esto se nos hace difícil no pensar en vagones para ganado y campos de concentración. Pero si toda esta habladuría de control gubernamental le empieza a deprimir, el invento del Sr. Vodin tiene otro aspecto. Él explica que las bandas para el brazo pueden usarse para supervisar los signos vitales de pacientes y administrar dosis regulares de medicamentos por receta. Todavía estamos rascándonos la cabeza tratando de pensar qué tipos de medicamentos son los que hay que administrar por medio de bandas a prueba de balas. («Es hora de su dosis diaria de apatía, Sra. Albrecht». ¡Bzzzt!)

Oh, aquí hay un ejemplo: ¿Qué tal si usamos anestésicos en las bandas de brazo para mantener los cielos seguros para viajar? El inventor sugiere que si se colocan las bandas en el brazo de pasajeros de avión, éstas podrían «activar automáticamente una inyección de drogas» si un pasajero pasa «a través de barreras de pórtico, por ejemplo, más allá de la zona de pasajeros de un avión, hacia la cabina». El capitán ha apagado el aviso de abrocharse los cinturones, ¡pero no se le ocurra dar vuelta en sentido equivocado si va al baño!

Esperamos que este invento jamás sea utilizado. Pero si algún día usted llega a tener una banda alrededor de su brazo, le damos un consejo: no intente quitárselo, ni golpearlo con fuerza, ni obstruir su señal. Manténgase dentro del alcance de los lectores. Y ruegue que la batería no le falle. La banda está fijada para supervisar todas estas condiciones y administra «una dosis inmovilizadora si detecta un intento de retirar, aislar o inhabilitar la banda de otro modo». Si la batería se agota, su último acto oficial será activar la carga y noquearle. Aunque el Sr. Vodin limita su discusión a anestésicos tales como el pentatol sódico y la ketamina para lograr la pérdida del conocimiento, sería igual de fácil cargar los módulos de inyección con algo más letal.

Si hubiera un premio por la peor forma de usar un *spychip*, sería difícil escoger entre esta banda para el brazo y el implante de órgano profundo/micrófono/dispositivo de sacudidas eléctricas. Los dueños de esclavos, dictadores del Tercer Mundo, administradores de escuela sádicos, secuestradores terroristas y guardias de calabozo que supervisan lugares infernales en todas partes estarían felices de ponerle las manos encima a uno de éstos, o mejor todavía, a todo un almacén lleno de ellos.

¿Quién dijo que la RFID no podía usarse para controlar y esclavizar a personas?

15

SUS IMPUESTOS SÍ TRABAJAN

Las nueve palabras más aterrorizantes del idioma inglés: «Vengo de parte del gobierno y estoy aquí para ayudar».*

—Ronald Reagan, cuadragésimo Presidente de los Estados Unidos[1]

RIFLE DE IDENTIFICACIÓN PARA FRANCOTIRADORES

—¡**C**aramba! ¡Aquí sí que hay mosquitos enormes! —podría exclamar mientras golpea el punto de su brazo en el que un dispositivo de RFID encapsulado en vidrio acaba de penetrarle la piel. Nunca se imaginaría que ha sido marcado por oficiales del gobierno que portan lo último en armas de alta tecnología: el rifle de identificación para francotiradores de *Empire North*.

Capaz de entregar una VeriChip habilitada para GPS a una distancia de más de mil yardas, el rifle es promovido por su inventor como la herramienta ideal para «manejar y controlar multitudes». Un francotirador del gobierno puede inyectar microchips del tamaño de un grano de arroz en las personas de interés, digamos en una protesta o demostración, y luego rastrearlos por satélite. La mejor parte es que los demostradores nunca se enterarían. Según *Empire North*, el impacto del proyectil del arma se siente «como una picada de mosquito que dura una fracción de segundo» y no deja en la piel ninguna marca evidente. Debido a que las víctimas no tendrían idea de la supervisión clandestina, todo puede hacerse «sin perjudicar la sumamente importante imagen del estado», promete la empresa.

---

* Nota del traductor: En inglés son nueve palabras: I'm from the government and I'm here to help.

¿Le suena esto absurdo? Debiera... especialmente si leyó el capítulo anterior donde explicamos que el VeriChip no sólo es más grande que un grano de arroz y dolería mucho al penetrar, sino que tampoco es posible rastrearlo directamente por satélite. No tiene función de GPS. De hecho, ni siquiera es posible rastrearlo desde el otro lado de una sala, puesto que su alcance de lectura es de menos de unos cuantos pies.

Pero el gobierno chino resultó ser más ingenuo. En lugar de cuestionar las afirmaciones increíbles del traficante de armas, se tragaron el concepto de lleno.

Lo que no sabían es que Jakob Boeskov, el oficial ejecutivo de *Empire North*, no era traficante de armas. En lugar de ello, era un atrevido artista danés que tenía tarjetas de presentación falsas y planos ficticios para ver si los gobiernos del mundo adoptarían un plan de etiquetar y supervisar secretamente a personas con el arma más siniestra que pudiera imaginar.

Seguramente a nadie le interesará esto, pensó Boeskov. Pero cuando promovió su arma en China Police 2002, una exposición comercial internacional de armas celebrada en Beijing, sus peores temores quedaron confirmados. La Policía china no sólo estaba extremadamente interesada en rastrear a sus ciudadanos con implantes de microchips secretos, sino que representantes de varios otros países también expresaron su interés.[2]

(Foto: Cortesía de Jakob Boeskov)

Jakob Boeskov despliega su concepto del arma más siniestra del mundo: el rifle de identificación para francotiradores.

¿Quién se lo hubiera imaginado?

Afortunadamente para Boeskov, nadie descubrió su farsa, o de lo contrario podría haber sido echado en una prisión china por los oficiales disgustados al descubrir que habían sido presa de un ardid creativo. Pero desgraciadamente para los ciudadanos del mundo, si el arma de Boeskov existiera, probablemente sería adoptada y puesta en uso.

Abuso de la RFID por el gobierno

¿Le interesaría al gobierno de los Estados Unidos usar un arma poderosa y clandestina para implantar chips en seres humanos? Esperamos que no. Pero está claro que los que controlan el poder en Washington tienen sus propios planes para promover la tecnología de RFID y usarla para rastrear y supervisar tanto a los ciudadanos como a los visitantes de nuestras costas.

Algunos de estos esfuerzos se anunciarán públicamente, tales como la orden gubernamental de colocar chips en pasaportes y documentos de visitantes. Otros podrían ser virtualmente invisibles para los ciudadanos puesto que los burócratas no harán el trabajo sucio ellos mismos. Dejarán que empresas privadas sean las que coloquen etiquetas de RFID en todo, y después permitirán que los vendedores asocien dichos números con consumidores individuales. Finalmente, permitirán que los corredores de información lo registren todo en bases de datos masivas. De esta manera el gobierno sencillamente podrá comprar la información que desee posteriormente, o usurparla abiertamente en nombre de la seguridad nacional.

Esta estrategia daría a oficiales del gobierno acceso al tipo de información granular y detallada acerca de nosotros que ellos desean pero que no se les permite obtener por sí mismos, gracias a los límites establecidos por la Cuarta Enmienda, la que nos protege contra el allanamiento y detención no razonables por parte del gobierno.

Cumplimiento de la ley y vigilancia

Obviamente, el acceso a la información de etiquetas de RFID permitiría al gobierno espiar a sus ciudadanos a un nivel nunca soñado. Pero, ¿por qué pensamos que desearían hacer semejante cosa?

Por su historia pasada.

En mayo de 2004, la Oficina General de Contabilidad (GAO, por sus siglas en inglés) de los Estados Unidos publicó un informe que documentaba los esfuerzos federales de extracción de datos, con el propósito de ayudar a detectar los fraudes burocráticos, el desperdicio y el abuso. Una meta buena y loable. Pero también reveló otro aspecto. El gobierno utiliza los mismos procesos para escudriñarnos a nosotros. Al revisar minuciosamente las bases de datos comerciales repletas de información personal de consumidores, buscan detectar a personas que tienen ciertos perfiles y las convierten en blanco de evaluaciones cercanas y escrutinio.[3] En otras palabras, están usando datos comerciales para ir en expediciones de pesca sin que medie razón para ello.

¿Qué tan comunes son estas expediciones de pesca? Cuando la GAO examinó a 128 departamentos federales a finales de 2003 y principios de 2004, descubrieron casi 200 esfuerzos de extracción de datos ya sea planeados o en curso. De estos, treinta y seis utilizaban información personal tal como datos de transacciones con tarjetas de crédito obtenidas de bases de datos del sector privado.

La mayoría de nosotros jamás ofrecería esta información voluntariamente al gobierno a menos que se nos presentara una orden de cateo o que alguien nos pusiera un revólver en la cabeza. Pero las corporaciones que venden estos datos no tienen esos escrúpulos.

El gobierno está analizando esta información a través de la extracción de datos, un proceso que describen como el uso de «técnicas —tales como análisis estadísticos y modelaje— para descubrir patrones ocultos y relaciones tenues entre los datos... [para] permitir la predicción de resultados futuros».[4]

De modo que el gobierno quiere saber no sólo todo lo que hemos hecho en el pasado, sino también lo que vamos a hacer en el futuro.

¿Y ahora qué, hojas de té y adivinos?

Esto puede ser apenas la punta del iceberg. Varias agencias clave se negaron a discutir sus actividades de extracción de datos con la GAO, incluyendo la Agencia Central de Inteligencia (CIA), la Agencia de Seguridad Nacional y el Departamento del Ejército del Departamento de Defensa.[6] Sólo es posible imaginar el alcance de *sus* actividades de extracción de datos, o por qué mantuvieron el pico cerrado respecto a ellas. Tal vez el Departamento de Defensa ha decidido que es mejor mantener tales esfuerzos bajo sombras luego de la reacción negativa que recibió hace poco su programa de «Conocimiento Total de Información».

> ▶▶ LOS FEDERALES RECONOCEN QUE
> VIOLAN NUESTRA PRIVACIDAD ◀◀
>
> Tomado del informe de la GOA acerca de la Extracción de Datos, mayo de 2004: «La extracción de datos de las bases de datos gubernamentales y privadas que contienen información personal crea una gama de problemas de privacidad. A través de la extracción de datos, las agencias pueden rápida y eficientemente obtener información de individuos o grupos al aprovecharse de bases de datos grandes que contienen información personal ampliada por los registros públicos y privados.
>
> Se puede desarrollar información sobre un individuo específico o sobre individuos desconocidos cuyo comportamiento o características encajan en un patrón específico».[5]

Conocimiento total de información

El Conocimiento Total de Información, abreviado «TIA» por sus siglas en inglés, fue un proyecto del Departamento de Defensa diseñado para capturar información acerca de virtualmente todas las transacciones de todas las bases de datos comerciales de los Estados Unidos Estos registros —que incluyen todo desde nuestras llamadas telefónicas y depósitos bancarios hasta nuestras compras en tiendas y por correspondencia— habían de consolidarse en bases de datos centralizadas del gobierno en donde podrían ser observadas las veinticuatro horas del día en busca de actividades extraordinarias.[7]

Los fondos del proyecto de Conocimiento Total de la Información fueron suspendidos por el Congreso luego del clamor público (algunos piensan que ahora funciona como una «cuenta de bolsa negra», no sujeta al examen del Congreso),[8] pero el impulso de acceder a conocimiento cada vez más detallado de nosotros no ha desaparecido. Un incidente terrorista más y los burócratas estarán pidiendo a gritos que se derriben los jirones restantes de la privacidad que aún nos quedan. Por supuesto, a menos que tengamos cuidado, la próxima vez obtendrán más que nuestros registros de tarjetas de crédito. Obtendrán también los números de RFID de nuestros zapatos y camisas.

CUANDO LAS BASES DE DATOS CONTIENEN NÚMEROS DE ETIQUETAS DE RFID

Si el gobierno obtiene acceso a registros de compra que contengan números de etiqueta de RFID, sería cuestión sencilla escanear las cosas que las personas están usando o llevando, buscarlas en la base de datos de compra, e identificar a estos individuos. Esto facilitaría la identificación de opositores políticos y la violación de las libertades civiles.

Éste es un ejemplo. Dependiendo de sus inclinaciones políticas y sus intereses, suponga que está asistiendo a una exhibición de armas, una concentración de paz, una reunión sindical, un servicio religioso o una charla ofrecida por un clérigo musulmán destacado. Su derecho de asistir a estos eventos está protegido por la Primera Enmienda, que garantiza el derecho de libre asociación con otros, de modo que no sería apropiado que agentes del gobierno entren de sorpresa a dicho evento y exijan ver los documentos de identidad.

Sin embargo, en el futuro con *chips espías* podrían averiguar quién está allí sin tener que preguntar. Con lectores de RFID portátiles en sus mochilas, los agentes podrían deambular por tales eventos, captar todas las etiquetas de RFID relacionadas con los asistentes, referirlas a bases de datos comerciales y crear una lista bastante completa de quién se encontraba allí.

Esa información no sólo identifica a esas personas, sino que también puede identificar su red ampliada de contactos. Por ejemplo, si escanearan a Katherine un día que llevara puesta la bufanda de invierno de su esposo, el reloj que su madre le compró por su graduación y un bolígrafo que tomó prestado de un reportero, el gobierno ya sabría a quién interrogar para obtener más información de ella.

Aun si el gobierno no pudiera determinar quién compró los objetos detectados en el evento, los números únicos de RFID que los objetos contienen todavía podrían representar una amenaza a las libertades civiles de sus propietarios. Luego que los agentes hubieran obtenido los números de los artículos relacionados con una concentración de paz, por ejemplo, podrían poner *los objetos mismos* en una lista de observación. Aun sin transmitir la identidad de los individuos que los llevan, los objetos podrían comunicar una «relación con concentraciones de paz» (o relación con una exhibición de armas, o relación con musulmanes, etc.) que los agentes del gobierno podrían usar posteriormente.

De ese modo, si un par de zapatos detectados en un evento controvertido aparecen posteriormente en un punto de control de un aeropuerto, el individuo que los use podría ser señalado para interrogación, o hasta se le podría impedir que aborde la aeronave.*

RFID EN INSTRUMENTOS FINANCIEROS

Algunos han vaticinado la muerte del dinero en efectivo, puesto que las tarjetas de crédito y pagos electrónicos están utilizándose con más frecuencia y para compras más pequeñas.[9] No obstante, hay muchas personas (¡como nosotras!) que continúan valorando el dinero en efectivo bastante debido al anonimato que proporciona. Esto puede cambiar pronto si la RFID se establece porque se ha desarrollado un método para rastrear el dinero en efectivo y crear un historial de su rastro de propietarios.

Hitachi ha desarrollado un chip de RFID minúsculo denominado el *mu chip*, que mencionamos en el capítulo dos. De apenas 0,4 mm cuadrados, el *mu chip*, que contiene una antena incorporada, tiene un alcance de lectura de apenas unos cuantos centímetros. A pesar de este alcance bastante limitado, este chip tiene el potencial de eliminar el anonimato del dinero en efectivo porque es suficientemente pequeño para permitir colocarlo en el papel moneda,[10] y su número de identificación único podría ser captado en cualquier punto en el que se transfiera dinero en efectivo.

Imagínese si cada vez que retirara cien dólares del cajero automático, cada uno de los billetes de veinte que retire contuviera un número de identificación que podría ser captado y relacionado con su cuenta. Luego, al usar uno de esos billetes para pagar por algo, su número podría ser captado nuevamente por el establecimiento en el punto de venta. Si los registros de estas transferencias se guardaran en una base de datos maestra manejada por el gobierno federal (o por una entidad privada que entregara sus registros a solicitud del gobierno), sería posible literalmente seguir el rastro del dinero a través de la economía.[11]

¿Hay algún gobierno que esté usando este sistema? Francamente, no lo sabemos. Se informó hace unos cuantos años que el Banco Central Europeo estaba en discusiones con Hitachi acerca de colocarle chips a los billetes en la Unión

---

*Aunque el implante con «tamaño de un grano de arroz» no puede usarse para rastrear a personas desde el espacio, su empresa madre ha discutido un prototipo de implante de GPS, del tamaño de un pager, que se implantaría quirúrgicamente bajo la clavícula del usuario. Este dispositivo activo contendría una batería y tecnología sofisticada capaz de transmitir las coordenadas del usuario a un punto central. Aunque la empresa ha discutido este prototipo por años, nadie que conozcamos ha visto uno en realidad.

Europea para prevenir las falsificaciones, y se rumora que el gobierno japonés ha pensado en etiquetar billetes de yen de denominaciones altas con el *mu chip*.[12] Sin embargo, no sabemos si este sistema ha sido sometido a prueba o instalado.

Aunque han circulado rumores por Internet de que la moneda de los Estados Unidos ha sido etiquetada con RFID, no hemos hallado ninguna evidencia de peso que indique que así es, aunque no descartamos esa posibilidad en un futuro.

¿Cuáles son las implicaciones de la RFID en el dinero en efectivo?

Por supuesto, una vez que el dinero en efectivo ha sido etiquetado, ya no quedarán alternativas de pago anónimo, aparte del trueque (y aun eso podría resultar problemático si los artículos llevan su estado de propiedad en sus etiquetas incrustadas). Es más, habrá un incentivo grande por vigilar las transacciones financieras de todos como método para reducir o eliminar el lavado de dinero, el tráfico de drogas y la economía del mercado negro. Si el dinero puede rastrearse, aun darle dinero a un mendigo o indigente podría meterle en problemas. Imagínese que le da un billete de veinte dólares a un individuo sin hogar, y que unos días después ese billete aparezca en una redada antidrogas y se determine que el mismo le fue entregado a usted por el cajero automático de su banco. Usted podría hallarse respondiendo a algunas preguntas difíciles.

El alcance de lectura de las etiquetas de RFID en el dinero en efectivo está limitado a unas cuantas pulgadas con la tecnología actual. No obstante, un carterista astuto sería capaz de identificar las víctimas fáciles en una muchedumbre al toparse contra sus bolsillos con un lector de mano.

El servicio postal de los Estados Unidos

A través del viento, la lluvia, la nieve y el granizo, entregamos el correo con chips espías. Ese podría ser el nuevo lema del Servicio Postal de los Estados Unidos si le colocan etiquetas de RFID a los sellos postales, como hemos vaticinado. Según *Sun Microsystems*, proveedora de software de RFID, el Servicio Postal está «considerando la incorporación de capacidades de RFID en los sellos postales, para poder rastrear y localizar el correo con más rapidez».[13] Algún día se podría usar un número de RFID individual para cada sello con el fin de asociar cada carta con su remitente, poniendo fin al romance de las cartas de amor anónimas y a la libertad de correspondencia.

Una nueva propuesta presidencial de otorgarle al FBI la autoridad de rastrear la correspondencia de personas sospechosas de terrorismo podría acelerar la llegada de sellos postales con *chips espías*. Bajo esta propuesta, los inspectores postales estarían obligados a entregarle al FBI datos contenidos en el exterior de la correspondencia enviada o recibida por sujetos bajo investigaciones de terrorismo.[14] Este proyecto tedioso podría facilitarse con el uso de sellos postales habilitados para RFID.

Mientras tanto, el Servicio Postal está dispuesto a aceptar otras medidas de RFID. Sus consultores de automatización han recomendado el rastreo de contenedores de correo con etiquetas de RFID,[15] y el Servicio Postal recientemente contrató a la empresa proveedora de servicios inalámbricos ID Systems para instalar *chips espías* en vehículos postales para poder supervisarlos y rastrearlos mejor.[16] ¿Acaso los empleados postales serán los próximos?

PASAPORTES

Mientras que los consumidores preocupados por su privacidad han mantenido el ojo puesto en los productos de consumo, el gobierno de los Estados Unidos calladamente empezó una iniciativa para colocarle *chips espías* a nuestros pasaportes.

«Seguro, el público puede hacerle un boicot a Benetton o a Gillette, pero veamos si pueden boicotear al Departamento de Estado de los Estados Unidos –seguramente habrán calculado los federales. Puesto que no nos eligieron a nuestro cargo por votación, tampoco pueden echarnos del puesto por votación».

Tal vez así estaban pensando cuando el Departamento de Estado forjó sus planes de colocar etiquetas de RFID no cifradas en nuestros pasaportes que transmitirían datos tales como nuestro nombre, lugar de nacimiento y nacionalidad a todo el que tenga el dispositivo lector adecuado.[17] Los ciudadanos estadounidenses ya corren riesgos al viajar a países que se oponen a las políticas de los Estados Unidos, así que nos confunde por qué nuestro gobierno desearía permitirle a secuestradores, ladrones y terroristas identificarnos como blancos para robo, secuestro o algo peor.

Nuevamente, esta decisión se hizo en un contexto burocrático, sin darle oportunidad al público que expresara sus opiniones. Sólo *después* de que la decisión de colocar los *chips espías* era un «fait accompli» el Departamento de Estado abrió un período para recibir comentarios del público, e inmediatamente se vio inundado con miles de cartas de oposición enérgica. El torrente de críticas ha sido tan incesante que el Departamento de Estado ahora está reexaminando los problemas de seguridad.[18]

SUPERVISIÓN DE VISITANTES EN LOS ESTADOS UNIDOS

Los extranjeros que viajen a los Estados Unidos pronto estarán identificados con *chips espías* también, gracias al programa de Tecnología Indicadora del Estado de Visitantes e Inmigrantes de los Estados Unidos (U.S.-VISIT, por sus siglas en inglés). Los visitantes extranjeros recibirán dispositivos identificadores con *chips espías* que pueden leerse a distancia y que contendrán su nombre, país de origen, fechas de entrada y de salida e información biométrica, a partir de una fecha determinada en el 2005.[19]

Si acaso piensa que esto es una buena idea, debiera saber que probablemente recibiremos una bienvenida recíproca en otros países. ¿Desearía usted transmitir su nacionalidad cuando viaje a un país que no comparte los puntos de vista de nuestro gobierno respecto a los asuntos mundiales?

La supervisión de las fronteras podría convertirse en una tarea costosa, tanto en lo financiero como en términos de avanzar la agenda de RFID. El gobierno ha otorgado un contrato increíble de *diez mil millones de dólares* a Accenture para que desarrolle una «frontera virtual» para la iniciativa de U.S.-Visit.[20] Recordará que Accenture es la empresa promotora de *chips espías* que está impulsando conceptos tales como la «Real-World Showroom» (sala de exhibiciones del mundo real), una manera de permitirle a extraños que le escaneen para ver lo que está usando y llevando consigo. Esta inmensa infusión de dinero tendrá un efecto significativo para reforzar el papel de Accenture en los asuntos domésticos. Esto es preocupante, dada la poca atención que esta empresa presta a la privacidad y a la propiedad.

¿Cómo gastará Accenture esos diez mil millones de dólares? No sabemos, ni tampoco lo sabe el gobierno federal. Accenture obtuvo el contrato (a un costo estimado para los contribuyentes de cuarenta dólares por cada hombre, mujer y niño en los Estados Unidos) sin tener que especificar lo que van a hacer. Pero no se preocupe, ya están hablando del escaneo del iris, reconocimiento de voz y huellas dactilares digitales.[21]

Armas de fuego

El último esquema de seguridad con RFID involucra el implante de un microchip en la mano del propietario de un arma de fuego para verificar que está autorizado para dispararla. VeriChip (la empresa de los implantes) se ha unido con la empresa fabricante de armas de fuego FN Manufacturing, de Carolina del Sur, para desarrollar la «pistola inteligente» que exploraría al usuario en busca de un chip implantado antes de permitir que el arma pueda dispararse.

Sin embargo, los oficiales de Policía no están muy complacidos con esta idea. Aunque la «pistola inteligente» es presentada como una medida de seguridad, el plan ha demostrado ser impopular entre los oficiales de Policía que está diseñado para proteger. La pistola de un oficial de Policía sería inútil si el chip en su mano se dañara durante una pelea, y la pistola de su compañero también le resultaría inútil. Peor aún, existe el potencial de que criminales hábiles detonen un arma de impulso electromagnético (similar a un dispositivo de microondas de alta potencia) para eficazmente inhabilitar las armas de todo un cuerpo de Policías, y a la vez utilizar armas «antiguas» sin RFID para cometer sus crímenes.

El confiar en una tecnología no probada en situaciones de vida o muerte comprensiblemente pone nerviosos a los Policías. «Tenemos interrupciones en el sistema de electricidad y computadoras que dejan de funcionar. ¿Arriesgaría usted su vida sabiendo todas las cosas que podrían salir mal?», preguntó el sargento de entrenamiento William Sandman, de la Policía de West Palm Beach.[22]

Aunque los oficiales de Policía todavía pueden negarse a participar en los esquemas de tecnología avanzada para inhabilitar las armas de fuego, los soldados algún día podrían enfrentar una corte marcial si dicen que no. Nuestros hombres y mujeres en uniforme podrían ser los conejillos de indias para la versión militar de la «pistola inteligente». Según la solicitud de patente N° 20020149468 (SISTEMA Y MÉTODO DE CONTROL DE DISPOSITIVOS A DISTANCIA), pagada por el gobierno de los Estados Unidos, ahora es posible equipar a los soldados con armas que pueden inhabilitarse a distancia por cortesía de las etiquetas de RFID que tienen colocadas.[23] Según la solicitud de patente, «las armas perdidas en un campo de batalla pueden rastrearse y habilitarse fácilmente, o inhabilitarse a distancia automáticamente o a voluntad». Por supuesto, si la tecnología de inhabilitación cae en manos enemigas, nuestras tropas podrían verse en un mundo de problemas. Eso es ponerle mucha fe a un *spychip*.

(FOTO: CORTESÍA DE OF PACIFIC NORTHWEST NATIONAL LABORATORY)

Demostración de rifle M-16 del ejército
de los Estados Unidos

Esta foto del gobierno muestra una culata de arma de fuego y la etiqueta de RFID que podría un día colocársele.

No se requiere mucha imaginación para ver cómo la capacidad de rastreo e inhabilitación a distancia podría incorporarse un día en las armas de fuego para autodefensa de ciudadanos respetuosos de la ley. Imagínese si los malos, ya sea en un campo de batalla o invadiendo su hogar, tuvieran la capacidad de inhabilitar las armas de los buenos. Todos seríamos blanco fácil. Por supuesto, el gobierno también podría utilizar la tecnología como medio cómodo de pasar por alto la Segunda Enmienda y violar nuestro derecho de portar armas.

EL GOBIERNO PROMUEVE LA RFID

Lejos de proteger al público contra la amenaza de la RFID, nuestro gobierno está promoviendo activamente esta tecnología. Algunas agencias han sido partidarias desde un principio, tales como el Departamento de Defensa y el Servicio Postal de los Estados Unidos. Han sido «miembros patrocinadores» del Auto-ID Center desde sus primeros días. Y ya para 2002, el Auto-ID Center se estaba reuniendo con el director del Departamento de Seguridad Nacional, Tom Ridge.[24]

El Departamento de Defensa, uno de los compradores más grandes de mercancías del mundo, hizo una movida táctica significativa para avanzar la agenda de *chips espías* en septiembre de 2003 al exigir a sus proveedores que fijaran

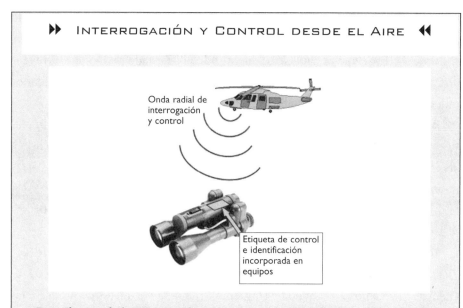

> **INTERROGACIÓN Y CONTROL DESDE EL AIRE**
>
> Onda radial de interrogación y control
>
> Etiqueta de control e identificación incorporada en equipos
>
> Dra. Shearer de la IBM: Por favor tome nota... ¡ahí tiene su helicóptero! Las fuerzas armadas han visualizado el uso de etiquetas de RFID incorporadas en equipos para la supervisión remota desde el aire. En caso de que usted se haya saltado algunos capítulos, retorne al Capítulo Trece y lea la calumnia acerca de la supervisión con helicópteros para que aprecie el significado completo de esta ilustración. (Foto: Cortesía de Pacific Northwest National Laboratory)

etiquetas de RFID a los embarques destinados a los almacenes del Departamento de Defensa.[25] Como hemos dicho, esto es el equivalente gubernamental a la orden similar dada por Wal-Mart.

Para no quedarse atrás, el Departamento de Agricultura de los Estados Unidos (USDA, por sus siglas en inglés) y la Administración de Alimentos y Drogas (FDA, por sus siglas en inglés) están estimulando la adopción de la RFID a través de sus pautas recién publicadas de «rastreo y seguimiento». La USDA ha hecho un llamado a que todos los animales para alimento sean rastreados desde «el nacimiento hasta la muerte»,[26] mientras que la FDA, como ya hemos explicado, desea rastrear los medicamentos por receta desde las fábricas hasta las farmacias.[27]

Legisladores como el senador Byron Dorgan por Dakota del Norte, están en los bolsillos de los intereses acaudalados de la RFID. Dorgan gastó dinero federal de los contribuyentes para traer a Alien Technology, fabricante de etiquetas de RFID, en sociedad con la Universidad Estatal de Dakota del Norte para que apoyaran la «investigación de microtecnología». Fue poca la sorpresa cuando Alien luego le devolvió el favor al acordar en la construcción de la fábrica de chips de RFID de mayor capacidad del mundo en el estado de Dorgan, atrayendo muchos trabajos sucios a Dakota del Norte.[28] Bienvenidos a la nueva economía dependiente de *chips espías*.

Para finales de 2004 y principios de 2005, se hicieron públicas varias iniciativas grandes de RFID por parte de varias agencias del gobierno, incluyendo a la Administración del Seguro Social,[29] NASA,[30] el Servicio Postal,[31] y el Departamento de Seguridad Nacional,[32] entre otras. El volumen y la furia detrás de estos anuncios alcanzaron una repercusión tan alta que sabíamos que algo importante estaba sucediendo tras bastidores.

Todo se aclaró cuando encontramos un boletín de la Administración de Servicios Generales (GSA, por sus siglas en inglés) titulado «Identificación por Frecuencias de Radio B-7», que abiertamente ordenaba a los jefes de las agencias federales a «tomar en cuenta acciones que pueden tomarse para avanzar la industria [de la RFID] al demostrar la intención a largo plazo que tiene la agencia de adoptar soluciones tecnológicas de RFID».[33] ¡Un momento! ¡¿Avanzar la industria?! Esta directriz se firmó el 4 de diciembre de 2004.

Aparentemente, puesto que los partidarios de *chips espías* sabían que no podían lograr que los consumidores aceptaran el programa, cambiaron de táctica para atraer a las agencias gubernamentales en su lugar. Los contribuyentes tienen poca voz en las decisiones cotidianas de compra de las agencias federales, así que era el lugar perfecto para obtener contratos de alta visibilidad y bien lucrativos, justo por encima de las cabezas del público. Después de todo, ¿cómo puede un grupo cívico protestar en contra de que la Administración del Seguro Social utilice RFID para rastrear sus archivos? Las agencias del gobierno no sólo pueden gastar libremente para apoyar a la industria de la RFID, sino que la instalación de la misma indicaría con claridad que la tecnología tiene la legitimidad del apoyo gubernamental. Tremendo golpe.

SENADORES ESTADOUNIDENSES PROMETEN «PROTEGER» LOS CHIPS ESPÍAS

Según los documentos confidenciales que hemos descubierto, por mucho tiempo la industria de la RFID ha planeado usar oficiales gubernamentales de «niveles altos» para avanzar su agenda. Aparentemente, esos esfuerzos ahora están rindiendo dividendos. No sólo la GSA está apoyando abiertamente a la RFID, sino que senadores estadounidenses también están subiendo a bordo. En lugar de velar por los intereses de sus votantes, nuestros representantes electos están trabajando tiempo extra para proteger y promover los intereses de la industria de la RFID.

La última carta a favor de la RFID que nos dejó tambaleándonos del impacto vino de algo llamado «Comité de Trabajo Republicano de Alta Tecnología del Senado», el que reveló un conjunto de programas de política en la primavera de 2005. Increíblemente, una de sus plataformas era una promesa de «proteger» la RFID. Estos senadores anunciaron que:

> Protegerán las nuevas y emocionantes tecnologías contra la regulación prematura o legislación en la búsqueda de un problema. La RFID ofrece una tremenda promesa para nuestra economía, incluyendo logística militar y eficiencias de inventario comercial, y no debe quedar prematuramente limitada por reglamentos.[34]

Nos perturbó cuando echamos un vistazo más de cerca a este «comité de trabajo» de oficiales electos. Su página Web los describe como «un conducto para la industria tecnológica». Pero, un momento. No elegimos a estos senadores para que representaran a la industria tecnológica. Los elegimos para que nos representaran a *nosotros*. ¿Desde cuándo los políticos son lacayos de la industria en lugar de «conductos» del pueblo? CASPIAN en general no aboga por controles legislativos sobre la RFID (sólo deseamos alternativas de rotulación, como describimos en el Capítulo Diecisiete), pero ciertamente no pensamos que nuestros representantes electos debieran estar rebosando por la tecnología, ni tampoco calificarla de «emocionante». Apostamos a que la exuberancia de los legisladores desaparecerá una vez que sus votantes lean este libro y se enteren de que las «nuevas y emocionantes tecnologías» que sus políticos están impulsando involucran intrusiones a la privacidad al estilo orwelliano.

16

ESCENARIO DE PESADILLA

El poder mata; el poder absoluto mata absolutamente.

—R. J. Rummel[1]

Sed quis custodiet ipsos custodes?
[¿Quién custodia a los custodios?]

—Juvenal, sexta sátira, primer siglo A.D.

¿Cazadores o presas?

Hay dos formas de ver las capacidades extraordinarias que tiene la RFID para rastrear a seres humanos. O se abraza la idea de ser capaz de identificar y rastrear a individuos en todas partes, o se retrocede horrorizado ante la idea. Su reacción depende de dónde se ve usted a sí mismo en la ecuación del rastreo: ¿Es usted el cazador o la presa? Frecuentemente, cuando damos una charla sobre la RFID a un grupo de ejecutivos de corporaciones, se produce una transformación extraña. Los mismos individuos partidarios de la RFID que golpetean sus dedos sobre la mesa y nos dan miradas heladas antes de iniciarse la charla, saltan aterrorizados de sus sillas cuando concluimos, diciendo: «¿Cómo detenemos esto? ¡No podemos dejar que lo hagan!» Es curioso lo fácil que «nosotros, los custodios» podemos convertirnos en «nosotros, los custodiados». En otras palabras, la RFID está bien siempre y cuando nosotros seamos de los que la controlamos, pero no si otra persona está al mando.

209

En ninguna parte se expresa la mentalidad de depredador con más claridad que en una presentación promocional de video hecha en el 2001 que mostraba al ex director ejecutivo del Auto-ID Center de MIT, Kevin Ashton (el visionario de Procter & Gamble que inició todo este asunto). Mientras lee la historia siguiente narrada por Ashton, vea si se identifica con el cazador o con la presa:

> Me encontraba en África el año pasado y estábamos en un vehículo Jeep para turistas. [Nos] topamos con algunas cebras y nuestro entretenido rastreador africano se volteó hacia mí, el tipo de MIT, y me dijo: «Ok, le apuesto a que no sabe por qué las cebras tienen rayas». Y, por supuesto, yo sabía la respuesta; obviamente es para camuflaje, ¿verdad? Cuando el hombre paró de reírse (lo que le tomó algo de tiempo), me preguntó: «Muy bien. Cebra. Rayas negras y blancas. África. ¿Ve algo blanco y negro? No».
>
> Me dijo que las cebras tienen rayas por una razón muy interesante. Y la razón es que si un depredador decide atacar una manada de cebras, lo que busca es aislar a una de ellas, perseguirla y agotarla. La razón por la que la cebra tiene rayas es para que cuando todas huyan, sea absolutamente imposible mantener el ojo puesto sólo una de ellas. Así que las rayas de la cebra en realidad son una defensa contra la identificación.
>
> Eso captó mi imaginación por lo que hago en mi trabajo, donde la identificación es el problema principal. En la naturaleza, la identificación es cuestión de vida o muerte. Si no es posible identificar las cosas, no es posible contarlas, no es posible averiguar si se pueden comer o no, no es posible determinar si son amigos o enemigos.[2]

En su forma perspicaz acostumbrada, Ashton ha resumido de forma nítida el asunto. Sin un método seguro de identificación, un depredador no puede aislar a un individuo, perseguirlo, agotarlo, y en última instancia, comérselo. Si usted es un león, debiera abrazar la RFID. Si es una cebra, debiera luchar como un demonio por mantenerla lejos de usted y de sus hijos.

Hoy día, nuestro discurso público está casi totalmente dominado por depredadores de la información; los leones que desean observar de cerca de los demás. Usualmente este deseo se enmarca como una batalla en la que «los buenos» necesitan mejor tecnología para vigilar a «los malos». El coro puede ser ensordecedor.

«¡Detengan a los terroristas!»

«¡Fotografíen a los rateros de tiendas!»

«¡Identifiquen a los extranjeros!»

«¡Marquen a los chicos que deciden no ir a la escuela en día de clases!»

Se nos ha inundado con tantos mensajes de los que «velan» que su punto de vista empieza a meterse en nuestra conciencia, ahogando nuestra percepción de un hecho crítico: una vez que le entregamos el poder a los leones, no tomará mucho para que nosotros nos convirtamos en su presa.

Imagínese lo que significaría para la sociedad si la RFID realmente cumpliera su promesa e hiciera posible para las autoridades aislarnos de modo individual y tener cien por ciento de precisión, las veinticuatro horas del día, sobre quiénes somos, dónde vamos, con quiénes nos relacionamos y qué hacemos con nuestro tiempo. Imagínese que una RFID presente en todas partes, junto con bases de datos omniscientes y una red de vigilancia por video que todo lo ve, hicieran que las fuerzas del orden público lo vieran todo, al grado que ningún acto pasara sin observarse y ningún crimen sin castigarse.

Tal vez esto suene bien a sus oídos. Casi con certeza reduciría el terrorismo, los robos, secuestros y aun los crímenes menores citadinos, todos estos resultados positivos. Si usted se identifica a sí mismo con los leones, es buena cosa que los oficiales del orden y de Seguridad Nacional, y los guardias de frontera y directores de escuela y todas las demás personas que tienen autoridad tengan esta omnisciencia.

Eso es, por supuesto, a menos que se conviertan en malos.

La estrella amarilla

En los días tenebrosos del Tercer Reich, los judíos se habían convertido en los cazados. La única forma que tenían de escapar a la deportación a los campos de muerte nazi era huir del país, ocultarse, o mezclarse con el resto de la manada alemana, usando medios ilegales tales como papeles de identidad falsificados y coartadas bien elaboradas. Trágicamente, muchos fracasaron. Pero algunos judíos usaron sus «rayas de cebra» para evitar ser aislados de la multitud y señalados para su destrucción.

En su libro, *The Last Jews in Berlin* [Los últimos judíos en Berlín], el autor Leonard Gross narra historias milagrosas de la supervivencia de un puñado de judíos que pasaron la Segunda Guerra Mundial dentro de las fronteras de la misma Alemania. Sus estrategias incluían ocultarse o posar como no judíos para evitar ser detectados. Pero no importa cómo sobrevivieron, todas estas almas rebeldes y valientes tomaron un primer paso en común: desecharon la estrella amarilla que los identificaba como judíos y los marcaba para la muerte.

De forma interesante, después de pasar años entrevistando a supervivientes del Holocausto para su libro, Gross llegó a la misma analogía de la «manada» que Kevin Ashton posteriormente utilizaría para justificar la RFID. La diferencia crucial radica en que mientras que Ashton se identificó a sí mismo con los cazadores, Gross lo hizo con la presa. Aquí describe cómo los nazis aislaban a su presa de la manada:

> El 1° de septiembre de 1941, los nazis habían ordenado a todos los judíos mayores de seis años usar una estrella de David sobre sus corazones... Era una estrella amarilla con su perímetro en negro y bordada con la palabra *Jude*... Se había prohibido que salieran de sus distritos sin permiso o que estuvieran fuera de sus casas después de la hora del toque de queda; políticas cuyo propósito fundamental quedó claro una vez que se iniciaron las deportaciones. No sólo se había marcado a todo el ganado judío para facilitar su identificación, sino que habían sido acorralados con una valla para que sus captores pudieran sacarlos de la manada para llevarlos al matadero.[3]

La «solución final» ya había estado en camino por mucho tiempo. Aun antes de iniciados los campos de la muerte y el exterminio, los nazis habían convertido a los judíos en entes nulos en sus propias comunidades, haciendo todo lo posible por evitar que disfrutaran de las comodidades y placeres de la vida. Como lo explica Gross, los judíos tenían prohibido el uso de parques públicos y calles públicas en donde hubiera edificios oficiales. Se les prohibió usar teléfonos o servicios públicos. Aún más difíciles de acatar, enfrentaban restricciones draconianas en los almacenes. Se les prohibía comprar alimentos básicos, incluyendo huevos, leche, queso, pan blanco, carnes ahumadas, pescado, tabaco y licor.

No nos queda duda de que si el Holocausto fuera a suceder hoy, los depredadores nazis harían mucho más que entregar estrellas amarillas para marcar a sus víctimas. Casi con certeza marcarían a cada judío con un implante obligatorio de RFID, preferentemente en un lugar profundo del cuerpo en donde fuera casi imposible de retirar.

En un mundo lleno de lectores de RFID, los nazis hubieran sido mucho más eficientes en privar a los judíos de acceso a las necesidades básicas y a las cosas de la vida diaria. Los números de RFID cifrados en sus chips marcarían a los judíos como parias sociales y tecnológicos, haciendo que toda puerta, elevador o aparato provisto de autenticación por RFID se apagara cuando un judío intentara utilizarlo. En una sociedad sin dinero en efectivo en la que se requiere una lectura de identificación para casi todas las actividades, los teléfonos públicos estarían programados para negar el tono de marcar, las puertas del metro permanecerían firmemente cerradas y los equipos de las tiendas se negarían a tramitar el pago por alimentos «sólo para arios» tales como los huevos y la leche si una persona de tipo «equivocado» intenta comprarlos. Con pulsar unas cuantas teclas se podría cercenar a una comunidad entera de la manada, en una mutación horrenda de la técnica de «marcación digital» de los agentes de mercadeo. Pero en lugar de cobrar precios más altos y ofrecer servicio deficiente a los «indeseados», tales técnicas les impedirían por completo recibir servicio.

Cuando el mundo de baja tecnología se torna perverso como sucedió en la Alemania nazi, es una pesadilla; pero cuando el mundo con RFID se torna perverso, la pesadilla podría penetrar todo aspecto de las vidas de sus víctimas, haciendo que el camuflaje y el escape sean prácticamente imposibles. La RFID cumpliría los sueños perversos más extravagantes de los dictadores, proporcionando una omnisciencia y control casi totales sobre todo aspecto de la sociedad.

Cuando la RFID se torne perversa, será como nada que hayamos visto antes.

¿PODRÍA SUCEDER AQUÍ?

Tal vez piense que hablar de abuso por parte del gobierno no es más que una cortina de humo, puesto que, después de todo, no vivimos en la Alemania nazi. Eso es probablemente lo que pensaban los vecinos de Alemania también, hasta que los delincuentes fascistas tomaron las riendas del poder de sus gobiernos legítimos y empezaron a cometer las mismas atrocidades que habían cometido en casa. Si países como Polonia u Holanda hubieran establecido una infraestructura de RFID, sin importar lo benigno de sus intenciones y cuántos controles legales hubieran establecido para restringir su uso, los nazis se hubieran apoderado de ella, quitado los dispositivos de protección y rápidamente la hubieran aplicado para sus metas odiosas.

Sería fácil para un opresor dominar a un pueblo acostumbrado a ser vigilado y controlado por etiquetas de RFID y lectores en sus hogares, escuelas, tiendas y lugares de trabajo. Un pueblo tan dócil como para permitir que sus botiquines, refrigeradores, cajas registradoras, repisas de venta, alimentos, armas, pasaportes, correo, uniformes de trabajo, neumáticos de automóvil, carreteras, taxis y trenes subterráneos sean etiquetados y supervisados por las autoridades serían presa fácil de un tirano. Si un pueblo ni siquiera puede luchar contra agentes de mercadeo entrometidos y sus propios representantes electos, ¿cómo podrían enfrentar a un enemigo armado y agresivo?

Ese es el problema del poder y por qué la omnisciencia total del gobierno es una mala idea. No importa cuánta confianza usted tenga en su gobierno, entregarle la capacidad sin freno de observarle y de controlar su vida es como ponerse la soga al cuello y albergar esperanzas de que el tipo que sujeta el otro extremo nunca tire de ella. Usted podría creer que le está entregando la soga a la Madre Teresa, pero un día hallarse mirando a los ojos de Lyndie England.[4]

O de Adolfo Hitler.

El gobierno: la fuerza más mortífera del planeta

¿Todavía piensa que no podría sucedernos a nosotros? La aparición de un gobierno sanguinario como el del Tercer Reich es todo menos un evento aislado. La violencia por parte del gobierno es una realidad demostrada a lo largo del tiempo que se extiende por toda la historia. El profesor R. J. Rummel de la Universidad de Hawaii ha dedicado su carrera a la investigación de este fenómeno, al que denomina «democidio», la matanza de los pueblos por sus propios gobiernos. Lo que ha descubierto nos deja sin aliento... y es sumamente atemorizante.

Cientos de millones de personas han sido asesinadas a sangre fría por las mismas autoridades que estaban supuestamente encargadas de protegerlas. De hecho, en el siglo XX, los propios gobiernos de los pueblos fueron cuatro veces más mortíferos que todas las guerras del siglo combinadas. Rummel cita ejemplos de democidio en todo el globo: desde China, la Unión Soviética, Alemania, Portugal, México, Japón, Vietnam, Indonesia, Polonia, Pakistán, Turquía, Cambodia, Corea del Norte... la lista le deja exhausto mental y emocionalmente. Aunque estos países tienen culturas, idioma y geografía muy diferentes, Rummel descubrió que todos tenían una característica en común: *gobiernos con poder excesivo*.

DEMOCIDIO EN EL SIGLO XX

REGÍMENES	AÑOS	(000) TOTAL DE MUERTOS
MEGA-ASESINOS	1900–87	151.491
DECA-MEGA	1900–87	128.168
URSS	1917–87	61.911
China (PRC)	1949–87	35.236
Alemania	1933–45	20.946
China (KMT)	1928–49	10.075
EN MENOR ESCALA	1900–87	19.178
Japón	1936–45	5.964
China (comunistas maoístas)	1923–49	3.465
Cambodia	1975–79	2.035
Turquía	1909–18	1.883
Vietnam	1945–87	1.670
Polonia	1945–48	1.585
Pakistán	1958–87	1.503
Yugoslavia (Tito)	1944–87	1.072
SOSPECHOSOS	1900–87	4.145
Corea del Norte	1948–87	1.663
México	1900–20	1.417
Rusia	1900–17	1.066
CENTI-KILOASESINOS	1900–87	14.918
PRIMEROS CINCO	1900–87	4.074
China (caudillos)	1917–49	910
Turquía (Ataturk)	1919–23	878
Reino Unido	1900–87	816
Portugal (dictadura)	1926–82	741
Indonesia	1965–87	729
ASESINOS MENORES	1900–87	2.792
TOTAL MUNDIAL	1900–87	169.202

Esta tabla recopilada por el profesor R. J. Rummel de la Universidad de Hawaii proporciona un recuento espeluznante de los asesinatos cometidos por gobiernos el siglo XX.[5]

En total, durante los primeros ochenta años del siglo [XX], casi 170 millones de hombres, mujeres y niños fueron fusilados, golpeados, torturados, apuñalados, quemados, forzados a pasar hambre, congelados, aplastados o forzados a trabajar hasta la muerte, enterrados vivos, ahogados, colgados, bombardeados o muertos en cualquiera de la múltiples maneras que los gobiernos tienen para infligir la muerte sobre sus ciudadanos y extranjeros desarmados y desvalidos. Los muertos podrían ascender hasta 360 millones de personas. Es como si nuestra especie hubiera sido devastada por una peste bubónica moderna. Y ciertamente así ha sido, pero de poder, no de gérmenes.[6]

¿Qué podemos sacar de estas estadísticas? La conclusión de Rummel se dirige al corazón del problema. Escribe que «la manera de terminar las guerras y prácticamente eliminar el democidio parece ser por medio de *la restricción y el freno del poder*» (énfasis añadido).

La vigilancia es poder

A los gobiernos les gusta asegurar a sus ciudadanos que la vigilancia les ofrece más seguridad, pero la vigilancia probablemente garantizará más la seguridad del régimen en el poder que lo que protegerá a la ciudadanía. Una vez que las herramientas de vigilancia están en su lugar, los gobiernos se sienten tentados a usarlas para identificar y acosar a las personas que se oponen a su mandato, sean miembros de partidos políticos opositores (piense en Watergate) o ciudadanos que actúan en pro de un cambio pacífico (piense en Martin Luther King, o, más recientemente, en Sara Bardwell, de veintiún años, y miembro del grupo «Food not Bombs» [Alimentos, no Bombas] que cocina para los individuos sin techo y que fue recientemente intimidada por el FBI a causa de sus protestas en contra de la guerra en Irak[7]). La vigilancia por el estado tiene un efecto escalofriante en la disposición que tienen las personas de luchar por cambios sociales y de eliminar el abuso. En un estado de vigilancia, las personas se mantienen calladas y se conforman. Y por supuesto, eso es lo que prefiere el gobierno.

¿Recuerda la red de vigilancia que todo lo capta y que sonaba tan buena unas páginas atrás? Esto fue lo que escribimos:

> Imagínese lo que significaría para la sociedad si la RFID realmente cumpliera su promesa e hiciera posible para las autoridades aislarnos de modo individual y tener cien por ciento de precisión, las veinticuatro horas del día, sobre quiénes somos, dónde vamos, con quiénes nos relacionamos y qué hacemos con nuestro tiempo. Imagínese que una RFID presente en todas partes, junto con bases de datos omniscientes y una red de vigilancia por video que todo lo

ve, hicieran que las fuerzas del orden público lo vieran todo, al grado que ningún acto pasara sin observarse y ningún crimen sin castigarse.

> ▶▶ ¿REALMENTE LA VIGILANCIA MANTIENE
>
> SEGURO AL PUEBLO? ◀◀
>
> Uno de los pueblos más vigilados de toda la historia fue el pueblo soviético bajo el régimen comunista. Durante el reino de terror de Stalin que perduró por décadas y la era de la KGB que le siguió, los agentes del gobierno interceptaban y leían el correo, escuchaban las conversaciones telefónicas y plantaban a espías para sondear las opiniones políticas de sus vecinos y evaluar su lealtad al Estado. La vigilancia era casi completa, ¿pero acaso el ojo vigilante del Estado mantuvo al pueblo soviético a salvo? No. No es coincidencia que el régimen más vigilante de la historia también sea uno de los más mortíferos. Entre 1917 y 1987 el gobierno soviético mató a más de sesenta millones de sus propios ciudadanos, más que ningún otro gobierno del siglo XX.

Si tomamos en cuenta las estadísticas de democidio presentadas por Rummel, ¿no preferiría arriesgarse a ser víctima de un crimen al azar en lugar de enfrentar la posibilidad de estar bajo el control total de un gobierno sanguinario? Ningún criminal que conozcamos ha logrado asesinar a un promedio de tres mil personas *por día, todos los días*, por un período de setenta años, como lo hizo el gobierno soviético.

Se necesitaría a un ejército para matar a siete millones de personas en un solo invierno, como lo hizo Stalin con un hambre inducida por el Estado en Ucrania en 1932-33. Stalin primero confiscó toda la semilla de Ucrania para que no pudieran sembrar cultivos ni guardar alimento para el invierno. Luego envió tropas para registrar los graneros y bodegas en busca de granos ocultos o alimentos guardados. Finalmente, cuando llegó el invierno, mandó a los militares a cerrar las fronteras y evitar que los alimentos llegaran a la gente. En un punto, los ucranianos estaban muriendo a un ritmo de veinticinco mil por día... eso equivale a más de mil personas por hora, diecisiete personas por minuto.[8]

Tan sólo estas estadísticas debieran hacernos pausar antes de establecer una infraestructura de RFID que pudiera permitir al gobierno supervisar y controlar todo, incluyendo nuestros alimentos.

Estamos en el umbral de una nueva era. Cuando los partidarios de la RFID se refieren a su nueva tecnología como «inquietante», están haciendo una subestimación pasmosa. La RFID tiene el poder de cambiar nuestras vidas en maneras fundamentales, socavando nuestras suposiciones básicas sobre el mundo que nos rodea.

Hasta ahora, mantener la separación entre el conocimiento público y privado de nuestras posesiones ha sido un proceso tan intuitivo y sencillo como lo es respirar. Si un extraño no puede ver algo, ni escucharlo, olerlo, tocarlo o gustarlo, no se entera de que existe. Siempre hemos mantenido nuestra privacidad por medio de actos físicos sencillos tales como meter algo en una caja o bolsa, donde sabemos que otros no podrán verlo. Cada vez que usted envuelve un regalo, mete una carta en una gaveta, cierra una puerta, oculta dinero bajo su colchón, o coloca algo en sus bolsillos, está confiando en esta suposición básica. Es el puntal de nuestras nociones de seguridad y privacidad física.

Sin embargo, al crear una especie de vista de rayos X capaz de penetrar bolsillos, paredes y papel de envolver, los partidarios de los *chips espías* esperan cambiar todo eso. Su tecnología abre la puerta a una «sociedad transparente» en la que todo lo que hacemos puede ser supervisado, sometido a escrutinio y observado por otros. En el futuro, aun entrar a su casa y cerrar sus puertas podría no protegerle contra los ojos curiosos del mundo exterior. El resultado final podría ser tan dañino para el mundo social como lo sería la energía nuclear mal utilizada para el mundo físico. Y al igual que la energía nuclear, los efectos secundarios podrían tardar años en reconocerse plenamente.

La industria de la RFID no está tomando la amenaza con seriedad. Cuando alguien está jugando con fuego, uno desea que reconozcan que el fuego es peligroso, puesto que sólo así será probable que tomen precauciones razonables. Si los científicos establecen un laboratorio de pruebas nucleares en un suburbio, por ejemplo, nos sentiríamos mucho mejor si las personas encargadas reconocieran los peligros de los materiales radiactivos y revistieran el edificio con plomo. Pero, alarmantemente, los inventores y promotores de la RFID se están comportando más como las caricaturas de Alfred E. Neuman —«¿Qué, preocuparme yo?»— que como los mayordomos responsables por nuestro futuro.

En lugar de pensar detenidamente acerca del poder capaz de cambiar al mundo que están a punto de desencadenar en nuestra sociedad, los vendedores de la RFID dicen: «No es necesario tomar precauciones porque no existe peligro alguno». Entonces invierten dinero en sus campañas de relaciones públicas para «apaciguarnos» y presionan a oficiales del gobierno para que protejan y promuevan su tecnología.

Siempre habrá quienes crean que los beneficios potenciales a la sociedad de los esquemas de vigilancia exceden los riesgos de abuso. No obstante, aunque existe evidencia amplia de que son muy dudosos los supuestos «beneficios» de seguridad que ofrece la vigilancia en masa,[9] los riesgos de un control gubernamental sin freno son muy reales y no pueden descontarse. A medida que la Policía y otros agentes del Estado vayan aprovechando cada vez más el poder del arsenal creciente de tecnologías de vigilancia que tiene el sector de ventas, pronto podríamos encontrarnos en la pesadilla totalitaria descrita por George Orwell en *1984*.

PROGRESIÓN LENTA

Ahora que tenemos la capacidad de hacerlo, la presión de exigir una forma de identificación permanente y a prueba de errores para todos los habitantes del planeta seguramente aumentará de modo continuo. Ya estamos viendo el principio de esta orden con la ley Real ID aprobada por el Congreso. El comienzo será las licencias de conducir, tarjetas de acceso a edificios y carnés de identificación estudiantiles con *chips espías*, y el punto final serán microchips incrustados en nuestra carne.

A menos que actuemos ahora, sólo es cuestión de tiempo antes de que la sociedad encuentre una razón de peso para identificar y rastrear de modo permanente a poblaciones «cautivas» usando microchips implantables. Primero, implantaremos a los marginados de la sociedad —los prisioneros y los que carecen de techo— justificándolo como medida de seguridad. Cuando el uso de los chips se torne común y por lo tanto «aceptable» para ese sector de la población, la sociedad podría ampliar esos esfuerzos para afectar a los sectores semicautivos: los ancianos, niños de escuela y las fuerzas armadas. A continuación seguirán los empleados del gobierno y los empleados de corporaciones grandes. Después de todo, alegarán, nadie le está obligando a que lo haga, aunque si se niega, despídase de su cheque de pago. Finalmente, cuando todos los demás se hayan apuntado, empezarán a buscarnos al resto de nosotros. Con gentileza, al principio, y después de lleno.

¿No te has implantado el chip? ¿Hay algún problema? ¿No te das cuenta de que nos estás poniendo a todos en peligro?

KEVIN ASHTON: «TENDREMOS QUE MORIR»

En la misma presentación de video en la que Kevin Ashton define tan claramente el punto central del argumento de la RFID usando la metáfora de las cebras, propone su teoría de lo que tendrá que acontecer para que la RFID sea aceptada por la sociedad. Sin titubear, el eternamente calmado Ashton les dice a los ejecutivos reunidos partidarios de la RFID: «Tendremos que morir». Después de unas risas incómodas en la audiencia, Ashton aclara su aparentemente absurda afirmación. Nuestra generación, explica, nunca aceptará completamente un mundo en el que todo puede etiquetarse y rastrearse. Es algo demasiado nuevo. Pero la siguiente generación sí lo hará.

Adolfo Hitler comprendía muy bien esta dinámica y dijo:

> Cuando un opositor declara: «No estaré de tu lado y no me convencerás de que esté de tu lado», respondo calmadamente: «Tu hijo ya me pertenece. Un pueblo vive para siempre. ¿Qué eres tú? Tú pasarás. Sin embargo, tus descendientes ahora están en nuevos campos. En poco tiempo no conocerán nada más que esta nueva comunidad».[10]

Nos toca a nosotros proteger la generación de nuestros hijos contra la aceptación del poder y vigilancia sin límites por parte del gobierno. Si abrazamos los *chips espías* hoy, nuestros hijos y nietos crecerán entrenados para reportar todas sus movidas, actividades y compras —aun el contenido de sus mochilas y bolsos— a agentes de mercadeo y oficiales del gobierno. Si no detenemos esta tendencia en sus inicios, ahora, mientras todavía tenemos tiempo de hacerlo, nuestros nietos podrían nunca llevar a conocer lo que es la privacidad y el anonimato. Cada vez que pasen por una puerta, que asistan a una clase, que entren a una biblioteca o aun cuando caminen por un parque, una computadora en alguna parte les estará observando.

¡DEFENDÁMONOS!

[L]a revolución [nazi] no llegó con apuro, sino secretamente y, algunas veces, hasta cómicamente. No había batallas que librar, ni bastillas que atacar. Los hombres y mujeres cayeron en los brazos del nuevo Reich como la fruta madura cae del árbol... [L]a revolución nazi fue ordenada y disciplinada. Pero la razón de ello radica no tanto dentro de los nazis mismos, sino en la falta de una oposición eficaz... [M]illones observaron pasivamente, sin comprometerse profundamente a ofrecer resistencia.

—George Mosse, Nazi Culture (Cultura Nazi)[11]

La revolución de RFID planificada por corporaciones globales y gobiernos será prácticamente imperceptible al principio, mientras que la tecnología penetra lentamente en los almacenes, y luego se propaga a las repisas de las tiendas, a nuestros hogares y tal vez, en última instancia, a nuestra carne. Debido a su naturaleza silenciosa y perniciosa, la infraestructura de *chips espías* podría estar establecida antes de que tengamos la oportunidad de expresar nuestras opiniones sobre su desarrollo.

¿Podemos darnos el lujo de ceder nuestro anonimato con la esperanza ilusoria de que la red de la RFID nunca caerá en las manos equivocadas? Depende de cada uno de nosotros el asegurar que los sistemas completos y omniscientes de vigilancia sean devueltos al basurero de malas ideas de la historia, antes de que sea demasiado tarde para detenerlos.

17

¡DESCONECTEMOS EL SISTEMA!

Nadie comete un error más grande que aquel que no hizo nada porque sólo podía hacer poco.

—Edmund Burke[1]

Averigüe a qué se someterá un pueblo calladamente y habrá descubierto la medida exacta de las injusticias y males que se le podrá imponer, y éstos continuarán existiendo hasta que sean resistidos con palabras o golpes, o con ambos. Los límites de los tiranos se definen por lo que aguanten aquellos a quienes oprimen.

—Frederick Douglass[2]

UN MENSAJE DE VICTORIA

No debemos sentirnos desesperanzados, superados en número ni desanimados ante la amenaza de la RFID. Las buenas noticias son que los negocios dependen de nuestras compras, y eso nos da una ventaja poderosa. Si los consumidores no desean los *chips espías —y actúan según esa preferencia en el mercado—* las empresas dejarán de usar la RFID, tan sencillo como eso.

Éste no es un sueño imposible. Cuando las personas escuchan sobre la RFID, dos terceras partes de ellas —una mayoría extraordinaria— inmediatamente comprende lo que la tecnología significaría para su privacidad, y se oponen a ella.[3, 4, 5] A pesar de los mensajes en los medios de comunicación que dicen lo contrario, las personas comunes y corrientes se preocupan profundamente por su privacidad y están listas para tomar partido contra la erosión de sus derechos.

Los estadounidenses no rinden sus amadas libertades sin luchar, y ciertamente no las intercambiarán por un descuento de cinco centavos en una bolsa de arroz ni las sacrificarán por ahorrarse unos minutos en la fila para pagar. Esto lo sabemos porque hemos recibido literalmente decenas de miles de mensajes por correo electrónico de personas preocupadas por su privacidad que nos dicen que están listos para adoptar una posición. «No más vigilancia. Basta ya», dicen. Podemos transmitir este mensaje a través del poder de nuestras decisiones de compra, de unirnos y de proclamarlo.

Podemos utilizar el poder del mercado para ponerle fin a los *chips espías* en mercancías de consumo. El primer paso es identificar a las empresas que usan RFID de modo irresponsable y negarnos a comprar en sus tiendas o a comprar sus productos. Hemos enumerado a las más notorias de estas empresas de *chips espías* en el cuadro siguiente y mantenemos una lista actualizada en spychips.com.

El paso siguiente es lograr que tanta gente como sea posible boicotee los productos. Hable con sus vecinos, familiares, compañeros de trabajo y amigos. También puede utilizar protestas, páginas Web, panfletos, adhesivos para defensas de automóvil, afiches, reuniones municipales y mucho más para ayudar a correr la voz.

Las empresas pueden elegir entre responder a nuestra demanda de productos libres de *chips espías* o no, pero el mercado castigará a los que se niegan a prestar atención a las preocupaciones de los consumidores.

Por supuesto, el otro lado de castigar a las corporaciones que se comportan mal es recompensar a aquellas que respetan nuestra privacidad y nos tratan con dignidad. Debiéramos prometer nuestro apoyo a empresas que adoptan una posición pública en contra del etiquetado con RFID a nivel de cada artículo y que prometan que sus productos estarán libres de *chips espías*. Ésta es la belleza del mercado libre. Cuando funciona correctamente, ambas partes se sienten satisfechas con la relación y todos nos beneficiamos.

Ley del Derecho de Conocimiento de RFID [Right To Know Act]

Los boicots son buenos y apropiados, ¿pero qué del gobierno? ¿No debiera el gobierno pasar leyes que nos protejan contra la intrusión a la privacidad de la RFID?

▶▶   LOS PEORES ENTRE LOS USUARIOS

DE CHIPS ESPÍAS   ◀◀

Las siguientes empresas tienen planes pasados, presentes o futuros de usar —o abusar de— la RFID en productos de consumo.

Gillette: Cofundadora del Auto-ID Center. Ocultaron chips espías en las navajas Mach3 e instalaron una «repisa inteligente» que fotografiaba secretamente a los clientes en una tienda Tesco en Inglaterra. Instalaron una «repisa inteligente» similar en Brockton, Massachusetts. (Vea BoycottGillette.com para los detalles.) El vicepresidente de Gillette, Dick Cantwell, anteriormente presidente de la junta directiva del Auto-ID Center, continúa promoviendo agresivamente el etiquetado a nivel de artículo de los productos de consumo. Se proyecta que Gillette se unirá con Procter & Gamble (mencionada abajo) para crear la empresa más grande de productos de consumo del mundo. Productos: navajas de afeitar Gillette, Oral-B, Duracell, Braun.

Procter & Gamble: Cofundadora del Auto-ID Center junto con Gillette. Ocultaron chips espías en el lápiz labial Lipfinity de Max Factor vendido en una tienda Wal-Mart en Broken Arrow, Oklahoma, y luego grabaron secretamente cintas de video de mujeres interactuando con estos productos. Negaron la existencia de este ensayo hasta que aparecieron pruebas. Diseñaron prototipos intrusos del «Hogar del Futuro» y la «Tienda del Futuro». Continúan promoviendo abiertamente el etiquetado con RFID a nivel de artículos. Productos: Max Factor, Crest, Cascade, Tide, Clairol y más.

Wal-Mart: Emitió el ahora infame «mandato» de colocar RFID en su cadena de suministros para obligar a sus cien proveedores más grandes a invertir en RFID. En un plazo de un año, este mandato ha impulsado inversiones de cientos de millones de dólares en la infraestructura de la RFID, lanzando esta naciente industria. Wal-Mart trabajó junto con P & G para grabar cintas de video de la interacción de mujeres con productos con chips espías. Instalaron una «repisa inteligente» en Brockton, Massachusetts, y luego negaron haberlo hecho. En la actualidad, Wal-Mart vende productos Hewlett Packard etiquetados a nivel de artículo en siete tiendas de Dallas-Ft. Worth, violando un llamado a moratoria en el etiquetado a nivel de artículo publicado por los más importantes expertos en privacidad y libertades civiles en el mundo.

Tesco: Coloca en la actualidad etiquetas de RFID a nivel de artículo en mercancías, incluso DVDs, a la venta en sus tiendas en Inglaterra. Este uso de la RFID viola un llamado a una moratoria. Las etiquetas no se desactivan en el punto de venta. Participó del ensayo de «repisa inteligente» junto con Gillette para fotografiar a clientes que tomaban las navajas de afeitar. (Vea BoycottTesco.com para los detalles.)

Metro/Kraft/Nestlé/Johnson & Johnson/Henkel/P & G/Gillette/IBM: Todas están involucradas con la notoria «Tienda del Futuro» en Rheinberg, Alemania, en donde a los clientes se les entregaron tarjetas de comprador con etiquetas de RFID ocultas, y los desactivadores de las etiquetas no funcionaban.

IBM: Dueña de varias «patentes pesadilla» que detallan maneras de usar RFID para espiar a personas. Ha descrito a sus clientes como «conejillos de indias».

Checkpoint Systems y Sensormatic: Los programas de «etiquetado de fuente» con RFID a nivel de artículos de estas empresas de equipos antirrobo violan nuestro llamado a una moratoria y violan las propias «pautas de privacidad» de EPCglobal. Sus portales «Liberty» podrían hacer realidad una infraestructura de vigilancia por RFID no detectada.

Otras empresas a observar: Abercrombie & Fitch, Marks & Spencer, Levi-Strauss y las empresas de uniformes Ameripride y Cintas.

En el pesado clima de legislaciones que vivimos hoy día, las personas inmediatamente esperan que el gobierno les proteja de las amenazas del mercado. Pero hay dos problemas con pedirles a los legisladores que regulen la RFID. Primero, existe la falta de voluntad política para hacerlo, como lo señalamos en el Capítulo Quince. Los representantes de las corporaciones ya han empezado a susurrar en los oídos de los políticos que sería mucho más provechoso «proteger» a la RFID en lugar de regularla. Pero aun si *pudiéramos* lograr que los legisladores pasaran leyes para controlar la RFID, sería mala idea. La razón de ello toca directamente el corazón del nuevo movimiento de consumidores: si vamos a arreglar este enredo, *más vale que empecemos a empuñar el poder nosotros mismos.*

Depender de que el gobierno preserve nuestra libertad y privacidad es como pedirle a una manada de zorras que nos cuide el gallinero. Sencillamente no es parte de su naturaleza hacerlo. Mientras que *el pueblo* siempre busca la libertad y la privacidad, el gobierno es enemigo natural de estas metas. Un hecho que los fundadores de nuestra nación comprendieron bien cuando confeccionaron maneras para limitar el poder del gobierno. Rogarle al gobierno con sombrero en mano que resuelva nuestros problemas de privacidad no sólo es humillante e ineficaz, sino que nos convierte en una partida de lisonjeros de voluntad débil, demasiado acobardados y domesticados para hacer algo por nosotros mismos. Tenemos que dejar de traer peticiones puestos de rodillas ante los corredores del poder, pidiéndoles favores que es poco probable que nos concedan. En lugar de ellos, *nosotros* debemos convertirnos en una fuerza poderosa que es necesario tener en cuenta. Ésta es la forma en la que los pueblos a través de la historia han derrocado la tiranía y recuperado la libertad. No pidiéndoles gentilmente a los usurpadores que les devuelvan sus derechos, sino levantándose y reclamándolos.

Creemos que el único papel adecuado de legislación de la RFID es exigir que las empresas nos informen si sus productos contienen etiquetas de RFID o no para que podamos tomar nuestras propias decisiones educadas en cuanto a comprarlos o no. Puesto que los *chips espías* pueden ocultarse tan fácilmente, es posible que hasta el opositor de la RFID más astuto accidentalmente compre un producto o artículo de vestir que contenga una etiqueta. Para evitar esto, hemos desarrollado un modelo de ley que exigiría que los artículos que contengan RFID estén marcados claramente. Esta ley, la *Ley del Derecho de Conocimiento de RFID* [Right to Know Act], se encuentra disponible en la página Web de Chips espías.

La resistencia a la RFID aumenta en fuerza

Nosotros, los consumidores, hemos tenido un impacto enorme en la limitación de los abusos de la RFID, y también podemos salir airosos en la fase siguiente. Con sólo un presupuesto escaso y un personal de voluntarios sin paga, hemos enfrentado con éxito a empresas tales como Benetton, Gillette, Procter & Gamble, Wal-Mart, Metro y Tesco —los Goliat del mundo corporativo— y les hemos hecho alejarse de la instalación de RFID.

▶▶   ¡NOS HAN ESCUCHADO!   ◀◀

«Desde tiendas Wal-Mart en California hasta el supermercado Metro en Alemania, CASPIAN y otros han obligado a los vendedores a identificarse con su preocupación o enfrentar su ira. Espere oír de concesiones futuras cuando los defensores de la privacidad demuestren su fuerza».

—Business Week, marzo de 2004[6]

Recuerde que Benetton canceló sus planes de etiquetar ropa tan sólo semanas después de que lanzamos nuestro boicot, las «repisas inteligentes» con cámaras fotográficas de Gillette desaparecieron de la noche a la mañana de Wal-Mart y Tesco, y Procter & Gamble ha mantenido un perfil bajo desde que se descubrió su esquema secreto de etiquetado del lápiz labial y la webcam. Y CASPIAN no está sola. Se nos han unido docenas de las más importantes organizaciones mundiales en pro de la privacidad y libertades civiles para condenar el etiquetado a nivel de artículo y para hacer un llamado a un debate abierto sobre la RFID.

Los ciudadanos han empezado también a luchar contra los planes que tiene el gobierno de usar *chips espías*. En la primavera de 2005, Bill Scannel encabezó una campaña en su página Web RFIDKills.com para oponerse a las etiquetas de RFID planeadas para nuestros pasaportes. En cuestión de días, la página Web generó más de dos mil cartas dirigidas al Departamento de Estado de todas partes de la nación para indicar su oposición. En respuesta, el gobierno anunció que estaba reconsiderando los problemas de seguridad relacionados con los chips de RFID sin cifrado que había planeado usar.[7]

En San Francisco y Berkeley, Peter Warfield de la Library Users Association (Asociación de Usuarios de Bibliotecas) y Lee Tien de la Electronic Frontier Foundation (Fundación de Fronteras Electrónicas, EFF, por sus siglas en inglés) han puesto presión sobre las bibliotecas públicas que desean gastar cientos de miles de dólares para colocar *chips espías* en libros. Y, por supuesto, no podemos olvidar a las valientes familias que dijeron «no» cuando la Brittain School de Sutter, California, deseaba colgar tarjetas rastreadoras con *chips espías* alrededor del cuello de los estudiantes. Junto con la organización de privacidad EPIC y la ACLU, ellos forzaron la terminación apresurada de este programa.

La oposición a la RFID existe en todo el mundo. La «Declaración de Posición sobre el Uso de RFID en Productos de Consumo» se ha traducido en varios idiomas; entre ellos, español, alemán y japonés. Organizaciones tales como Liberty, el National Consumer Council y la Privacy International han participado en el debate de la RFID, educando a los consumidores y a los que toman decisiones en el Reino Unido. Y nuestra organización hermana en el Reino Unido, NoTags, ha protestado en contra del uso de *chips espías* por parte de Tesco y ha corrido la voz por los medios británicos.

Defensores de la privacidad en España, Francia y Australia han celebrado campañas educativas y, por supuesto, una coalición de grupos de consumidores alemanes, encabezados por FoeBuD enfrentó una tormenta de nieve terrible para protestar ante la Metro Extra Future Store. Su oposición abrumante obligó a Metro a retirar de circulación diez mil tarjetas de comprador frecuente con *chips espías*.

Finalmente, nos sentimos animadas ante el hecho de que las personas involucradas con la industria de la RFID son a su vez consumidores y padres de familia. Aunque muchos podrían sentirse tentados a imaginar que estas personas están babeándose con deseos de controlarlo todo (¡y algunos lo están!), la verdad es que la mayoría de las personas que está estableciendo sistemas de RFID hoy está enfocada en ganarse la vida. La mayoría de ellos nunca ha pensado en las implicaciones de lo que hacen para la sociedad ni ha considerado que la misma tecnología que permite rastrear un almacén lleno de toallas de papel podría utilizarse un día para esclavizar a generaciones futuras. Una vez que sepan la verdad acerca de la RFID, creemos que mucha gente dentro de la industria empezará a exigir mejores formas de rendir cuentas y medios de protección de la sociedad para la tecnología.

¡Usted también puede luchar contra la RFID!

Una de las preguntas más comunes que escuchamos de nuevos miembros de la CASPIAN es: «¿Qué puedo hacer para marcar una diferencia?» La respuesta es: ¡Mucho!

Puede empezar con algunas acciones sencillas, o puede entrar de lleno y con los dos pies en el movimiento activista. Hemos recopilado una lista que ofrece una gama de actividades para que pueda escoger la que mejor le asiente. Tal vez desee empezar con poco y mojarse el dedo gordo del pie unas cuantas veces antes de echarse de clavado en la parte honda de la piscina con nosotros.

PEQUEÑOS PASOS

A continuación tenemos los primeros pasos que todo consumidor interesado puede tomar para proteger su privacidad y formar parte de la lucha contra la RFID:

Evite comprar productos de empresas que promueven la RFID. Al negarle sus dólares a las empresas que apoyan el uso de *chips espías*, aplicará presión del mercado sobre ellas para que se comporten de manera responsable y enviará un mensaje poderoso a otras empresas también. (Recuerde que la página Web de Chips espías mantiene una lista actualizada de las empresas que se conoce que participan de la RFID.)

Pague por sus compras con dinero en efectivo. Pagar por sus compras con dinero en efectivo anónimo (y sin presentar alguna forma de identificación, tal como una tarjeta de comprador frecuente) es una de las mejores formas de proteger su privacidad. El uso de efectivo también envía el mensaje de que necesitamos el efectivo y deseamos usarlo. Si no lo usamos, podríamos perderlo.

No compre en tiendas que exigen tarjetas de comprador frecuente o de «cliente leal». Como señalamos en los capítulos Cinco y Quince, eso equivale a abrirles la puerta a agentes de mercadeo y del gobierno para hacerles saber precisamente qué ha comprado con el paso del tiempo, pintando un cuadro íntimo de su vida. En lugar de ello, busque tiendas que sean respetuosas de su privacidad y que no exijan tarjetas semejantes.

Pague con dinero en efectivo en la caseta de peaje en lugar de usar un transpondedor automático, tal como un dispositivo «FasTrack» o «EZ-Pass» de pago automático. Como indicamos en el Capítulo Once, esos transpondedores de peaje pueden rastrearse a kilómetros de distancia de la caseta. Si le es necesario usar un transpondedor de peaje para las vías que no ofrecen otra opción debido a las grandes multas que imponen sobre los pagos en efectivo, guarde su transpondedor en una bolsa con blindaje de RF cuando no esté pagando peaje. Alguien ha sugerido fijar con Velcro la etiqueta al parabrisas para poder quitarla a voluntad.

Abandone algo que le encanta. Si abandona tan sólo un producto fabricado por una empresa promotora de RFID, esto puede tener un impacto y darle la satisfacción de saber que está cumpliendo con su parte. Tal vez desee seleccionar un producto de una línea que se conoce que ha contenido dispositivos de RFID, tal como las navajas de afeitar Gillette o maquillaje de marcas de Procter & Gamble. Si no sabe cuáles productos serían buenos sustitutos, visite la página web spychips.com para ver sugerencias. También tenemos información acerca de los productos fabricados por los usuarios de *chips espías*, para que vea los artículos que tal vez quiera evitar la próxima vez que vaya de compras.

Desactive o retire los chips de RFID de los productos que compre. Si le resulta absolutamente necesario comprar un producto que contenga un *spychip*, asegúrese de desactivar el chip o de retirarlo, preferentemente antes de salir de la tienda.

Enseñe a sus hijos el valor de la privacidad, tanto con sus palabras como con sus acciones. Si toma pasos para luchar contra la RFID, explíqueselos. Su mensaje permanecerá con ellos como un recordatorio perdurable de la importancia de luchar por la privacidad y las libertades civiles. Nosotras recordamos claramente el boicot lanzado contra Nestlé por sus métodos poco éticos de vender fórmula infantil a madres del Tercer Mundo.[8] Aunque éramos muy jóvenes en aquel entonces, nuestras madres se tomaron el trabajo de decirnos y explicarnos por qué no debíamos comprar productos Nestlé, algo que recordamos vívidamente hasta hoy.[*]

En la década de los setenta, Nestlé contrató a mujeres que carecían de capacitación alguna para que se hicieran pasar por enfermeras y regalaran muestras de fórmula para bebés a madres en países del Tercer Mundo. Debido a que las madres dejaban de producir leche materna durante el tiempo que recibían muestras, se veían obligadas a comprar fórmula Nestlé una vez que se agotaban las muestras gratuitas. Las madres de escasos recursos intentaron alargar el uso de la fórmula combinándola con agua poco salubre, lo que causó miles de muertes de infantes como resultado de enfermedades y desnutrición. En respuesta, se lanzó un boicot mundial contra la empresa y la Organización Mundial de la Salud instituyó normas de ética para el mercadeo de sustitutos de la leche materna. Hoy, Nestlé está profundamente involucrada con las iniciativas de etiquetar sus productos con RFID.

Pasos moderados

A continuación ofrecemos algunos pasos que requieren un poco más de reflexión y esfuerzo, pero que rinden ricos dividendos en la lucha contra la RFID. Considere dar uno o más de éstos después que haya dominado los pasos pequeños.

Escriba a las empresas que promueven la RFID y expréseles su sentir. Las empresas existen debido a los consumidores, no al revés. (¡Aunque muchas veces se siente como que no estamos en control!) Cuando las empresas y sus juntas directivas se den cuenta de que los consumidores tienen objeciones contra sus prácticas intrusas, escucharán... o perecerán.

Escriba al editor de su diario, o a su blogger, comentarista, periodista radial o periodista de TV favorito. Hágales saber sus objeciones a la RFID y envíeles una copia de este libro.

Discuta este tema en el boletín informativo de su organización o empresa. Escoja un solo tema de este libro para dar una descripción general. No importa lo que escriba, será noticia para la mayoría de sus colegas.

Participe en una protesta contra la RFID. Visite la página web spychips.com para informarse de protestas planeadas. (Si no hay una planeada en su área, tal vez quisiera adelantarse a los **pasos intrépidos** para aprender a organizar una.)

Devuelva productos sin usar de empresas que promueven la RFID y asegúrese de explicar por qué los está devolviendo. ¿Por qué correrse el riesgo de llevarse a casa un *spychip* sin marcar? La devolución del producto envía un mensaje poderoso a los usuarios de *chips espías*: renuncien a la RFID o pierdan a sus clientes. En algunos casos la devolución de un producto puede ser más poderosa que no haberlo comprado.

Eduque a sus hijos, familiares, amigos y compañeros de trabajo acerca de los peligros de la RFID. Présteles este libro, o mejor aún, regáleles una copia.

Envíenos datos acerca de dispositivos de RFID que ha descubierto en productos de consumo para que podamos decírselo a otros. Pero primero, asegúrese que lo que haya descubierto no sea un dispositivo antirrobo EAS. Usualmente los puede distinguir buscando el microchip fijado a una antena que delata al *spychip*. O, si le gusta ver a un ejecutivo incómodo, pregúntele a la empresa: «¡Eh! ¿Eso es un *spychip* en mi ropa interior?»

Escriba a los legisladores estatales y federales. Tenemos el derecho de saber si algún producto contiene dispositivos de rastreo que pudieran poner en peligro nuestra privacidad o violar nuestros principios. Dígales a los políticos que desea que ellos establezcan leyes de rotulación como nuestra propuesta *Ley de Derecho de Conocimiento de la RFID* que nos permitan tomar nuestras propias decisiones en cuanto a la RFID. ¿Necesita ayuda sobre cómo comunicarse con sus representantes o para redactar una carta? Visite spychips.com para recibir sugerencias y enlaces para comunicarse. También puede referir a los legisladores a nuestra página Web, o mejor aún, envíeles una copia de este libro para que puedan leer la verdad por sí mismos. Pero, aunque ellos nos pueden ayudar con la rotulación, recuerde no depender de ellos para resolver el problema. ¡Esa lucha nos corresponde a nosotros!

Pasos intrépidos

Organice una protesta pacífica contra la RFID. Haga que los vendedores y fabricantes vean la evidencia del descontento de los consumidores con sus planes. Hasta le ayudaremos a correr la voz si nos avisa con anticipación.

Use una camiseta con mensaje de protesta contra la RFID en lugares públicos y comparta las noticias acerca de la RFID con personas que expresen interés en su mensaje. Le sorprenderá ver cuánto interés tienen las personas en el tema si les da la oportunidad de hablar de ello. Asegúrese de prepararse debidamente primero para que pueda responder las preguntas que inevitablemente surgirán si usted usa una camiseta con mensaje en público.

Únase a nosotros en el seguimiento del desarrollo de patentes. Es difícil mantenerse al día con los cientos de solicitudes de patente que se tramitan cada año. Nos ayudaría si pudiéramos hallar voluntarios que sigan los desarrollos y corran la voz al público. Después de todo, la vigilancia eterna es el precio de la libertad.

Organice un evento de conferencias. Puede comunicarse con nuestra casa publicadora, Nelson Current, para obtener información sobre cómo podríamos ayudarle a motivar a audiencias grandes para involucrarse en la lucha contra la RFID. También puede comunicarse con nosotros a través de nuestra página web, spychips.com.

Cómprenos espacio en «billboards». Según la parte del país en la que viva, el alquiler mensual de un *billboard* empieza en alrededor de mil dólares. Si eso está fuera de su presupuesto, considere imprimir unos cuantos panfletos de nuestra página Web y colóquelos en tableros de anuncios comunitarios en lavanderías, supermercados, campus universitarios, iglesias y otros sitios que los acepten.

Done dinero. CASPIAN acepta donativos para pagar por su labor. No obstante, CASPIAN no es una organización de caridad según la norma 501c3, lo que significa que las donaciones no pueden deducirse de los impuestos. Los requisitos que exige el IRS (Internal Revenue Service, por sus siglas en inglés) para calificar como organización exenta de pagar impuestos le dan al gobierno poder de dictaminar y controlar las actividades de dicha organización. Evidentemente, estar bajo el control del gobierno federal iría en contra de nuestra misión y filosofía. Desde nuestra fundación en 1999, nadie relacionado con CASPIAN ha recibido salario por su trabajo en la organización. Lo que hemos logrado hasta la fecha ha sido por voluntarios que han donado de su tiempo, esfuerzo y dinero.

Únase a nosotros

La RFID es una tecnología preocupante con implicaciones espeluznantes. Cuando las personas oyen por primera vez de qué se trata, tienen una de varias reacciones. Pueden taparse los oídos y tararear, negando la realidad del problema. Pueden admitir que el problema existe, pero encogerse de hombros en resignación, creyendo que nada pueden hacer para detenerlo. O pueden remangarse las camisas y tomar acción.

Si elige este último camino, queremos que sepa que hay toda una comunidad de ciudadanos preocupados como usted que se ha unido a CASPIAN. Tenemos miles de miembros en más de treinta países del mundo que se oponen a estrategias intrusas de ventas como las tarjetas de compradores frecuentes, vigilancia en tiendas y la RFID. Los miembros vienen de todas las posiciones en el espectro de la política y de todos los estilos de vida. Para unirse a CASPIAN, sencillamente díganos que está de acuerdo con esta declaración: «Es incorrecto espiar a personas a través de los productos y servicios que compran».

CASPIAN es una organización pacífica y no promueve actos ilegales ni violentos. Nos reunimos para apoyarnos unos a otros mientras laboramos por crear cambios positivos en nuestras comunidades y tiendas, y anunciar las noticias de una revolución de consumidores. Creemos en usar el poder del mercado —por medio de nuestros dólares y nuestras palabras— para cumplir nuestras metas.

Puede informarse más acerca de unirse a CASPIAN y suscribirse al boletín informativo gratuito de CASPIAN en nuestra página Web: www.spychips.com. Allí también hallará noticias al minuto acerca de la RFID y nuestra continua labor para mantener los productos de consumo libres de *chips espías*.

Juntos podemos cambiar el curso de la historia

Aunque se ven inmensas e intimidantes, las corporaciones en realidad son bastante sencillas. Se comportan en maneras que pueden predecirse. Casi todas las acciones que toman —incluso la adopción o el rechazo de las tecnologías intrusas a la privacidad— se hacen con el fin de elevar las ganancias al máximo. Si sus acciones no sirven a los poderosos márgenes de ganancia, se pierde el negocio.

Puesto que las corporaciones dependen de nosotros, sus clientes, para obtener ganancias, en última instancia somos nosotros los que controlamos lo que hacen. Las corporaciones son como marionetas sostenidas por hilos. Bailan según la tonada de nuestros dólares. O puede pensar en ellas como plantas que crecen en la dirección de donde viene la luz del sol; se inclinan hacia la fuente de dinero que fluye de nuestras billeteras. Cuando las alimentamos con dinero, crecen en direcciones que son rentables para ellos. Por lo contrario, si retenemos nuestro dinero de una empresa por algo que está haciendo, esa acción se torna en pérdida y rápidamente se detiene. Tal como una planta aislada de luz solar, la empresa se verá obligada a cambiar de sentido hasta que reestablezca una relación beneficiosa con los consumidores y sus carteras.

Aquí es donde entra en juego el poder de los números. Si bien cada uno de nosotros puede hacer diferencia trabajando independientemente, cuando unimos nuestros recursos somos capaces de mover montañas. Al correr la voz colectivamente en cuanto a la RFID y detener nuestro dinero de los negocios cuya agenda incluye *chips espías*, podemos obligar a las corporaciones globales aparentemente inamovibles a honrar los deseos de las dos terceras partes de la población que tiene objeciones respecto a la RFID.

Una vez que las megaempresas sientan el impacto económico de la intrusión a la privacidad, dejarán de forzar a sus proveedores para que adopten la tecnología. Y, por supuesto, una vez que los negocios descubran que los *chips espías* son una empresa que no rinde ganancias, los políticos que apoyan su agenda seguirán el mismo curso. Si nos unimos para mostrar nuestra posición en contra de la RFID, podemos impedir que los *chips espías* invadan nuestras tiendas, hogares y cuerpos. Juntos *podemos* cambiar la dirección de los negocios y, al hacerlo, podemos cambiar el curso de la historia.

En el mundo de los *chips espías* el panorama cambia a un ritmo que le deja sin aliento. Después que enviamos el manuscrito final a nuestro editor, nos enteramos de varios nuevos acontecimientos. Todos son inquietantes, como es costumbre con esta tecnología, pero también tuvimos unos momentos de risa.

¿Recuerda la relación apoyada con fondos de contribuyentes entre la Universidad Estatal de Dakota del Norte y Alien Technology? Ya ha empezado a dar fruto... o rocas, mejor dicho. Esta unión ha dado a luz rocas artificiales habilitadas para RFID que escuchan.[1] Parecen rocas ordinarias, pero son huecas y están equipadas con sensores de alta tecnología capaces de detectar pasos a una distancia de hasta treinta pies. Supuestamente, las fuerzas armadas esperan colocar estos dispositivos desde aviones para detectar ejércitos que se aproximen, pero no se requiere de mucha imaginación para ver cómo ese invento podría ser objeto de abuso. Un día no muy lejano, podríamos estar dándole una segunda mirada a las rocas de nuestros patios, preguntándonos si *chips espías* pagados por el gobierno han invadido los suburbios.

Los eventos recientes también han confirmado una nueva tendencia en los oficiales de alto rango del gobierno: jubilarse del servicio público y ganar dinero en una cómoda posición dentro de la Junta Directiva en la industria de *chips espías*. El ex secretario del Departamento de Seguridad Nacional, Tom Ridge, se ha unido a la Junta Directiva de Savi Technology, la proveedora principal de tecnología de RFID del Departamento de Defensa, tan sólo cuatro meses después de haber renunciado a su puesto en el gabinete.[2] Siguiendo sus pasos, el ex Secretario de Salud y Servicios Humanos, Tommy Thompson, se unió a la junta directiva de VeriChip Corporation, fabricantes del implante humano de RFID, justo cuando se iba a imprimir este libro.[3]

Como ya sabemos, los *chips espías* ya han invadido las autopistas de nuestra nación, y queremos ofrecerle un poco más de evidencia de ello. Así que nos dirigimos a Houston para tomar unas fotografías de último minuto y ver lo último en vigilancia de carreteras. Mientras nos encontrábamos allí, visitamos una tienda EZ-tag y pedimos una copia de su política de privacidad. Pasamos media hora mirándonos la cara en el vestíbulo mientras que el personal buscaba en sus computadoras y hacía llamadas frenéticas. Eventualmente, nos dijeron que la política de privacidad seguramente estaba almacenada —en microfilme— y que tomaría algún tiempo obtenerla. En lugar de dejar que nos salieran telarañas mientras esperábamos, les dejamos nuestra dirección de correo electrónico. Todavía estamos esperando.

Aquí tenemos una historia que nos hizo desternillarnos de la risa. En un cambio comiquísimo, IBM está ofreciendo sus conocimientos como consultores expertos en privacidad.[4] ¿No le parece que eso es como tener a ejecutivos de Enron enseñando clases de contabilidad? Aunque usted no lo crea, la misma empresa que solicitó una patente para su notoria «unidad de rastreo de personas» ahora dice que puede ayudar a otras empresas a adoptar «soluciones de RFID optimizadas para privacidad», y a desarrollar programas de comunicaciones y educación. Eso es lo que nos hace falta: un poco de «reeducación» por parte de IBM. Atención, clientes potenciales de los programas de privacidad de IBM: les sería mejor echar su dinero en una madriguera de ratas que confiar en los consejos de privacidad de estos individuos. Nuevamente, gracias por hacernos reír, IBM.

Y en una historia final, nos enteramos que Levi-Strauss está colocándole *chips espías* a la ropa en una tienda de México.[5] ¿Por qué México? También nos gustaría saberlo, así que le enviamos una carta abierta al presidente de su Junta Directiva pidiéndole detalles. Un mes después de ello, aun no hemos oído nada. Mientras tanto, mantenemos el ojo puesto en sus trampas al sur de la frontera para poder avisarles si ha llegado la hora de botar sus Dockers.

Les mantendremos informados de éstos y otros acontecimientos en el mundo de la RFID a través de nuestra página web en spychips.com. Nos vemos pronto.

Katherine y Liz

Capítulo 1 — *Rastreándolo todo, en todas partes*

1. Rick Duris, «Just How Big Is RFID?» *Frontline Solutions*, 1 diciembre 2003, disponible en www.frontlinetoday.com/frontline/article/articleDetail.jsp?id77382, accedida el 15 de abril de 2005.
2. C.P. Snow, *New York Times*, cita disponible en www.bartleby.com/63/36/3236.html, accedida el 10 de junio de 2005.
3. «State Senator Proposes Restrictions on RFID Spying», *San Francisco Business Times*, 24 febrero 2004, disponible en sanfrancisco.bizjournals.com/sanfrancisco/stories/2004/02/23/daily21.html, accedida el 10 de junio de 2005.
4. Kevin Reilly, «AMR Research Finds Wal–Mart Suppliers Spent Only Minimum Required to Comply with RFID Mandate», comunicado de prensa de AMR Research, 20 diciembre 2004, disponible en www.amrresearch.com/Content/View.asp?pmillid=17856&docid=12139, accedida el 13 de junio de 2005.
5. Greg Dixon de ScanSource, citado por Mark Riehl en «Partners Needed for RFID Success, Says ScanSource», *eChannelLine Daily News*, 9 agosto 2004, disponible en www.integratedmar.com/ecl–usa/story.cfm?item=18578, accedido el 11 de junio de 2005.

Capítulo 2 — *Chips espías 101*

1. MIT Auto–ID Center, «The New Network: Identify Any Object Anywhere Automatically», panfleto promocional, MIT Auto–ID Center (Cambridge, MA).
2. «The Theremin Page», página Web de The Musical Museum (Londres, Inglaterra), disponible en www.musicalmuseum.co.uk/theremin.html, accedida el 9 de febrero de 2005.
3. Hon. Henry J. Hyde, «Introduction to 'Embassy Moscow: Attitudes and Errors'», página Web de la Casa de Representantes de los Estados Unidos, accedida el 10 de febrero de 2005.
4. «Great Seal Exhibit», página Web de la Agencia de Seguridad Nacional, disponible en www.nsa.gov/museum/museu00029.cfm, accedida el 28 de enero de 2005.

5. Albert Glinksy, *Theremin: Ether Music and Espionage*. University of Illinois Press, 2000, pp. 273–274.
6. «The Theremin Page».
7. Raghu Das, «RFID Explained: An Introduction to RFID and Tagging Technologies», *ID TechEx* (Cambridge, Reino Unido), 2003.
8. Raghu Das, «RFID Explained…»
9. «They Say It's the World's Smallest RFID Chip», UsingRFID.com, 21 enero 2004, accedido el 1 de febrero de 2005.
10. Jonathan Collins, «Hitachi Unveils Integrated RFID Tag», *RFID Journal*, 4 septiembre 2003, available at www.rfidjournal.com/article/articleview/556/1/1/.pdf, accedido el 13 de junio de 2005.
11. William Raymond Price, «Location of Lost Dentures Using RF Transponders», Patente de Estados Unidos #6,734,795, concedida a D–TEC–DENT, tramitada el 9 de agosto de 2001, entregada el 11 de mayo de 2004.
12. «Near-Real Time Satellite Tags», página Web de Wildlife Conservation Society, disponible en www.wcs.org/sw–around_the_globe/marine/marineafrica/greatwhitesharks/gre atwhitesharksattag, accedida el 18 de febrero de 2005.
13. «LLC and TBT Announce Partnership to Develop Printed Batteries», comunicado de prensa, página Web de Precisia, disponible en www.precisia.net/news/precisia_news_20040506_01.html, accedida el 7 de febrero de 2005.
14. Clive R. Van Heerden, «Fabric Antenna for Tags», patente de Estados Unidos #6677917, concedida a Koninklijke Philips Electronics NV, tramitada el 25 febrero 2002, expedida el 13 de enero de 2004.
15. «Flint Ink Revolutionizes Antennas», *RFID Journal*, 2005, disponible en www.rfidjournal.com/article/articleview/41/1/73/, accedida el 6 de junio de 2005.
16. Siemens, «Transforming Production with Tiny Transponders», página Web de Siemens, disponible en w4.siemens.de/FuI/en/archiv/pof/heft2_02/artikel05/, accedida el 5 de marzo de 2005.
17. Raghu Das, «RFID Explained…»

Capítulo 3 — El plan maestro

1. Helen Duce, «Going Global», MIT Auto–ID Center, originalmente disponible en www.autoidcenter.org/CAM–AUTOID–EB–01.pdf, accedida el 3 de julio de 2003. Esta referencia ha sido suprimida de la página Web del Auto–ID Center y ahora se encuentra disponible en www.autoidlabs.com/whitepapers/CAM–AUTOID_EB–001.pdf.
2. Partido Laboral de Protección de Datos de la Unión Europea, «Working Document on Data Protection Issues Related to RFID Technology», 19 enero 2005, Artículo 29 de Partido Laboral de Protección de Datos bajo directriz 95/46/EC del Parlamento Europeo y del Concilio del 24 de octubre de 1995 (Bruselas, Bélgica).

3. Mark Roberti, «Sponsors Guide», MIT Auto–ID Center, 24 junio 2003.

4. David Brock, «The Compact Electronic Product Code: A 64–Bit Representation of the Electronic Product Code», papel blanco, 1 noviembre 2001, MIT Auto–ID Center.

5. David Brock, «The Electronic Product Code (EPC): A Naming Scheme for Physical Objects», MIT Auto-ID Center (Cambridge, Massachusetts), 1 enero 2001.

6. Rick Munarriz, «Interview with RFID Pioneer Kevin Ashton», página Web de The Motley Fool, disponible en www.leighbureau.com/speakers/KAshton/essays/interview_fool.pdf, accedida el 18 de marzo de 2005.

7. Joseph Jofish Kaye, «Counter Intelligence & Kitchen Sink White Paper», página Web de Massachusetts Institute of Technology, disponible en xenia.media.mit.edu/~jofish/writing/kwsp.1.1.pdf, accedida el 18 de marzo de 2005.

8. «VeriSign to Run EPC Directory», *RFID Journal*, 13 enero 2004, disponible en www.rfidjournal.com/article/view/735, accedida el 10 de junio de 2005.

9. Constance Hays, «What They Know about You», *New York Times*, 14 noviembre 2004, Sección 3, p. 1.

10. Mark Roberti, «Sponsors Guide».

11. Robert Uhlig, «Anti–Theft Tags 'Pose Danger to Children», Telegraph Group Limited, 10 mayo 2001, disponible en portal.telegraph.co.uk/news/main.jhtml?xml=/news/2001/10/05/wmag05.xml&sSheet=/news/2001/10/05/ixhomef.html, accedida el 11 de junio de 2005.

12. «The New Network: Identify Any Object Anywhere Automatically», panfleto promocional, MIT Auto–ID Center (Cambridge, Massachusetts).

13. John Stermer, «Radio Frequency ID: A New Era for Marketers?» *Consumer Insight*, 2001(Invierno).

14. David Greenberg en la reunión unida de la Junta de Supervisores y la Junta Tecnológica del MIT Auto–ID Center, University Park Hotel (Cambridge, Massachusetts), 14 noviembre 2002.

15. «Declaration—Utility or Design Patent Application», página Web de la United States Patent and Trademark Office, disponible en www.uspto.gov/Web/forms/sb0001.pdf, accedida el 13 de junio de 2005.

16. «General Information Concerning Patents», página Web de la United States Patent and Trademark Office, disponible en www.uspto.gov/Web/offices/pac/doc/general/index.html#whatpat, accedida el 13 de junio de 2005.

17. John R. Hind, James M. Mathewson y Marcia L. Peters, «Identification and Tracking of Persons Using RFID–Tagged Items», solicitud de patente de Estados Unidos #20020165758, concedida a IBM, tramitada el 2 de noviembre de 2002.

18. Edwin Black, «IBM and the Holocaust», página Web de IBM y el Holocausto, disponible en www.ibmandtheholocaust.com, accedida el 28 de febrero de 2005.

Capítulo 4 — El espía en sus zapatos

1. John R. Hind, «Method to Address Security and Privacy Issues of the Use of RFID Systems to Track Consumer Products», solicitud de patente de Estados Unidos #20020116274, concedida a International Business Machines, tramitada el 21 de febrero de 2001.

2. Jo Best, «US Clothes Firm Comes Clean on RFID Plans», página Web de Silicon.com, 25 enero 2005, disponible en www.silicon.com/research/specialreports/protectingid/0,3800002220,39127337 ,00.html, accedida el 13 de junio de 2005.

3. Alok Jha, «Tesco Tests Spy Chip Technology», *The Guardian*, 19 julio 2003, disponible en www.guardian.co.uk/uk_news/story/0,3604,1001211,00.html, accedida el 14 de junio de 2005.

4. Laurie Sullivan, «U.K. Retailer Goes on RFID Shopping Spree», *Information Week*, 17 enero 2005, disponible en www.informationweek.com/showArticle.jhtml?articleID=57701509, accedida el 13 de junio de 2005.

5. Elaine Allegrini, comunicación personal, alrededor del 19 de junio de 2003.

6. Howard Wolinsky, «P&G, Wal–Mart Store Did Secret Test of RFID», *Chicago Sun–Times*, 9 noviembre 2003, disponible en www.suntimes.com/output/lifestyles/cst–nws–spy09.html, accedida el 14 de junio de 2005.

7. Howard Wolinsky, «P&G,Wal–Mart Store Did Secret Test of RFID».

8. Silvio Albano, «Lessons Learned in the Real World», presentación de Powerpoint en el EPC Symposium celebrado en el McCormick Place Conference Center, Chicago, Illinois, 15–17 de septiembre de 2003.

9. «Global Source Tagging: World Class Products, Services and Support», página Web de Sensormatic, disponible en www.sensormatic.com/gst_www/support.asp, accedida el 16 de julio de 2005.

10. «Source Tagging: It All starts Here», pdf de Sensormatic, disponible en www.sensormatic.com/GST_www/files/itallstartshere.pdf, accedida el 30 de marzo de 2005.

11. «RFID-Enhanced EAS», pdf de Checkpoint Systems, disponible en es.checkpointsystems.com/downloads/pdf/es107.pdf, accedida el 16 de julio de 2005.

12. «EAS: Success Stories: Hard Goods», página Web de Checkpoint Systems, disponible en www.checkpointsystems.com/default.aspx?page=successstorieshardgoods, accedida el 13 de junio de 2005.

13. «North American Source Tagging Suppliers (By Category)», The Source Tagging Council por medio del Wayback Machine en la página Web de Webarchive.org, disponible en Web.archive.org/Web/20010202140500/http://synergy–stc.com/council/supplie rlist.html, accedida el 13 junio de 2005.

14. «Retailers Reap the Rewards of Source Tagging», página Web de Checkpoint Systems, disponible en

www.checkpointsystems.com/content/srctag/partic.aspx, accedida el 7 de octubre de 2004.

15. «Chipless Smart Labels: Technology Evaluation», Smart Packaging Journal, *ID Tech Ex*, julio/agosto 2002, pp. 8–10.

16. Jonathan Collins, «Checkpoint Buys 100 Million Tags», *RFID Journal*, 30 marzo 2004, disponible en www.rfidjournal.com/article/articleview/853/1/14/, accedida el 14 de junio de 2005.

17. «Checkpoint Systems Introduces EPC Solution Center», comunicado de prensa de Checkpoint Systems, 12 enero 2004, disponible en www.checkpointsystems.com/content/news/press_releases_archives_display.aspx?news_id=59, accedida el 7 de octubre de 2004.

18. «Checkpoint Systems Demonstrates End–to–End Solutions for the Retail Consumer Product Supply Chain», comunicado de prensa de Checkpoint Systems, noviembre 2003, disponible en www.checkpointsystems.com/default.aspx?page=pressreleasesarchives&idnews=52, accedida el 14 de junio de 2005.

19. «Checkpoint Delivers Value–Added Solutions for Retailers around the World», en *Retail News de* Checkpoint Systems, septiembre 2004, p. 8. PDF disponible en www.checkpointsystems.com/docs/rn_9_1.pdf.

20. «Leading U.S. Drug Retailer to Roll Out Checkpoint's Digital RF EAS Chainwide», en *Retail News de* Checkpoint Systems, septiembre 2004, pp. 1, 4. PDF disponible en www.checkpointsystems.com/docs/rn_9_1.pdf.

21. «Food/Drug/Mass Merchandisers», página Web de Information Resources, Inc. disponible en www.infores.com/public/us/content/infoscan/fooddrugmass.htm, accedida el 16 de julio de 2005.

22. Harlan J. Onsrud, Jeff P. Johnson y Xavier López, «Protecting Personal Privacy in Using Geographic Information Systems», Photogrammetric Engineering and Remote Sensing, 1994, 60(9).

23. «Source Tagging Shoes Is a Step in the Right Direction», *Retail News de* Checkpoint Systems, marzo 2005. PDF disponible en www.checkpointsystems.com/docs/ST_Shoes.pdf.

24. Clive R. Van Heerden, «Fabric Antenna for Tags», patente de Estados Unidos #6,677,917, concedida a Koninklijke Philips Electronics NV, tramitada el 25 de febrero de 2002, expedida el 13 de enero de 2004.

Capítulo 5 — Hay un blanco en su espalda

1. Charlie Schmidt, «Beyond the Bar Code», *MIT Technology Review*, marzo 2001, pp. 80–85.

2. Judith J. Leonard, «Great Ideas—Super Sleuth Supermarket Survey», página Web de Thomson South-Western, disponible en www.swlearning.com/marketing/gitm/gitm11–5.html, accedida el 9 de marzo de 2005.

3. «Frequently Asked Questions», página Web de Envirosell, disponible en www.envirosell.com/europe/ee_faq.html, accedida el 14 junio de 2005.

4. Craig Childress, «Table Tent Cards Are Finally Getting Some Respect», Nation's Restaurant News, 1996.

5. «Clients», página Web de Envirosell, disponible en www.envirosell.com/clients/clients.html, accedida el 14 de junio de 2005.

6. Kenneth J. Chapman, et al., «Academic Integrity in the Business School Environment: I'll Get by with a Little Help from My Friends», *Journal of Marketing Education*, 2004, pp. 236–249.

7. «Imagine... the House and the Store of the Future», originalmente disponible en la página Web de P&G en www.pg.com/champion/inside.jhtml?document=%2Fcontent%2Fen_US%2Fx ml%2Fchampion%2Fret_inside_jun012000_hfuture.xml, memoria cache de Google accedida el 26 de noviembre de 2004.

8. «Inside P&G Brands: A Chip in the Shopping Cart», originalmente disponible en la página Web de P&G en www.pg.com/champion/inside.jhtml?document=%2Fcontent%2Fen_US%2Fx ml%2Fchampion%2Fret_inside_jun012000_hfuture_repubblica.xml, memoria cache de Google accedida el 26 de noviembre de 2004.

9. «Imagine... the House and the Store of the Future».

10. «Inside P&G Brands: A Chip in the Shopping Cart». ¿Por qué mostrar a los bebedores de Coca Cola un comercial de Pepsi? P&G explica: «Tan pronto como un producto se acaba, sus competidores envían sus anuncios tentadores y alternativos». Si la gente no acepta este plan por sí solos, P&G sugiere hacer que jueguen el jueguito regalándoles aparatos de TV que muestren los anuncios.

11. Ronald Gary Godsey, Marshall P. Haine, y Mary Elizabeth Scheid, «System and Methods for Tracking Consumers in a Store Environment», solicitud de patente de Estados Unidos #20020161651, concedida a The Procter & Gamble Company, expedida el 22 de agosto de 2001.

12. Mark Baard, reportero del *Wired News*, comunicación personal por correo electrónico con Katherine Albrecht, 16 junio 2005 (entre otras fuentes).

13. Carrie Johnson, «Ahold Settles SEC Fraud Charges», *Washington Post*, 14 octubre 2004, disponible en www.washingtonpost.com/wp–dyn/articles/A30807–2004Oct13.html, accedida el 15 de junio de 2005.

14. Elizabeth Peroni, «Giant Food Store Revitalizes HBC at New Mechanicsburg Supermarket», Pennsylvania Food Merchants Association, junio 2001, disponible en www.pfma.org/media/advisor/JUN01/retailer/Giant.html.

15. «About NCR—Overview», página Web de NCR Corporation, disponible en www.ncr.com/about_ncr/aboutncr.htm, accedida el 1 de marzo de 2005.

16. «About NCR—Overview».

17. «Data Center Availability: Facilities, Staffing, and Operations», página Web de Microsoft, disponible en www.microsoft.com/resources/documentation/sql/2000/all/reskit/en–us/part4/c1461.mspx, accedida el 15 de junio de 2005.

18. Constance Hays, «What They Know about You», *New York Times*, 14 noviembre 2004, sección 3, p 1.

19. Resumen biográfico de Dan Odette, vicepresidente de Global Industry Consulting, Teradata, una división de NCR, disponible en www.teradata.com/t/go.aspx/page.html?id=112748, accedida el 1 de marzo de 2005.

20. Jerome A. Otto y Dennis J. Seitz, «Automated Monitoring of Activity of Shoppers in a Market», patente de Estados Unidos 6,659,344, concedida a NCR Corporation, tramitada el 6 de diciembre de 2000, expedida el 9 de diciembre de 2003.

21. Werner Reinartz y V. Kumar, «Not All Customers Are Created Equal», Harvard Business School Working Knowledge, 29 julio 2002, disponible en hbswk.hbs.edu/pubitem.jhtml?id=3028&t=customer, accedida el 15 de junio de 2005.

22. James E. Dion, «The Customer May Not Always Be Right: Customer Service Strategies for Survival Today», presentación de Powerpoint, disponible en www.dionco.com/downloads/cba2002customer.PPT, accedida el 15 de junio de 2005.

23. Marty Abrams, «Policy Practice: Double Edged Sword», *Direct*, 15 marzo 2001, disponible en www.directmag.com/mag/marketing_policy_practice/, accedida el 15 junio de 2005.

24. Texas Instruments, «Customer Loyalty Mechanism with TI*RFID», originalmente disponible en la página Web de Texas Instruments en www.ti.com/tiris/docs/solutions/pos/loyalty.shtml, accedida el 19 de diciembre de 2003. Esta referencia ha sido suprimida de la página Web de TI y ahora se encuentra archivada en Web.archive.org/Web/20040205161015/http://www.ti.com/tiris/docs/solutions/pos/loyalty.shtml.

25. «Arthur Blank & Co. Set for High–Volume RFID Card Production», Contactless News, 3 marzo 2005, disponible en www.contactlessnews.com/news/2005/03/03/arthur-blank-co-set-for-highvolume-rfid-card-production/, accedida el 15 de junio de 2005.

26. Beth Givens, «RFID and the Public Policy Void: Testimony to the California Legislature Joint Committee on Preparing California for the 21st Century, Senator Debra Bowen, Chair», Sacramento, California, 18 agosto 2003.

27. John R. Hind, James M. Mathewson, and Marcia L. Peters, «Identification and Tracking of Persons Using RFID-Tagged Items», solicitud de patente de Estados Unidos 20020165758, concedida a IBM, tramitada el 2 de noviembre de 2002.

28. Vicki Ward, «Coming Everywhere Near You: RFID», página Web de IBM Website, disponible en www.1.ibm.com/industries/financialservices/doc/content/landing/884118103.html, accedida el 7 de octubre de 2004.

29. «RFID May Boost Service at Banks», *RFID Journal*, 25 abril 2003, disponible en www.rfidjournal.com/article/articleview/396/1/1/, accedida el 31 de agosto de 2003.

30. David D. Strunk, «System and Method for Interactive Advertising», patente de Estados Unidos 6,708,176, concedida a Bank of America, tramitada el 24 de abril de 2003, expedida el 16 de marzo de 2005.

Capítulo 6 —*El zoológico de ventas al detalle de RFID*
1. «Metro Opens High–Tech Shop and Claudia Approves», comunicado de prensa de IBM, 28 abril 2003, disponible en www–1.ibm.com/industries/wireless/doc/content/news/pressrelease/872672104.html, accedida el 1 de octubre de 2004.
2. «Future Store Shopping a Reality with IBM» comunicado de prensa de IBM, 28 abril 2003, disponible en www–1.ibm.com/industries/retail/doc/content/news/pressrelease/430887101.html, accedida el 18 de abril de 2005.
3. «Metro Opens High–Tech Shop and Claudia Approves».
4. «50 Ideas for Revolutionizing the Store through RFID», NCR Corporation, noviembre 2003.
5. Ted Bridis, «Most Consumers Unaware of Online Pricing Tactics», AOL Business News, 1 junio 2005, disponible en aolsvc.news.aol.com/business/article.adp?id=20050601000509990008, accedida el 16 de junio de 2005.

    Nota: Parece que otros vendedores no han aprendido de la debacle de Amazon. Un estudio reciente de la Annenberg Public Policy Center señala que otros vendedores en línea continúan personalizando los precios según los clientes. Tal vez estos vendedores se están saliendo con la suya por ahora porque pueden manipular los precios secretamente. El estudio indica que la mayoría de los consumidores no es consciente de la práctica de precios según el cliente específico.

    La referencia del estudio de Annenberg es: Joseph Turow, Lauren Feldman y Kimberly Meltzer, «Open to Exploitation: American Shoppers Online and Offline», Annenberg Public Policy Center de la Universidad de Pennsylvania, junio 2005, disponible en www.annenbergpublicpolicycenter.org/04_info_society/Turow_APPC_Report_WEB_FINAL.pdf.
6. Alan Glass, vicepresidente en jefe de comercio electrónico, MasterCard International, testimonio dado ante el Comité de Comercio del Congreso de los Estados Unidos, 30 abril 1998.
7. Stephanie Simon, «Shopping with Big Brother: The Latest Trend in Market Research is Using Surveillance Devices Such as Hidden Microphones to Spy on Shoppers», *Los Angeles Times*, 1 mayo 2002, disponible en www.latimes.com/templates/misc/printstory.jsp?slug=la–050102spy, accedida el 1 de mayo de 2002.
8. Lorene Yue, «Not So Many Happy Returns at Some Stores», *Chicago Tribune*, 19 diciembre 2004, disponible en www.chicagotribune.com/business/yourmoney/sns–yourmoney–1219onthemoney,0,7193391.story, accedida el 7 de marzo de 2005.

9. Ariana Eunjung Cha, «Some Shoppers Find Fewer Happy Returns», *Washington Post*, 7 noviembre 2004, disponible en www.washingtonpost.com/wp–dyn/articles/A30908–2004Nov6.html, accedida el 7 de marzo de 2005.

10. Ariana Eunjung Cha, «Some Shoppers Find Fewer Happy Returns».

11. «Tokyo Cabs to Try RFID Payments», *RFID Journal*, 19 octubre 2004, disponible en www.rfidjournal.com/article/articleview/1197/1/1/, accedida el 5 de abril de 2005.

12. Per Olof Loof, «Complete Integrated Self–Checkout System and Method», patente de Estados Unidos 6,507,279, concedida a Sensormatic Electronics Corporation, tramitada el 6 de junio de 2001, expedida el 14 de enero de 2003.

13. «Police Officer Fired for Smoking Tobacco», *Portsmouth Herald*, 22 junio 2003, disponible en www.seacoAshtonline.com/2003news/06222003/south_of/35552.htm, accedida el 19 de abril de 2005.

14. King County Washington, «Focus on Employees: Healthy Incentives Benefits Program», página Web de King County, disponible en www.metrokc.gov/employees/focus_on_employees/FAQ.aspx, accedida el 19 de abril de 2005.

15 «NRF to Re-create Metro Group's Future Store», Supermarket News, 17 noviembre 2003, disponible en www.supermarketnews.com/xref.cfm?&ID=7840&xref=NRF, accedida el 1 de marzo de 2005.

16. Rena Tangens, codirectora de FoeBud en Bielefeld, Alemania, comunicación personal, 2004.

Capítulo 7 — *Llevándolo a su casa*

1. Charlie Schmidt, «Beyond the Bar Code», *MIT Technology Review*, 2001, pp. 80–85.

2. «Speech Recognition Finds Its Voice», Accenture Technology Labs, 2004.

3. «Bringing the Reality of Aging Online», página Web de Accenture Website, disponible en www.accenture.com/xd/xd.asp?it=enWeb&xd=services%5Ctechnology%5Cresearch%5Cihs%5Creality_aging.xml, accedida el 25 de marzo de 2005.

4. «Technology Comes Home», página Web de Accenture, disponible en www.accenture.com/xdoc/en/services/technology/research/ihs/tech_ihs.pdf, accedida el 21 de febrero de 2005.

5. «Technology Comes Home».

6. «Technology Comes Home».

7. «Technology Comes Home».

8. Dadong Wan, «Online Wardrobe», solicitud de patente de Estados Unidos 20020121980, concedida a Accenture, tramitada el 2 de marzo de 2001.

9. «Technology Comes Home».

10. «Technology Comes Home».

11. Kenneth P. Fishkin y Jay Lundell, «RFID in Healthcare», ensayo en *RFID: Applications, Security, and Privacy*, S. Garfinkel y B. Rosenberg, editores, Addison–Wesley Professional, 2005.
12. Kenneth P. Fishkin y Jay Lundell, «RFID in Healthcare».
13. Larry J. Eshelman, et al., «Automatic System for Monitoring Independent Person Requiring Occasional Assistance», patente de Estados Unidos 6,611,206, concedida a Koninklijke Philips Electronics NV, tramitada el 15 de marzo de 2001, expedida el 26 de agosto de 2003.
14. Philips hasta hace alarde de que sus sistema de supervisión puede escuchar en busca de ciertas palabras en el habla de una persona para determinar su estado anímico en todo momento: «Un ejemplo del juego de reglas usado para determinar si un ocupante está aburrido es... si las oraciones del ocupante contienen pocas palabras; una baja incidencia de palabras que sugieran entusiasmo, tales como superlativos; un tono callado y llano en la voz; falta de movimiento físico; poco movimiento de la cabeza o del cuerpo; sonidos de suspiro, etc.» Una vez recopiladas, «las palabras indicativas del estado anímico pueden ser enviadas al clasificador del estado mental/de salud para la clasificación del estado anímico del individuo». El sistema es tan completo que puede medir «la falta del contacto visual con objetos tales como el televisor o un libro en la escena». Fuente: Larry J. Eshelman, et al., «Automatic System for Monitoring...»
15. Carolyn Ramsey Catan, «Machine Readable Label Reader System for Articles with Changeable Status», patente de Estados Unidos 6,758,397, concedida a Koninklijke Philips Electronics NV, tramitada el 31 de marzo de 2001, expedida el 6 julio de 2004.
16. Carolyn Ramsey Catan, «Machine Readable Label Reader System...»
17. «Merloni Unveils RFID Appliances», *RFID Journal*, 4 abril 2003, disponible en www.rfidjournal.com/article/view/369/1/1/, accedida el 25 de marzo de 2005.
18. Michele Gershberg, «U.S. Advertisers Go Digital to Track Ads», Reuters, 18 agosto 2004, disponible en www.usatoday.com/tech/news/techinnovations/2004–08–18–rfid–plus–ads_x.htm, accedida el 20 de junio de 2005.
19. Charlie Schmidt, «Beyond the Bar Code».
20. Elizabeth Board, comentarios hechos en un evento de la Cámara de Comercio de los Estados Unidos «The Global Potential of Radio Frequency Identification», 14 junio 2005.
21. Si usted cree que la supervisión de compra de alimentos conducirá a una «mejor seguridad de alimentos» y «retiros más rápidos de productos», le convendría hablar con Jill Crowson, la cliente de Seattle que está demandando a la cadena de supermercados QFC, propiedad de Kroger, por no haber advertido a sus compradores de un retiro. Poco después de que la señora Crowson compró carne de res de QFC, la USDA ordenó que la misma fuese retirada de circulación debido a una posible infección con la enfermedad de las vacas locas. Aunque QFC retiró la carne restante de sus anaqueles, la

empresa no hizo esfuerzo alguno por notificar a sus clientes con tarjeta de comprador frecuente que la habían comprado, incluyendo a la señora Crowson, que había alimentado con la carne a su familia.

Fuente Anita Ramasastry, «Do Stores that Offer Loyalty Cards Have a Duty to Notify Customers of Product Safety Recalls?» Findlaw's Writ, 5 agosto 2004, disponible en writ.news.findlaw.com/ramasastry/20040805.html, accedida el 30 de marzo de 2005.

22.   Charlie Schmidt, «Beyond the Bar Code».
23.   «iceilings», página Web de Armstrong World Industries, disponible en www.armstrong.com/commceilingsna/article7399.html, accedida el 18 de junio de 2005.
24.   «RFID Applications», página Web de WiseTrack, disponible en www.wisetrack.com/rfidapplications.pdf, accedida el 22 de noviembre de 2005.
25.   Thomas Nello Giaccherini, «Inventory & Location System», solicitud de patente de Estados Unidos 20030214387, tramitada el 20 de mayo de 2002.
26.   Robert J. Orr y Gregory D. Abowd, «The Smart Floor..»

Capítulo 8 — Basura que habla

1.   Chris Lydgate y Nick Budnick, «Rubbish!» *Willamette Week*, 24 diciembre 2002, disponible en www.wweek.com/story.php?story=3485&page=1#, accedida el 23 de febrero de 2005.
2.   Alona Wartofsky, «Star Dreck», *Washington Post*, 21 junio 2004, disponible en www.washingtonpost.com/ac2/wp–dyn/A56765–2004Jun20?language=printer, accedida el 28 de febrero de 2005.
3.   «Guidelines on EPC for Consumer Products», página Web de EPCglobal, disponible en www.epcglobalinc.org/public_policy/public_policy_guidelines.html, accedida el 17 de junio de 2005.
4.   «Oregon Judge Recognizes Privacy Rights in Trash», TalkLeft, 1 diciembre 2002, disponible en 64.233.187.104/search?q=cache:0EA4t0FGqNYJ:talkleft.com/new_archives/001 114.html, accedida el 28 de marzo de 2005.
5.   *California v. Greenwood*, «La Corte Suprema decidió que la Cuarta Enmienda no prohíbe la búsqueda y captura de la basura dejada para ser recogida fuera de los límites de un hogar», 16 mayo 1988, disponible en www.fightidentitytheft.com/shred_supreme_court.html.
6.   John Preston, «Hollywood's Trash and Treasure», *Telegraph Magazine*, 9 octubre 2004, disponible en www.theage.com.au/articles/2004/10/07/1097089474917.html?from=storylhs& oneclick=true#mahrour–, accedida el 28 de febrero de 2005.
7.   John Preston, «Hollywood's Trash and Treasure».
8.   Anne Schroeder, «Names & Faces», *Washington Post*, 19 junio 2004, disponible en www.washingtonpost.com/wp–dyn/articles/A53722–2004Jun18.html, accedida el 28 de febrero de 2005.

9. Ferrán Viladevall, «Por su basura les conoceréis», *El Mundo Suplementos Magazine*, 21 noviembre 2004, disponible en www.el-mundo.es/magazine/2004/269/1100893833.html, accedida el 28 de febrero de 2005.

10. «Muckrakers: Cash for Trash», BBC News, 27 julio 2000, disponible en news.bbc.co.uk/1/hi/uk_politics/854047.stm, accedida el 28 de febrero de 2005.

11. Hasan Suroor, «Scoops from Trash», *The Hindu*, 2 abril 2001, disponible en www.hindu.com/2001/04/02/stories/0302000i.htm, accedida el 28 de febrero de 2005.

12. Philip Wintour, «Economy Set to Meet Euro Test, Say MPs», *The Guardian*, 28 julio 2000, disponible en www.guardian.co.uk/euro/story/0,11306,607306,00.html, accedida el 28 de febrero de 2005.

13. Robert Barritz, «Method for Determining if a Publication Has Not Been Read», patente de Estados Unidos 6,600,419, otorgada a Treetop Ventures LLC, tramitado el 31 de enero de 2001, expedida el 29 de julio de 2003.

14. Robert Barritz, «Method for Determining if a Publication Has Not Been Read».

15. Justine Kavanaugh, «Technology and Trash Team Up», *Government Technology*, febrero 1995, disponible en www.govtech.net/magazine/gt/1995/feb/trash.php, accedida el 21 de junio de 2005.

16. Theodore D. Geiszler, et al., «Reader System for Waste Bin Pickup Vehicles», patente de Estados Unidos 5,565,846, otorgada a Indala Corporation, tramitada el 26 de septiembre de 1994, expedida el 15 de octubre de 1996.

17. «Business Profile Bell South Investor Relations», página Web de BellSouth, disponible en www.bellsouth.com/investor/ir_businessprofile.html, accedida el 5 de abril de 2005.

18. Barrett M. Kreiner y Donna K. Hodges», System and Method for Utilizing RF Tags to Collect Data Concerning Post–Consumer Resources», solicitud de patente de Estados Unidos 20040129781, concedida a BellSouth, tramitada el 8 de julio de 2003.

19. Barrett M. Kreiner, et al., «Radio–Frequency Tags for Sorting Post-Consumption Items», solicitud de patente de Estados Unidos 20040133484, concedida a BellSouth, tramitada el 8 de enero de 2003.

20. «Breakthrough on 1–Cent RFID Tag», *RFID Journal*, 2 diciembre 2002, disponible en www.rfidjournal.com/article/articleview/172/1/46/, accedida el 25 de marzo de 2005.

21. Jonathan Collins, «RFID Fibers for Secure Applications», *RFID Journal*, 26 marzo 2004, disponible en www.rfidjournal.com/article/articleview/845/1/14/, accedida el 1 de febrero de 2005.

22. Jim Rosenberg, «Printable Radio Tags Could Be Used to Track Newspapers», *Editor & Publisher*, 15 octubre 2003, disponible en www.mediainfo.com/editorandpublisher/headlines/article_display.jsp?vnu_content_id=2001992, accedida el 15 de octubre de 2003.

23. Roberta M. McConochie and Jane Bailey, «Progress Toward Passive Measurement of Print», página Web de ESOMAR/ARF, disponible en www.arbitron.com/downloads/ McConochieBaileyESOMAR2004.pdf, accedida el 21 de junio de 2005.

Capítulo 9 — Sí, su botiquín le está hablando

1. «Truth Is Like the Sun», ThinkExist.com, disponible en en.thinkexist.com/quotation/truth_is_like_the_sun–you_can_shut_it_out_for _a/153597.html, accedida el 22 de junio de 2005.
2. «Elvis Week», página Web de Elvis Presley Enterprises, disponible en www.elvis.com/graceland/calendar/elvis_week.asp, accedida el 21 de febrero de 2005.
3. «The Med», página Web de Memphis Regional Medical Center, disponible en www.the–med.org/themedhistory.pdf, accedida el 19 de febrero de 2005.
4. Lea Nolan, et al., «An Assessment of the Safety Net in Memphis, Tennessee», The George Washington University Medical Center, marzo 2004.
5. Jonathan Collins, «Tracking Medical Emergencies», *RFID Journal*, 22 abril 2004, disponible en www.rfidjournal.com/article/articleview/901/1/1/, accedida el 19 de febrero de 2005.
6. Jonathan Collins, «Tracking Medical Emergencies».
7. «Alien Technology Corporation Successfully Completes RFID Trial at Memphis Medical Center», comunicado de prensa de Alien Technology, 5 abril 2004.
8. «Alien Technology Corporation Successfully Completes...»
9. Sheila Dwyer, «Securing Patient Information», MedTech1.com, 17 mayo 2001, disponible en www.medtech1.com/success/device_stories.cfm/17/6, accedida el 14 de febrero de 2005.
10. «Why RFID Is Critical», página Web de Precision Dynamics Corporation, disponible en www.pdcorp.com/rfid/hc_why_rfid.html, accedida el 8 de noviembre de 2004.
11. «Why RFID Is Critical».
12. Dr. Lucian Leape, comunicación personal, 10 noviembre 2004.
13. «HealthGrades Quality Study: Patient Safety in American Hospitals», *HealthGrades*, julio 2004, p. 3.
14. «In-Hospital Deaths from Medical Errors at 195,000 Per Year, HealthGrades' Study Finds», *HealthGrades*, 27 julio 2004, disponible en www.healthgrades.com/aboutus/index.cfm?fuseaction=mod&modtype=conte nt&modact=Media_PressRelease_Detail&&press_id=135, accedida el 15 de febrero de 2005.
15. Jack DeAlmo, «RFID in the Pharmacy: Q&A with CVS; Q&A with Jack DeAlmo, VP Inventory Management and Merchandise Operations», en *RFID: Applications, Security, and Privacy*, S. Garfinkel, editor, Addison–Wesley Professional, 2005.
16. «EPC Auto ID in the Drug Channel», CVS por medio de la página Web de GMA, disponible en www.gmabrands.com/events/docs/isld2004/epcauto.pdf, accedida el 4 de febrero de 2005.

17. Dadong Wan, et al., «Online Medicine Cabinet», patente de los Estados Unidos 6.539.281, otorgada a Accenture Global Services GmbH, tramitada el 23 de abril de 2001, expedida el 25 de marzo de 2003.

18. Ken Fishkin y Min Wang, «A Flexible, Low–Overhead Ubiquitous System for Medication Monitoring», Intel Research Seattle, Universidad de Washington (Seattle) , octubre 2003.

19. «RFID to Fight Counterfeiting of Viagra, Painkilling Drugs», Associated Press por medio de *Information Week*, 15 noviembre 2004, disponible en www.informationweek.com/story/showArticle.jhtml?articleID=52601667, accedida el 16 de febrero de 2005.

20. «FDA Announces New Initiative to Protect the US Drug Supply through the Use of Radiofrequency Identification Technology», comunicado de prensa, United States Food and Drug Administration, 15 noviembre 2004, disponible en www.fda.gov/bbs/topics/news/2004/NEW01133.html, accedida el 22 de junio de 2005.

21. «VitalSense Integrated Physiological Monitoring System Brochure», página Web de Mini Mitter Website, disponible en www.minimitter.com/Products/Brochures/900–0138–00_VS.pdf, accedida el 14 de febrero de 2005.

22. Roland Piquepaille, «Using RFID Tags to Make Teeth», Roland Piquepaille's Technology Trends, 25 octubre 2004, disponible en radio.Weblogs.com/0105910/2004/10/25.html, accedida el 26 de febrero de 2005.

23. Nir Navor y Ronnie Botton, «Tampon Detection System», patente de Estados Unidos 6,348,640, tramitada el 20 de marzo de 2000, expedida el 19 de febrero de 2002.

24. Rosann Kaylor, «Healthcare Networks with Biosensors», solicitud de patente de Estados Unidos 20040078219, otorgada a Kimberly–Clark Worldwide, Inc., tramitada el 22 de abril de 2004.

Capítulo 10 — Esto es un asalto

1. «Real–World Showroom», página Web de Accenture, disponible en www.accenture.com/xd/xd.asp?it=enWeb&xd=services%5Ctechnology%5Ctech_rwshowroom.xml, accedida el 21 de junio de 2005.

2. «Real–World Showroom».

3. «About Accenture», página Web de Accenture, disponible en www.accenture.com/xd/xd.asp?it=enWeb&xd=aboutus\about_home.xml, accedida el 21 de febrero de 2005.

4. «Clients», página Web de Accenture, disponible en www.accenture.com/xd/xd.asp?it=enWeb&xd=services%5Csba%5Csba_who_maclient.xml, accedida el 28 de febrero de 2005.

5. Cindy Southworth, comunicación personal, 9 marzo 2005.

6. «Stalking», U.S. Department of Justice Office of Community Oriented Policing Services, 5 enero 2004.

7. «First Comprehensive Review of Stalking in UK Published by Chubb Insurance», PR Newswire a nombre de Chubb Insurance Europe, 7 de mayo de 2004, disponible en www.prnewswire.co.uk/cgi/release?id=122401, accedida el 26 de febrero de 2005.

8. «Stalking».

9. David Teather, «Man Arrested over GPS 'Stalking'», *The Guardian*, 6 septiembre 2004, disponible en www.guardian.co.uk/usa/story/0,12271,1297892,00.html, accedida el 26 de febrero de 2005.

10. Barbara Ross y Tracy Connor, «Say Grocery Guy Delivered 'Terror'», *New York Daily News*, 8 octubre 2004, disponible en nydailynews.com/front/story/240064p–205757c.html y www.nydailynews.com/front/story/240064p-205757c.html, accedida el 26 de febrero de 2005.

11. David Sorkin, «RF Tracker Request for Data», página Web de RF Tracker, disponible en www.rftracker.com/info.html, accedida el 26 de febrero de 2005.

12. «Female Employee Finds Web Cam under Her Desk», WFTV Florida Channel 9, 20 mayo 2004, disponible en www.wftv.com/news/3328543/detail.html, accedida el 7 de febrero de 2005.

13. «Navy Finds Video Camera in Female Sailors' Shower», Associated Press, 4 mayo 2004, disponible en www.buckspipe.com/modules/news/article.php?item_id=331, accedida el 7 de febrero de 2005.

14. «Casino Fined for Hidden Cameras' Wandering Eyes», *USA Today*, 16 diciembre 2004, disponible en www.usatoday.com/travel/hotels/2004-12-16-casinocameras_x.htm, accedida el 19 de febrero de 2005.

15. Robert O'Harrow, *No Place to Hide: Behind the Scenes of Our Emerging Surveillance Society*, Free Press, 2005, p. 179.

16. «Legal Loopholes Protect Video Voyeurs», CNN.com, 8 febrero 2005, disponible en www.cnn.com/2005/LAW/02/08/video.voyeur.ap/, accedida el 9 de marzo de 2005.

17. Einat Amitay y Aya Soffer, «Personal Index of Items in Physical Proximity to a User», solicitud de patente de Estados Unidos 20050067492, otorgada a IBM, tramitada el 30 de septiembre de 2003.

18. «Design against Crime», página Web de Crime Reduction, disponible en www.crimereduction.co.uk/securedesign14.htm, accedida el 22 de junio de 2005.

19. Chris Adams, «The Chipping of Goods Initiative», Police Scientific Development Branch (Hertfordshire, Reino Unido), octubre 2004.

20. «The Booster Bag Problem», página Web de Alert, disponible en www.alertmetalguard.com/Default.asp?ID=6, accedida el 8 de marzo de 2005.

21. «Hard-to-Shop-for People on Your Holiday List? How about an Electronic Wallet for Their Wrists?», página Web de ExxonMobil, disponible en www2.exxonmobil.com/Corporate/Newsroom/Newsreleases/xom_nr_041202., accedida el 20 de mayo de 2005.

22. John Schwartz, «Students Find Hole in Car Security Systems», *New York Times*, 28 enero 2005, disponible en www.newyorktimes.com/2005/01/28/science/28cnd–key.html?ei=5094&en=48 eb306a45a3b7aO&hp=&ex=1106974800&oref=login&partner=homepage&pa gewanted=print&position, accedida el 29 de enero de 2005.

23. «Test of Air Force Radio Jams Area's Garage Door Openers», *USA Today*, 20 mayo 2004, disponible en www.usatoday.com/news/offbeat/2004-05-20-doorsjammed_x.htm, accedida el 23 de junio de 2005.

24. Mark Willoughby, «Securing RFID Information», *Computerworld*, 20 diciembre 2004, disponible en www.computerworld.com/printthis/2004/0,4814,96051,00.html, accedida el 9 de marzo de 2005.

25. Claire Swedberg, «Congress Considers Evacuation Tracking», *RFID Journal*, 7 febrero 2005, disponible en www.rfidjournal.com/article/articleview/1392/1/1/, accedida el 9 de marzo de 2005.

26. John Gilmore, «RFID and Assassins», comunicación personal, 10 marzo 2005.

27. Matthew Wald, «New High-Tech Passports Raise Snooping Concerns», *New York Times*, 29 noviembre 2004, disponible en www.wired.com/news/privacy/0,1848,66686,00.html, accedida el 26 de febrero de 2005.

28. «Electronic Passport, Proposed Rule, 22 CFR Part 51, Public Notice 4993, RIN 1400-AB93», Departamento de Estado de los Estados Unidos, 18 febrero 2005.

29. Matthew Wald, «New High–Tech Passports Raise Snooping Concerns».

Capítulo 11 — Cambio a modo de vigilancia

1. «The Privacy Bulletin», 1990, Edición Especial, agosto, Volumen 6, Número 2 (Sydney Australia). Según se citó en: Sheri Alpert y Kingsley E. Haynes, «Privacy and the Intersection of Geographical Information and Intelligent Transportation Systems», disponible en www.spatial.maine.edu/tempe/alpert.html, accedida el 24 de noviembre de 2004.

2. «Houston TranStar Fact Sheet 2003», página Web de Houston TranStar, disponible en www.houstontranstar.org/about_transtar/docs/2003_fact_sheet_1.pdf, accedida el 25 de febrero de 2005.

3. «Automated Vehicle Identification», página Web de Houston TranStar, disponible en www.houstontranstar.org/about_transtar/docs/2003_fact_sheet_2.pdf, accedida el 25 de febrero de 2005.

4. «Automated Vehicle Identification».

5. Matthew Amorello, «Fast Lane Program», página Web de Massachusetts Turnpike Authority, disponible en www.massturnpike.com/travel/fastlane/, accedida el 20 de junio de 2005.

6. Shamus Toomey, «No I–Pass? Prepare To Pay Double», *Chicago Sun–Times*, 26 agosto 2004, disponible en www.suntimes.com/output/news/cst–nws–toll26.html, accedida el 6 de septiembre de 2004.

7. Fred Philipson, «Fast Lane», *Government Technology*, septiembre 2004, disponible en www.govtech.net/magazine/story.php?id=91366&issue=9:2004, accedida el 23 de marzo de 2005.

8. Road Guy, «Is Big Brother in the Tollbooth», *Daily Press*, reimpreso en la página Web de ITS America, disponible en www.itsa.org/ITSNEWS.NSF/0/93a8b5bfdeff96da85256c71004f51d4?OpenDoc ument, accedida el 4 de octubre de 2003.

9. Jerry Werner, «More Details Emerge about the VII Effort», National Associations Working Group for ITS, 15 mayo 2004, disponible en www.ntoctalks.com/icdn/vii_details_itsa04.html, accedida el 26 de febrero de 2005.

10. «Early Alert: ABI Research Flags Large DSRC Market Later This Decade», comunicado de prensa de ABI Research, disponible en www.abiresearch.com /abiprdisplay.jsp?pressid=172, accedida el 15 de junio de 2005.

11. Jeffrey F. Paniati, «Vehicle Infrastructure Integration», Administración Federal de Autopistas, Departamento de Transporte de los Estados Unidos, disponible en www.itsa.org/resources.nsf/Files/VII_PM_01_Paniati_What_Is_VII/$file/VII_P M_01_Paniati_What_Is_VII.pdf, accedida el 26 de febrero de 2005.

12. Ralph Robinson, «VII Use Cases», Ford Motor Company, disponible en www.itsa.org/resources.nsf/Files/VII_PM_05_Robinson_Use_Cases/$file/VII_P M_05_Robinson_Use_Cases.pdf, accedida el 26 de febrero de 2005.

13. Jerry Werner, «USDOT Outlines the New VII Initiative at the 2004 TRB Annual Meeting», National Transportation Operations Coalition, 27 enero 2004, disponible en www.ntoctalks.com/icdn/vii_trb04.php, accedida el 26 de febrero de 2005.

14. Jerry Werner, «Newsletter of the ITS Cooperative Deployment Network: More Details Emerge about the VII Effort», National Associations Working Group for ITS, 15 mayo 2004, disponible en www.ntoctalks.com/icdn/vii_details _itsa04.html, accedida el 26 de febrero de 2004.

15. Umar Riaz, et al., «Why Telematics Is Moving into the Realm of Transforming Technologies», página Web de Accenture, disponible en www.accenture.com/xd/xd.asp?it=enWeb&xd=ideas%5Coutlook%5Cpov%5C pov_telematics.xml, accedida el 10 de diciembre de 2004.

16. Andrea Estes, «Fee Eyed for Those Who Drive into Hub», *Boston Globe*, 30 marzo 2005, disponible en www.boston.com/news/local/articles/2005/03/30/fee_eyed_for_those_who_dri ve_into_hub/, accedida el 5 de abril de 2005.

17. Robert Salladay, «DMV Chief Back Tax by Mile», *Los Angeles Times*, 16 noviembre 2004, disponible en www.latimes.com/news/local/politics/cal/la–me–dmv16nov16,0,987891.story?c oll=la–news–politics–california, accedida 5 de abril de 2005.

18. Michael Freitas, «VII Applications», ITS Joint Program Office, Departamento de Transporte de los Estados Unidos, a.org/resources.nsf/Files/VII_PM_07_Freitas_Fed_Apps/$file/VII_PM_07_Frei tas_Fed_Apps.pdf, accedida el 26 de febrero de 2005.

19. Jonathan Collins, «Automotive RFID Gets Rolling», *RFID Journal*, 13 abril 2004, disponible en www.rfidjournal.com/article/articleview/866/1/1/, accedida el 18 de junio de 2005.

20. Randy Roebuck, «DSRC Technology and the DSRC Industry Consortium (DIC) Prototype Team», preparado por SIRIT Technologies para ARINDC/U.S. DOT, 28 enero 2005.

21. Texas House Bill «H.B. No. 2893», enmienda propuesta al *Chapter 601, Transporation Code*, 2005.

22. «eGo Windshield Sticker Tag», página Web TransCore, disponible en www.transcore.com/product_profiles/411468.pdf, accedida el 20 de junio de 2005.

23. «Electronic Vehicle Registration (EVR)», página Web de TransCore, disponible en www.transcore.com/markets/pdf/EVR%20Application%20Profile_ITSA03.pdf, accedida el 14 de junio de 2005.

24. Greg Lucas, «DMV Information Sold Illegally, State Audit Finds Agency Also Reaped Profits by Overcharging Clients», *San Francisco Chronicle*, p. A19.

25. «Gartner Reports Strong Opposition to a U.S. National Identity Program», comunicado de prensa de Gartner, 12 marzo 2002, disponible en www.gartner.com/5_about/press_releases/2002_03/pr20020312a.jsp, accedida el 20 de junio de 2005.

26. Declan McCullagh, «House Approves Electronic ID Cards», CNET News.com, 10 febrero 2005, disponible en news.com.com/House+approves+electronic +ID+cards/2100–1028_3–5571898.html, accedida el 23 de febrero de 2005.

Capítulo 12 — *Los chips que no mueren*

1. James M. Mathewson II y Marcia L. Stockton, «Using Radio Frequency Identification with Transaction–Specific Correlator Values Written on Transaction Receipts to Detect and/or Prevent Theft and Shoplifting», solicitud de patente de Estados Unidos 20050073417, concedida a IBM, tramitada el 19 de septiembre de 2003.

2. Katherine Albrecht, Liz McIntyre y Beth Givens, «Position Statement on the Use of RFID on Consumer Products», CASPIAN y Privacy Rights Clearinghouse, 14 noviembre 2003, disponible en www.spychips.com/jointrfid_ position_paper.html y www.privacyrights.org/ar/RFIDposition.htm, accedida el 14 de noviembre de 2003.

3. Richard Shim, «RFID Blocker Tags Developed», Silicon.com, 28 agosto 2003, disponible en www.silicon.com/software/applications/ 0,39024653,10005771,00.htm, accedida el 28 de febrero de 2005.

Capítulo 13 — *Adaptarse o morir*

1. Helen Duce, «Message Development», MIT Auto–ID Center, originalmente disponible en la página Web de MIT Auto-ID Centeren www.autoidcenter.com/media/communications.pdf, accedida el 5 de julio de 2003. Esta referencia ha sido suprimida de la página Web de Auto-ID Center y ahora se ha reproducido en cryptome.org/rfid/communications.pdf.

2. Helen Duce, «Public Policy: Understanding Public Opinion», MIT Auto–ID Center, originalmente disponible en la página Web de MIT Auto–ID Center en www.autoidcenter.com/publishedresearch/cam–autoid–eb002.pdf, accedida el 5 de julio de 2003. Esta referencia ha sido suprimida de la página Web de Auto–ID Center y ahora se ha reproducido en cryptome.org/rfid/cam–autoid–eb002.pdf.

3. Helen Duce, «Message Development».

4. «Managing External Communications», Fleishman–Hillard por el MIT Auto-ID Center, originalmente disponible en www.autoidcenter.com/media/external_comm.pdf, accedida el 5 de julio de 2003. Esta referencia ha sido suprimida de la página Web de Auto–ID Center y ahora se ha reproducido en cryptome.org/rfid/external_comm.pdf.

5. «Auto-ID Center Q & A», MIT Auto–ID Center, originalmente disponible en www.autoidcenter.com/new_media/media_kit/questions_answers.pdf, accedida el 7 de julio de 2003. Esta referencia ha sido suprimida de la página Web de Auto–ID Center y ahora se ha reproducido en cryptome.org/rfid/questions_answers.pdf.

6. Phyllis L. Kim, «Auto-ID Center Communications», Fleishman–Hillard por el MIT Auto-ID Center, originalmente disponible en www.autoidcenter.org/media/pk–fh.pdf, accedida el 5 de julio de 2003. Esta referencia ha sido suprimida de la página Web de Auto–ID Center y ahora se ha reproducido en cryptome.org/rfid/pk–fh.pdf.

7. Helen Duce, «Message Development».

8. Helen Duce, «Message Development».

9. Helen Duce, «Public Policy: Understanding Public Opinion».

10. Helen Duce, «Public Policy: Understanding Public Opinion».

11. Helen Duce, «Message Development».

12. Helen Duce, «Message Development».

13. Rick Munarriz, «Interview with RFID Pioneer Kevin Ashton», entrevista de The Motley Fool reproducida por Leigh Bureau, 15 diciembre 2004, disponible en www.leighbureau.com/speakers/KAshton/essays/interview_fool.pdf, accedida el 12 de mayo de 2005.

14. «Managing External Communications».

15. Mark Baard, «RFID Cards Get Spin Treatment», *Wired News*, 29 marzo 2005, disponible en www.wired.com/news/privacy/0,1848,67025,00.html, accedida el 22 de junio de 2005.

16. Helen Duce, «Public Policy: Understanding Public Opinion».

17. Elizabeth Board, comunicación personal, 18 abril 2005.

18. John Rabun, *For Healthcare Professionals: Guidelines on Prevention of and Response to Infant Abductions*, Alexandria: National Center for Missing & Exploited Children, 2003, p. 92.

19. John Rabun, *For Healthcare Professionals*.

20. Ari Juels, Ronald L. Rivest y Michael Szydlo, «The Blocker Tag: Selective Blocking of RFID Tags for Consumer Privacy», disponible en

www.rsasecurity.com/rsalabs/staff/bios/ajuels/publications/blocker/blocker.pdf, accedida el 22 de abril de 2005.

21. «Inside P&G Brands: A Chip in the Shopping Cart», originalmente disponible en la página Web de P&G en www.pg.com/champion/inside.jhtml?document=%2Fcontent%2Fen_US%2Fx ml%2Fchampion%2Fret_inside_jun012000_hfuture_repubblica.xml, memoria cache de Google accedida el 26 de noviembre de 2004.

22. John R. Hind, James M. Mathewson y Marcia L. Peters, «Identification and Tracking of Persons Using RFID–Tagged Items», solicitud de patente de Estados Unidos 20020165758, concedida a IBM, tramitada el 2 de noviembre de 2002.

23. Mark Baard, «Errant E–mail Shames RFID Backer», *Wired News*, 12 enero 2004, disponible en www.wired.com/news/privacy/0,1848,61868,00.html? tw=wn_story_top5, accedida el 24 de junio de 2005.

24. Mark Baard, «Errant E–mail Shames RFID Backer».

25. Andy McCue, «Digital Blunder Expose 'Dirty Tricks' in RFID War», Silicon.com/CNet networks, 12 enero 2004, disponible en www.silicon.com/hardware/storage/0,39024649,39117735,00.htm, accedida el 22 de junio de 2005.

26. «Grocery Manufacturers Apologise to Anti–RFID Activist Over Slur», *Sydney Morning Herald* en línea, 13 enero 2004, disponible en www.smh.com.au/articles/2004/01/13/1073877812378.html, accedida el 22 de junio de 2005.

27. Abby Dinham, «IBM Hits Back at RFID Critics», ZDNet, 29 abril 2004, disponible en www.zdnet.com.au/news/business/0,39023166,39146173,00.htm, accedida el 8 de abril de 2005.

28. John R. Hind, et al., «Identification and Tracking of Persons Using RFID–Tagged Items».

29. Graeme Wearden, «How to Get Consumers to Swallow Electronic Tags», ZDNet, 18 octubre 2004, disponible en news.zdnet.co.uk/hardware/emeringtech/0,39020357,39170565,00.htm, accedida el 2 de abril de 2005.

30. «RFID and Consumers: Understanding Their Mindset», CapGemini y National Retail Federation, 2004, disponible en www.nrf.com/download/NewRFID_NRF.pdf, accedida el 25 de marzo de 2005.

31. Jonathan Collins, «Consumers More RFID–Aware, Still Wary», *RFID Journal*, 8 abril 2005, disponible en www.rfidjournal.com/article/articleview/1491/1/1/, accedida el 10 de abril de 2005.

32. «Managing External Communications».

Capítulo 14 — ¿Será usted el siguiente?

1. Rob Stein, «Bar Code Implant Calls Up Medical Data, FDA Approval Draws Fire from Advocates of Personal Privacy», *Washington Post*, reimpreso por el *San Francisco Chronicle*, 14 octubre 2004, disponible en sfgate.com/cgi–bin/article/article?f=/c/a/2004/10/14/MNGQA99FDM1.DTL, accedida el 27 de junio de 2005.

2. «Cuban American Bar Assn v. Christopher: Complaint», Corte de Distrito de los Estados Unidos, Distrito Sur de Florida, 1994.
3. «Cuban American Bar Assn v. Christopher: Complaint».
4. «Cuban American Bar Assn v. Christopher: Complaint».
5. Lynne Brakeman, editora contribuyente, «New DoD System Tracks Refugees», *Automatic ID News* (Advanstar Communications Inc.), Volumen 10, No. 13 (Diciembre 1994), pp. 14–17.
6. Lynne Brakeman, «New DoD System Tracks Refugees».
7. Nat Fahy, «Marine Lieutenant Runs Modern Day 'Ellis Island'», Oficina de Información del Servicio Naval, disponible en www.chinfo.navy.mil/navpalib/news/mcnews/mcn95/mcn95033.txt, accedida el 28 de noviembre de 2003.
8. John Penido, jefe de bomberos (San Marino, California), «Fire Service Response to a Biological Event», *Bioterrorism: Homeland Defense: The Next Steps*, conferencia, TRANS-ATTACK PANEL, proceso disponible en www.rand.org/nsrd/bioterr/pdf/cp–JPenido.pdf, accedida el 16 de julio de 2005.
9. Sheila Mitchell, «Global Supply Chain, RFID & GTN Standards Conference, Octubre 14 en Toronto», correo electrónico promocional recibido por John Young de Softmatch, archivado en cryptome.org/rfid–fun–spam.htm, accedida el 26 de junio de 2005.
10. Audrey Hudson, «Bug Devices Track Officials at Summit», *Washington Times*, 14 diciembre 2003, disponible en washingtontimes.com/national/20031214–011754–280r.htm, accedida el 26 de junio de 2005.
11. Audrey Hudson y Betsy Pisik, «Summit Group Confirms Use of ID Chip.pdf», *Washington Times*, 17 diciembre 2003, disponible en washingtontimes.com/national/20031217–15051–5373r.htm, accedida el 26 de junio de 2005.
12. «U.S. Military Clarifies RFID Mandate», *RFID Journal*, 10 octubre 2003, disponible en www.rfidjournal.com/article/articleview/608/1/1/, accedida el 24 de junio de 2005.
13. «RFID Technology in Iraq», página Web de Precision Dynamics Corporation, 20 mayo 2003, disponible en www.pdcorp.com/healthcare/rfid_militaryuse.html, accedida el 24 de junio de 2005.
14. «Smart Military Medical 'Dog Tags'», página Web de Pacific Northwest National Laboratory, disponible en www.technet.pnl.gov/sensors/electronics/projects/ES4rfT–DogTag.stm, accedida el 10 de junio de 2005.
15. «RFID Tracked Casualties in Iraq», *RFID Journal*, 19 mayo 2003, disponible en www.rfidjournal.com/article/articleview/431/1/44/, accedida el 26 de junio de 2005.
16. «2000 Census Data—Age and Sex Profile for United States», página Web de Annie E. Casey Foundation, disponible en www.aecf.org/cgi–bin/aeccensus.cgi?action=profileresults&area=00N&printerfriendly=0&section=1, accedida el 3 de mayo de 2005.

17. «Enterprise Charter School Applies Texas Instruments' RFID Contactless Technology for Multiple Applications», página Web de Texas Instruments, 2003, disponible en www.ti.com/tiris/docs/news/_news_releases/2003/rell9–15–03.shtml, accedida el 27 de junio de 2005.

18. «Report to the Governor, the Temporary President of the Senate, and the Speaker of the Assembly on the Educational Effectiveness of the Charter School Approach in New York State», Departamento de Educación del Estado, Universidad del Estado de Nueva York, 5 diciembre 2003, p. 13.

19. Ann Bednarz, «RFID Everywhere: From Amusement Parks to Blood Supplies», NetworkWorld, 3 mayo 2004, disponible en www.networkworld.com/news/2004/0503widernetrfid.html?page=2, accedida el 24 de junio de 2005.

20. Matt Richtel, «In Texas, 28,000 Students Test E–Tagging System», CNET News.com, 17 noviembre 2004, disponible en news.com.com/In+Texas, +28,000+students+test+an+electronic+eye/2100–1039_3–5456061.html y news.com.com/In+Texas%2C+28%2C000+students+test+e–tagging+system+ –+page+2/2100–1039_3–5456061–2.html?tag=st.next, accedida el 26 de junio de 2005.

21. «The Board of Trustees», página Web del Distrito Escolar Independiente Spring, disponible en at www.springisd.org/default.aspx?name=admin.board, accedida el 6 de mayo de 2005.

22. Matt Richtel, «A Student ID That Can Also Take Roll», New York Times, 17 noviembre 2004, disponible en richtel-a-student-id-that-can-also-take-roll, accedida el 24 de junio de 2005.

23. «Project Summary: ITR/SII+IM+EWF: Technologies for Sensor–Based Wireless Networks of Toys for Smart Developmental Problem–Solving Environments», UCLA Smart Kindergarten, disponible en nesl.ee.ucla.edu/projects/smartkg/docs/proposal.htm, accedida el 24 de junio de 2005.

24. Chris Sutton, «Wired Classroom Gives Educators Insight into Child Learning», UCLA Engineer, 11 junio 2003.

25. «Project Summary: ITR/SII+IM+EWF...»

26. «News in Brief from Northern California», Associated Press, según se reimprimió en el San Jose Mercury News, 28 enero 2005, disponible en www.mercurynews.com/mld/mercurynews/news/local/states/california/northe rn_california/10759096.htm, accedida el 24 de junio de 2005.

27. «California Company Pulls out of Program to Track Student Movements», ACLU, 16 febrero 2005, disponible en www.aclu.org/StudentsRights/StudentsRights.cfm?ID=17524&c=161, accedida el 24 de junio de 2005.

28. «Woodward Laboratories Announces the Release of iHygiene», Woodward Laboratories pdf, disponible en www.woodwardlabs.com/pdfs/iHygiene_Press_Release.pdf, accedida el 5 de enero de 2005.

29. «Member Firms Description: Cincinnati/Northern KY Firms», página Web de Executive Women International, disponible en www.ewicincinky.com/firmdescription.htm, accedida el 5 de mayo de 2005.

30. «Member Spotlight», página Web de la Midland Hispanic Chamber of Commerce, disponible en www.midlandhcc.com/mhcc/?section=2, accedida el 5 de mayo de 2005.

31. Página principal de Ameripride, página Web de Ameripride Services Inc., disponible en www.ameripride.com, accedida el 5 de mayo de 2005.

32. «Star City Casino: Silent Commerce Chips Away at Casino Wardrobe Worries», página Web de Accenture, disponible en www.accenture.com/xd/xd.asp?it=enWeb&xd=services%5Ctechnology%5Cvisi on%5Cstar_city_casino.xml, accedida el 2 de junio de 2005.

33. «Verichip RFID Implants in Mexican Attorney General's Office Overstated», página Web de Spychips, 29 noviembre 2004, disponible en www.spychips.com/press–releases/mexican–implant–correction.html, accedida el 24 de junio de 2005.

34. Will Weissert, «Microchips Implanted in Mexican Officials», MSNBC.com, 14 julio 2004, disponible en www.msnbc.msn.com/id/5439055/, accedida el 26 de junio de 2005.

35. Jonathan Kent, «Malaysia Car Thieves Steal Finger», BBC News, 31 marzo 2005, disponible en news.bbc.co.uk/2/hi/asia–pacific/4396831.stm, accedida el 5 de mayo de 2005.

36. «Baja Beach Club in Barcelona», SenorStag.com, disponible en www.senorstag.com/index/713, accedida el 27 de abril de 2005.

37. Jonathan Watts, «Experts from Around the World Join Largest Ever Forensic Investigation», *The Guardian*, 4 enero 2005, disponible en www.guardian.co.uk/tsunami/story/0,15671,1382758,00.html, accedida el 27 de junio de 2005.

38. Bill Christensen, «Chip Implants Proposed to Halt Blackmarket Cadaver Trade», *Live Science*, 15 febrero 2005, disponible en www.livescience.com/scienceoffiction/technovel_organs_050215.html, accedida el 27 de junio de 2005.

39. Rob Stein, «Bar Code Implant Calls Up Medical Data...»

40. «CASPIAN Special Report: FDA Letter Raises Questions about VeriChip Safety, Data Security», página Web de Spychips, 19 octubre 2004, disponible en www.spychips.com/reports/verichip–fda.html, accedida el 27 de junio de 2005.

41. «A Primer on Medical Device Interactions with Magnetic Resonance Imaging Systems», U.S. Food and Drug Administration, 7 febrero 1997, disponible en www.fda.gov/cdrh/ode/primerf6.html, accedida el 27 de junio de 2005.

42. Vea www.solusat.com.mx.

43. «Vinoble to Offer RFID Personal Mobile Location Technology Service», Vinoble, Inc., comunicado de prensa, disponible en finance.lycos.com/qc/news/story.aspx?symbols=BB:VNBL&story=2005042307 05_CCN_0423001n.

44.   Peter Seth Edelstein y Benjamin Theodore Nordell II, «Method and Apparatus for Locating and Tracking Persons», solicitud de patente de Estados Unidos 20040174258, tramitada el 29 de agosto de 2003.

45.   George M. Vodin, «Method and Apparatus for Remote Monitoring and Control of a Target Group», solicitud de patente de Estados Unidos 20030071734, tramitada el 23 de septiembre de 2002.

Capítulo 15 — Sus impuestos sí trabajan

1.   Página Web de QuoteWorld, disponible en www.quoteworld.org/author.php?thetext=Ronald+Wilson+Reagan+(b.+1911), accedida el 26 de junio de 2005.

2.   «My Doomsday Weapon: An Exhibition by Jakob S. Boeskov», página Web de The Thing, disponible en www.backfire.dk/JB/index.html, accedida el 10 de mayo de 2005.

3.   «Data Mining: Federal Efforts Cover a Wide Range of Uses», Oficina de Contabilidad General de los Estados Unidos (Washington), informe número GAO–040548, mayo 2004.

4.   «Data Mining: Federal Efforts Cover a Wide Range of Uses».

5.   «Data Mining: Federal Efforts Cover a Wide Range of Uses».

6.   «Data Mining: Federal Efforts Cover a Wide Range of Uses».

7.   Gene Healy, «Beware of Total Information Awareness», CATO Institute, 20 enero 2003, disponible en www.cato.org/dailys/01–20–03.html, accedida el 24 de junio de 2005.

8.   Theresa Hampton y Doug Thompson, «Where Big Brother Snoops on Americans 24/7», *Capitol Hill Blue*, 7 junio 2004, disponible en www.capitolhillblue.com/artman/publish/article_4648.shtml, accedida el 7 de febrero de 2005.

9.   Robert Jaques, «Cash under Threat from RFID Payments», *VNU Business Publications*, 25 febrero 2005, disponible en www.vnunet.com/articles/print/2126822, accedida el 25 de marzo de 2005.

10.   Peter Clarke, «Hitachi Adds Antenna to RFID 'Mu–Chip'», *EE Times*, 2 septiembre 2003, disponible en www.eetimes.com/story/OEG20030902S0032, accedida el 18 de enero de 2005.

11.   «Security Technology: Where's the Smart Money?», Texas Instruments, 7 febrero 2002, disponible en www.ti.com/tiris/docs/news/in_the_news /2002/02–07–02.shtml, accedida el 2 de enero de 2005.

12.   Rob Buckley, «Sense and Respond», *Infoconomy*, 1 diciembre 2003, disponible en www.infoconomy.com/pages/M–iD/group87935.adp, accedida el 15 de junio de 2005.

13.   «RFID Streamlines Processes, Saves Tax Dollars», página Web de Sun Microsystems, disponible en www.sun.com/br/government_1216/ feature_rfid.html, accedida el 22 de mayo de 2005.

14.   Eric Lichtblau, «Plan to Let F.B.I. Track Mail in Terrorism Inquiries», *New York Times*, 21 mayo 2005, disponible en www.nytimes.com/2005/05/21/politics/ 21terror.html, accedida el 22 de mayo de 2005.

15. «Automatic Identification—When to Use RFID», página Web de IDF Consulting, disponible en www.icfconsulting.com/Publications/Perspectives –2004/doc_files/IT–rfid.pdf, accedida el 25 de junio de 2005.

16. «ID Systems Chooses Unisys to Help Implement RFID Project for U.S. Postal Service», Unisys, 2005.

17. Ryan Singel, «No Encryption for E–Passports», *Wired News*, 24 febrero 2005, disponible en www.wired.com/news/privacy/0,1848,66686,00.html? tw=wn_story_related, accedida el 26 de febrero de 2005.

18. Erik Larkin, «E–Passports Will Include New Safeguards», *PC World*, 19 mayo 2005, disponible en www.pcworld.com/news/article/0,aid,120901,00.asp, accedida el 25 de junio de 2005.

19. Alorie Gilbert, «States to Test ID Chips on Foreign Visitors», *New York Times*, 26 enero 2005, disponible en www.nytimes.com/cnet/CNET_2100-1039_3-5552120.html, accedida el 23 de febrero de 2005.

20. Paul McDougall, «Accenture's 'Virtual Border' Project», *InformationWeek*, 7 junio 2004, disponible en www.informationweek.com/story/showArticle.jhtml? articleID=21401734, accedida el 2 de abril de 2005.

21. Paul McDougall, «Accenture's 'Virtual Border' Project».

22. «No Chip in Arm, No Shot from Gun», Associated Press, por medio de *Wired News*, 14 abril 2005, disponible en www.wired.com/news/technology/0,1282,63066,00.html?tw=wn_story_related, accedida el 17 de mayo de 2005.

23. Curtis Lee Carrender, et al., «System and Method for Controlling Remote Devices», solicitud de patente de Estados Unidos 20020149468, concedida al Departamento de Energía de los Estados Unidos, tramitada el 11 de abril de 2001.

24. «Public Affairs Plan», preparado por Fleishman–Hillard por el MIT Auto-ID Center, originalmente disponible en www.autoidcenter.org/media/public_ affairs.pdf, accedida el 5 de julio de 2003. Esta referencia ha sido suprimida de la página Web del Auto-ID Center y ahora se ha reproducido en quintessenz.org/rfid–docs/www.auto idcenter.org/media/public_affairs.pdf.

25. «U.S.Military to Issue RFID Mandate», *RFID Journal*, 15 septiembre 2003, disponible en www.rfidjournal.com/article/articleview/576/1/1/, accedida el 25 de junio de 2005.

26. Claire Swedberg, «Cattle Auctioneer Promotes Tracking Plan», *RFID Journal*, 13 junio 2005, disponible en www.rfidjournal.com/article/articleview/ 1655/1/1/, accedida el 26 de junio de 2005.

27. Rick Whiting, «FDA Expects RFID Use to Combat Drug Counterfeiting», *InformationWeek*, 18 febrero 2004, disponible en www.informationweek.com/showArticle.jhtml?articleID=17701351, accedida el 26 de junio de 2005.

28. Gerry Gilmore, «Alien Touches Down: Tiny Technology Pays Off Big for N.D.», North Dakota State University, 12 julio 2003, disponible en www.ndsu.nodak.edu/research/article.php?article_number=36, accedida el 25 de junio de 2005.

29. Florence Olsen, «Social Security Administration Utilizes RFID», *USA Today*, 5 enero 2005, disponible en www.usatoday.com/tech/news/techpolicy /2005–01–05–rfid–to–track–ssa_x.htm, accedida el 26 de junio de 2005.

30. Jonathan Collins, «NASA Tried RFID for HAZMAT», *RFID Journal*, 14 diciembre 2004, disponible en www.rfidjournal.com/article/articleview /1288/1/1, accedida el 26 de junio de 2005.

31. «ID Systems Chooses Unisys to Help...»

32. Mary Catherine O'Connor, «Homeland Security to Test RFID», *RFID Journal*, 28 enero 2005, disponible en www.rfidjournal.com/article/articleview /1360/1/1/, accedida el 26 de junio de 2005.

33. G. Martin Wagner, «GSA Bulletin FMR B–7 Radio Frequency Identification (RFID)», página Web de la Administración de Servicios Generales, disponible en www.gsa.gov/Portal/gsa/ep/contentView.do?P=MTP&contentId =17662&contentType=GSA_BASIC, accedida el 26 de junio de 2005.

34. Jonathan Collins, «Rep. Senators Vow to Protect RFID», *RFID Journal*, 10 marzo 2005, disponible en www.rfidjournal.com/article/articleview/1440/1/1/, accedida el 10 de marzo de 2005.

Capítulo 16 — Escenario de pesadilla

1. R.J. Rummel, *Death by Government*, Transaction Publishers, 1997, p. 1.

2. Kevin Ashton, «Kevin Ashton, Auto–ID Center, at Forrester Executive Strategy Forum», cinta de video, 7–9 noviembre 2001.

3. Leonard Gross, *The Last Jews in Berlin*, Carroll & Graf, 1999, p. 28.

4. La soldado de primera clase de los Reservistas del Ejército, Lyndie England, obtuvo notoriedad en el año 2004 por su papel en el escándalo de abuso en la prisión de Abu Ghraib. England fue una de varios miembros del ejército de los Estados Unidos que fueron fotografiados dando señales de aprobación mientras humillaban a detenidos irakíes desnudos. En una fotografía particularmente condenadora, se observa a England sosteniendo a un prisionero con una correa para perros.

5. R.J. Rummel, «20th Century Democide», disponible en www.hawaii.edu/powerkills/20TH.HTM, accedida el 16 de julio de 2005.

6. R.J. Rummel, *Death by Government*, Transaction Publishers, 1997, p. 9.

7. Karen Abbott, «ACLU Plans to Sue FBI over Surveillance Cases», *Denver Rocky Mountain News*, 18 mayo 2005, disponible en rockymountainnews.com/drmn/local/article/0,1299,DRMN_15_3786510,00.ht ml, accedida el 27 de junio de 2005.

8. Michael Sawkiw, presidente de la Ukrainian Congress Committee on America Inc., testimonio ante el Comité de Recursos de la Casa de Representantes, 2005, disponible en resourcescommittee.house.gov/archives/109/ testimony/2005/michaelsawkiw.htm, accedida el 27 de junio de 2005.

9. Véase, por ejemplo: Lisa Greene, «Face Scans Match Few Suspects», *St. Petersburg Times*, 16 febrero 2001, disponible en www.sptimes.com/News/021601/TampaBay/Face_scans_match_few_.shtml, accedida el 27 de junio de 2005.

10. Las palabras de Hitler fueron citadas en el testimonio presentado por el Mayor Wallace durante los juicios en Nuremberg el 23 noviembre 1945. El testimonio del Major Wallis dice de la manera siguiente:

Mientras tanto, durante todo este período anterior a la guerra, la nación estaba siendo preparada psicológicamente para la guerra, y uno de los pasos más importantes era la reformación del sistema educativo para educar a la juventud alemana a ser dócil a su voluntad. Hitler anunció este propósito públicamente en noviembre de 1933, y citó del Documento 2455-PS. Dijo: «Cuando un opositor declara: *No vendré a tu lado y no me convencerás de que venga a tu lado*, respondo calmadamente: *Tu hijo ya me pertenece. Los pueblos viven para siempre. ¿Qué eres tú? Tú pasarás. Sin embargo, tus descendientes ahora se encuentran en nuevos partidos. En poco tiempo no sabrán nada más que esta nueva comunidad.*

Una transcripción de esta audiencia se encuentra disponible en el proyecto Avalon de la Yale University, en línea, en www.yale.edu/lawWeb/avalon/imt/proc/11-23-45.htm, accedida el 27 de junio de 2005.

11. George L. Mosse, *Nazi Culture*, Grosset & Dunlap, 1966, p. xxxviii.

Capítulo 17 — ¡Desconectemos el sistema!

1. Página Web de QuoteDB, disponible en www.quotedb.com/quotes/862, accedida el 24 de junio de 2005.

2. Frederick Douglass, West India Emancipation (4 agosto 1857) & Dred Scott (mayo 1857), pág. 22, en *Two Speeches by Frederick Douglass*, 1857.

3. Phyllis L. Kim, «Auto–ID Center Communications», Fleishman–Hillard por el MIT Auto–ID Center, originalmente disponible en www.autoidcenter.org/media/pk–fh.pdf, accedida el 5 de julio de 2003. Esta referencia ha sido suprimida de la página Web de Auto-ID Center Website y ahora se ha reproducido en cryptome.org/rfid/pk–fh.pdf.

4. «RFID and Consumers: Understanding Their Mindset», CapGemini y National Retail Federation, 2004, disponible en www.nrf.com/download/NewRFID_NRF.pdf, accedida el 25 de marzo de 2005.

5. Jonathan Collins, «Consumers More RFID–Aware, Still Wary», *RFID Journal*, 8 abril 2005, disponible en www.rfidjournal.com/article/articleview/1491/1/1/, accedida el 10 de abril de 2005.

6. Jane Black, «Shutting Shopping Bags to Prying Eyes», BusinessWeek Online, 5 marzo 2004, disponible en www.businessweek.com/technology/content/mar2004/tc2004035_8506_tc073.htm, accedida el 25 de junio de 2005.

7. Erik Larkin, «E–Passports Will Include New Safeguards», *PC World*, 19 mayo 2005, disponible en www.pcworld.com/news/article/0,aid,120901,00.asp, accedida el 25 de junio de 2005.

8. «The Nestlé Boycott», Breastfeeding.com, disponible en www.breastfeeding.com/advocacy/advocacy_boycott.html, accedida el 28 de febrero de 2005.

Epílogo

1. Jeremy Grant, «US Military 'Rocks' Spy World», *Financial Times*, 27 mayo 2005, disponible en news.ft.com/cms/s/35bae060–ce20–11d9–9a8a–00000e2511c8.html, accedida el 1 de julio de 2005.

2. «Tom Ridge—First U.S.Homeland Security Secretary—Joins Savi Technology's Board of Directors», comunicado de prensa de Savi Technology, 5 abril 2005, disponible en www.savi.com/news/2005/2005.04.05.shtml, accedida el 16 de julio de 2005.

3. «VeriChip Corporation Appoints Former Secretary of Health & Human Services and Former Governor of Wisconsin Tommy G. Thompson to its Board of Directors», MSN Money, 7 julio 2005, disponible en news.moneycentral.msn.com/ticker/article.asp?Symbol=US:ADSX&Feed=BW&Date=20050707&ID=4947241, accedida el 15 de julio de 2005.

4. «IBM Takes RFID to the Next Level», comunicado de prensa de IBM, 14 junio 2005, disponible en www–1.ibm.com/press/PressServletForm.wss?MenuChoice=pressreleases&TemplateName=ShowPressReleaseTemplate&SelectString=t1.docunid=7738&TableName=DataheadApplicationClass&SESSIONKEY=any&WindowTitle=Press+Release&STATUS=publish, accedida el 1 de julio de 2005.

5. Brian Albright, «Levi Strauss Tries on RFID for Size», Frontline Solutions, 1 junio 2005, disponible en www.frontlinetoday.com/frontline/article/articleDetail.jsp?id=164014, accedida el 1 de julio de 2005.

CHIPS ESPÍAS

disponible en inglés

SPYCHIPS

How major corporations
and government
plan to track your
every move
with RFID

ISBN: 1595550208

KATHERINE ALBRECHT
LIZ MCINTYRE

FOREWORD BY BRUCE STERLING, WIRED.COM

GRUPO NELSON
Una división de Thomas Nelson Publishers
Juntos inspiramos al mundo
www.gruponelson.com